重塑爱情
如何摆脱父权制对两性关系的影响

[法] 莫娜·肖莱——著

吴筱航——译

RÉINVENTER L'AMOUR

Mona Chollet

COMMENT LE PATRIARCAT
SABOTE LES RELATIONS
HÉTÉROSEXUELLES

北京联合出版公司
Beijing United Publishing Co., Ltd.

致谢

特别感谢我的朋友陈达·坤〔Chenda Khun，漫画家，笔名奥雷利娅·奥莉塔（Aurélia Aurita）〕，我们多次交流，她关于异性恋爱情的阅读、观察和思考让我十分受用。她也是我的第一读者。

感谢以下所有人的支持、对话、鼓励和建议：阿克拉姆·贝勒卡伊德（Akram Belkaïd）、德尼·肖莱（Denis Chollet）、西蒙·肖莱（Simon Chollet）、伊里娜·科特塞利（Irina Cotseli）、卢德米拉·达隆·克什兰（Ludmila Dallon Koechlin）、卡迪佳·德拉瓦尔（Khadija Delaval）、康斯坦斯·弗赖（Constance Frei）、让－弗朗索瓦·于热尔（Jean-François Hugel）、樊尚·雅克梅（Vincent Jacquemet）、达里亚·米歇尔·斯科蒂（Daria Michel Scotti）、那伊里·那

i

哈裴添（Naïri Nahapétian）、伊莎贝尔·奥利维耶（Isabelle Olivier）、塞尔日·雷兹瓦尼（Serge Rezvani）、埃莉萨·罗哈斯（Elisa Rojas）和维克图瓦·蒂阿永（Victoire Tuaillon）。

感谢以下所有人的通读和评论：梅利耶姆·贝勒卡伊德（Meryem Belkaïd）、卡蒂娅·贝尔热（Katia Berger）、乔安娜·布尔戈（Johanna Bourgault）、多米尼克·布朗谢（Dominique Brancher）、塞巴斯蒂安·丰特内勒（Sébastien Fontenelle）、弗雷德里克·勒范（Frédéric Le Van）、托马·勒马耶（Thomas Lemahieu）、安妮－玛丽·吕冈·达迪尼亚（Anne-Marie Lugan Dardigna）、乔伊斯·A. 纳沙瓦蒂（Joyce A. Nashawati）和西尔维·蒂索（Sylvie Tissot）。

感谢洛朗·夏马（Laurent Sciamma），他让我引用了他精彩的剧作《好男》（Bonhomme）。

感谢我的上司塞尔日·哈利米（Serge Halimi），以及我的主编伯努瓦·布雷维尔（Benoît Bréville），他们给了我假期来完成此书。

最后要感谢我的编辑格雷瓜尔·沙马尤（Grégoire Chamayou）、我的经纪人阿丽亚纳·加法尔（Ariane Geffard）和 La Découverte 出版社的整个团队，尤其是斯蒂芬妮·谢弗里耶（Stéphanie Chevrier）、托马·德尔通布（Thomas Deltombe）、帕斯卡莱·伊尔蒂（Pascale Iltis）、玛丽克·若利（Marieke Joly）、德尔菲娜·里布雄（Delphine Ribouchon）和卡洛琳·罗贝尔（Caroline Robert）。

目录

引言

绿洲幻影

自从我拥有了第一台苹果手机，我便把屏保设成了这张图片，再也没有更换过。这是一幅 1830 年的印度细密画，名字叫《在暴雨天赴情人家中的女人》[1]。画的颜色美极了：女人双手轻轻拽住要从头顶坠落的橙红色纱丽，她小跑穿过花园，早已被雨打湿；情人身着浅粉色的上衣，倚在二楼阳台上向她示意；草绿中泛着白，树亦然，被风吹弯了腰，远处起伏的山丘也是同一颜色；一片狂怒的乌云从两人头顶的天空飘过，被闪电撕裂……画面定格在女人被这些不幸因素折磨的瞬间，但这折磨马上就要结束

---

1 《在暴雨天赴情人家中的女人》(*A Lady Comes to her Lover's House in a Rainstorm*)，埃德温·宾尼三世（Edwin Binney III）藏品，圣迭戈艺术博物馆，1830 年。

了。很快，她就会受到庇护。她不仅可以褪下她湿漉漉的裙子，擦干身子取暖，闻到屋内燃着的香薰，而且会见到她渴望的那个男人，将他拥入怀中，共享床榻。我想象着她奔跑的步子，她脸庞和手臂上清凉的雨珠，她加速的心跳，与雨滴声同步着。

每天都能看到这幅画的我，不再思考它的寓意。它只是陪伴着我，就像屏保该做的那样。它提醒我爱情的存在和可能。如果生命是火炉，那么爱情便是让我燃起欲望的一撮火苗，它扩大了生命的意义，增加了生命的强度，写作同理。和写作一样，爱情让我跟生命产生联系。阿兰·巴迪欧说："爱情的幸福是时间能够容纳永恒的证据。"[1] 安妮·埃尔诺在《简单的激情》的结尾如此总结她与情人"A"的恋情："多亏他，我接近了把我和另一个人分开的距离，近到有时我会想象着跨越这个距离。我用另一种单位丈量了时间，这个单位是我全部的身体。"[2]

除却我们和亲友一起度过的时间，我们在社会生活和职业生活中的每一天都必须与他人相处。他人让我们感到亲切、冷漠、烦恼、不悦，甚至厌恶。我们屈服于这样的限制，忍受这些情绪引发的孤独与肤浅。然而，时不时会发生一种令人震惊的现象：突然，通常是在我们意想不到

1　阿兰·巴迪欧（Alain Badiou）、尼古拉·张（Nicolas Truong），《爱的多重奏》（*Éloge de l'amour*），Flammarion，巴黎，2009 年。
2　安妮·埃尔诺（Annie Ernaux），《简单的激情》（*Passion Simple*），Gallimard，巴黎，1999 年。

的时刻，在命运慷慨而免费的馈赠下，面对一个我们认识了几秒、几天（有时甚至好几年）的人，我们放下了防备。一道面纱就此窸窣落下，很快，衣物也将不可避免地落到地板上。我们茅塞顿开，我们明白了眼前这个人是谁，就像他或她理解我们是谁一样。这个人美好到不真实，让我们着迷，仿佛天赐的礼物：眼前人可能是个全然的陌生人，但我们之间有一种令人沉醉的默契，一种即刻而友好的亲密。这场宇宙大爆炸引发的能量，可以让我们绕地球跑三圈。我们像坐上了筋斗云，又像小时候玩赛鹅图，骰子一投，手气好，我们就能快速逼近终点，而其他人还在辛苦地一格一格前进。

爱情让两个存在的人相遇，让两人过去积累的智慧、经历、资源、生活之道、朋友、祖国统统结合起来，增多并扩大了人与人之间的联结和可能性。爱情在我们的身份认同里打开了新的大门，这些大门可能是我们以前认为不会存在的。爱情把一种新生活的可能性摆到了我们眼前。我想到了三十年前戛纳的那个春日，在一间咖啡馆的露台上，我的朋友K向一位年轻的棕发男子发出了与她同坐的邀请，他早已连着好几天从远处向她投以渴望的目光。他们都是参加戛纳电影节的影评人（没错，没有比这更高级的邂逅地点了）。他们开始用英语交谈。当她问起他从何处来时，他回答："希腊。"我不知道当时她是否意识到，一扇通往新世界的大门正在向她打开。希腊，一个她此前从未去过、从未产生过特别兴趣的国家，她将探索它，并爱上它。她将在那里整整生活七年，学习当地的语言，就算之后和他离婚，她每年都会回到那里，并在那里买下了一座房子。她将在希腊诞下一名女婴，为这个国家增添一位新的公民。但在那一天，这个小生命正在云端激动地颤抖，因为她未来的父母第一次一起坐在了同一张咖啡桌旁。

2010 年，玛丽娜·阿布拉莫维奇（Marina Abramović）在纽约现代艺术博物馆演绎其作品《艺术家在场》（*The Artist Is Present*）的第一个夜晚发生了一件事，我无法想象比这更好的，爱情在我们生命中留下痕迹的证明。表演的装置如下：在一个偌大的公共空间里，玛丽娜·阿布拉莫维奇身着一件火红的裙子，坐在椅子上，面对一张桌子和一把空椅子。观者轮流坐上空椅子，在沉默中与阿布拉莫维奇对视，然后把椅子让给下一人。在玛丽娜·阿布拉莫维奇不知情的情况下，她之前的爱人、创作伴侣，艺术家乌雷（Ulay）出现在了她面前，胡子灰白，穿着球鞋和黑色西装。当她抬头看见他时，泪水充盈了她的眼眶，顺着面颊流淌下来。他们自 1988 年后就再也没见过。那一年，他们各自从万里长城的一头出发，在中途会合，互道永别（他们一开始准备在长城上结婚，但是各种报备需要的时间太久了）。在纽约的这个夜晚，所有的话语在他们沉默的交流中都已道尽。他们的目光、颔首、眼皮的跳动、嘴角的微笑，有怀念，有柔情，也有遗憾。玛丽娜·阿布拉莫维奇打破了自己表演的规定，往前一冲，向他伸出了双手。隔着将两人分开的桌子，他握住了她的手。一旁的观众爆发出阵阵掌声和唏嘘。几年后，乌雷就共同创作的作品版权问题起诉了他的前伴侣，并胜诉。但所幸两人在乌雷于 2020 年 3 月 2 日去世前得以和解。

勇往直前

如果可能的话，我只想以上述的方式谈论爱情，反复咀嚼我所知道的最美丽的爱情故事。因为在恋爱的冲动和讲故事的冲动之间存在一种紧密的联系，而我从来不会拒绝一个美好的故事。坠入爱河，就像穿越到了书本里或银幕中，在自己的生活里亲眼见证那些只有作家和编剧那样厉害的脑子才能想出来的美妙剧情和桥段。同理，当我合上一本已经吊了我好几天、好几周胃口的小说，或者当我看完一部令我沉浸其中的剧集——同时还要努力说服自己不要读或看得太快，好让愉悦感再持久一点——我总是有一种在某些程度上类似分手的感觉：我满是怀念，仿佛刚刚离开了一个令人着迷的世界，仿佛从某种特权的高位上坠落，堕入毫无生气、无趣的日常。这是一种失去"恩泽"的感觉，而"恩泽"还在的时候，它在我和生活之间筑起了一道保护墙，将我与生活中的残酷和伤害隔离开来。

如果可能的话，我想把爱情作为一个单独的领域讨论，就好像它是一片绿洲、一座圣庙，但我在某个阻碍面前越来越受挫。无论是令人义愤填膺的压迫，还是人们的不理解（不到悲剧的程度，但多少令人沮丧），这一系列在社会、在我周围人，甚至在我自己的生活中观察到的不同现象，都让我越来越想好好谈谈异性恋这个话题。在我的青少年时期，没有什么可以动摇电影和小说在我心中塑造的有关爱情的纯真想象。我想，我在相当长的时间里一直抱着某种幻想：在感情世界里，不平等、控制、暴力是不存在的。在亲密关系这个集合了我们最深刻的憧憬、我们觉得最容易被伤害的地方，我们竟然会遭受不平等、控制和暴力，这让人理解起来感到苦恼和困惑。2020年，一共有九十八名女性被自己的伴侣或前伴侣杀害。[1]这至少是令人不安的。在这些受害人中，不少人一开始遇见她们的伴侣时是幸福的，直到伴侣变成迫害者，最后变成凶手。

我常常听到一个说法，那就是女性把自己发现女性主义的时刻比作《黑客帝国》中尼奥〔Neo，基努·里维斯（Keanu Reeves）饰〕选择了红色药丸而不是蓝色药丸的那一幕，因为前者可以让他看清真相，而后者会让他变成一个幸福的无知者。同样的选择放到爱情上，我可能会继续像吃糖一样吞下蓝色药丸。一想到要触及支持我生命最关键冲动的代表和信仰的大厦，我就感到恐慌。然而我

1　资源出处：公共资源《被伴侣或前伴侣杀害的女性》（Féminicides par compagnon ou ex）。

们却难以忽视这座大厦不断遭受到的袭击。当我读美国记者克里斯蒂娜·内林的随笔《捍卫爱情》[1]时，从第一行文字开始，她华丽的风格就如磁铁般吸引着我。但我也很快意识到，我无法完全赞同她的观点，对其持保留意见。内林让我确认了自己在爱情上"山穷水尽"的感受，感觉自己不得不放弃对爱情的无条件向往，因为她在我的面前立起了一面镜子，让我看到了她是如何努力保留自己对爱情的向往的。内林鼓励读者勇敢去爱，放肆去爱，带着搏斗的精神去爱，同时承担失败的风险——一次失败有时比多次成功更能体现一个人的高尚。内林说得没错。"爱情在它最强大、最野蛮和最真挚的状态下，是一个恶魔。"她如此写道，"它是信仰，是高风险的奇遇，是英雄主义的行为。爱是狂喜和伤害，精神超脱和危险，利他主义和放纵。从很多方面来看，爱是神圣的疯狂——在柏拉图时代，人们的确这么认为。"内林回溯了数对名人之间的爱情，不管是不为人熟知的〔女权主义记者玛格丽特·菲莱（Margaret Fuller）、女诗人埃德纳·圣文森特·米莱（Edna St. Vincent Millay）〕，还是我们自认为烂熟于心的〔埃洛伊兹（Héloïse）和阿贝拉尔（Abélard），乔治·桑（George Sand）和阿尔弗雷德·德·缪塞（Alfred de Musset），弗里达·卡罗（Frida Kahlo）和迭戈·里韦拉（Diego Rivera）〕。

1　克里斯蒂娜·内林（Cristina Nehring），《捍卫爱情：重拾 21 世纪的浪漫》（*A Vindication of Love. Reclaiming Romance for the Twenty-First Century*），HarperCollins，纽约，2009 年。

她的叙事意识以及从故事中总结的教训都精彩极了，我甚至可以原谅她对某些女权主义者的嘲讽。但很快，我的怀疑又浮出了水面。

一开始，我被内林吸引，因为她捍卫爱情，将它视作一种极致的清醒，一种罕见的、能让我们看清一个人的状态，而不是充满刻板印象、令人盲目、不切实际的幻想。紧接着，一位名叫玛丽·贝恩（Mary Bain）的女性的形象出现在我脑海里。在第二章我们还会再聊到她。时间回到 1987 年：纽约女人玛丽爱上了自己女儿同学的父亲，这个男人曾被指控杀害了自己的妻子。玛丽为了这个男人抛弃了一切，而现在，在深夜，这个男人在他们同居的屋子附近的森林中尾随她。玛丽曾以为他是无辜的，但现在她开始明白，他真的杀害了他的前妻。爱真的是通往"至高无上的清醒"的道路吗？我们是否应当研究研究，是什么样的机制让我们坠入爱河？学者温迪·兰福德注意到："我们会被这样一种假说迷惑，那就是恋爱的感觉是不会出错的，因为真心和自由说的是同样的语言。然而，这种浪漫主义很有可能完美地掩盖了各种权力关系。"[1]

当内林赞美异性伴侣之间权力的不平衡时，我彻底失去了兴趣。内林声称这种不平衡比平等更有助于增添情趣。她谈及了"不平等的催情效果"，但绝口不提这是我

---

1 温迪·兰福德（Wendy Langford），《心的演变：性别、力量和爱的幻灭》（*Revolutions of the Heart. Gender, Power and the Delusions of Love*），Routledge，伦敦，1999 年。

们长期以来将男性统治情欲化的结果。她给出了感情洗牌的例子，大部分来自文学作品，时而男人占上风，时而女人占上风，爱情时而给予男性力量，时而给予女性力量。她借而说到，社会等级提供了"调戏、挑逗、引诱和调情"的机会。这样的话落到纸上听起来很好，但我想到的是身边无数的反例。在这些反例里，社会等级起到的唯一作用就是贬低女性，而这些女性之前认为自己是自由和自愿的。内林也提到，大多数男性不愿意自己的伴侣比自己更成功——这已被调查证实——但她拒绝承认这一事实："男性不希望自己的伴侣比自己更成功，和女性一样，他们希望找一个要么比自己好，要么不如自己的人。平起平坐是无趣的。"[1]同样的糊涂体现在她用"女人喜欢挑战"来解释为什么有的女人喜欢"难以搞定"的男人。她认为这样的择偶标准体现了女性的"力量和潜力，而不是不安感和心理创伤"。很可惜，这种假设经不住最草率的分析。

自我欺骗无法拯救我们。与其自欺欺人，不如勇往直前，直面遇到的疑问，推倒旧的大厦，并满怀希望地建立一座更好、更坚固的新大厦。在本书的酝酿阶段，我最初读的一些文献让我从美梦中清醒了过来，这种醒悟让我感到宽慰，因为它让我避免了某些不好的写作逻辑，同时也让我惆怅，因为我怀念最初书写时的那份强烈冲动。如果

1　克里斯蒂娜·内林，《捍卫爱情》，同前文所引。

要给我的写作设立一个目标的话，那就是写作能让我重拾爱情的冲动，但这次，这种冲动是建立在其他基础上的。我的目的并不是竭力避免折磨：爱总是有风险的，天堂在左，地狱在右。但我相信当女人，除了受苦，还是受苦。

我在 2020 年初着手写这本书时，仿佛看到诘问不仅在我的头脑中酝酿，也在其他女性的脑海中成形。从 2017 年秋季开始，#MeToo 运动第一次如此大规模地揭露了性暴力的波及范围。由这场运动产生的多米诺骨牌效应展示了惊人的集体智慧，将质疑逻辑拓宽到了两性关系的方方面面。我们开始提及性同意、精神负荷（家庭后勤工作的重担往往落在女性伴侣/母亲的肩上），甚至性高潮差距（性交过程中女性达到高潮的频率往往比其男性伴侣低）。就这样，慢慢地，我们接近了两性关系的核心。[1]

这个话题并不轻松。很多人认为，我们在两性关系中的情感和态度取决于个人的自由选择，正所谓"萝卜白菜，各有所爱"，这些情感和态度完全不受社会熏陶的限制，仿佛文化对我们毫无塑造作用，仿佛这种塑造作用没有抵达我们内心最深入、最私人、最私密的地方，仿佛文化不过是人性外壳上刷的一层清漆，可以独立于人性之外存在。阿芒迪娜·戴写道："我们都是被造就的。只有承

1　参考维克图瓦·蒂阿永的播客《摊牌》（*Le cœur sur la table*），Binge Audio，2021 年。

认了这一点，我们才有可能重塑一点自我。"[1]

尝试描述我们如何被造就可能有落入俗套、以偏概全之虞。在我看来，漫画家丽芙·斯托姆基斯特打破了这些顾虑，单刀直入，带着狠劲与幽默着手问题。[2]她说服了我，让我相信，传播刻板印象也是值得担负的一种风险；在理解刻板印象的局限性以及明白"凡事均有特例"的同时，我们仍可试着条分缕析异性恋的"金科玉律"，并将自己从中解放出来。她向我展示了将我们个人经历过的、令我困惑的种种情景落到纸上时，是何等令人痛快。当恋情进展顺利时，二人世界如此令人陶醉，但它也有可能让我们变得无比脆弱。我们需要公共场合的发声，把我们从这种孤立中解脱出来。

我们社会的奸诈之处在于持续向我们灌输异性恋的条条框框，系统性地将男人和女人社会化，使他们无法倾听对方。可谓煞费苦心，不是吗？情侣们一板一眼地遵守各自的性别剧本，很有可能让对方过得不幸福。这些性别剧本一方面使女人成为一种感性、依附于人、被苛求且过度投入情感与爱情的生物，另一方面则把男人变作沉默寡言、不解风情、被某种可怕的独立蒙蔽了双眼的莽汉，仿

---

1 阿芒迪娜·戴（Amandine Dhée），《赤手》（*À mains nues*），La Contre-Allée，里尔，2020 年。

2 丽芙·斯托姆基斯特（Liv Strömquist），《查尔斯王子的情感》（*Les Sentiments du prince Charles*）、《我是每个女人》（*I'm Every Woman*）和《最红的玫瑰开放了》（*La rose la plus rouge s'épanouit*），Rackham，巴黎，分别于 2016 年、2018 年和 2019 年出版。

佛他们永远在责问自己怎么会鬼迷心窍，掉进爱情的陷阱。就算我们不对号入座，仍能在自己身上找到上述的某些特点。但至少，我们意识到了这两种性别角色的存在，而这种存在带来了很成问题的干扰——尤其是女性的性别角色，往往是男性角色的陪衬。

从两个互相尊重的个体之间可能出现的误解到婚内暴力，我想提及的这些情形的严重程度是不一样的。有的情形威胁着女性的身心健康甚至生命安全，掏空了她们的生命力，摧毁了她们的自尊，折断了她们的翅膀；有的情形则阻碍着情侣两人的相互理解、相互信任，剥夺了我们享受真正默契的乐趣，长此以往，必将损害我们的感情关系。此书诞生于我的扼腕叹息，诞生于我想要克服障碍，给广大男女提供一张和谐恋情良方的愿景。

爱与愤怒

由于以下事实将不可避免地影响我着手本书主题的方式，我必须先申明：我运气很好，在不惑之年，面对男人还能保持较为平和的心态。我有过一位温柔善良的父亲，一个出色的弟弟。我从未经历过有毒的恋情。我从未有过孩子，所以从未经历孩子出生带来的家务分配的严重失衡。我也从未经历我周围人经历过的离婚重创。我跟曾经一起生活了十八年的男人还是保持着（或者说重新建立了）亲近的关系，并且依旧深深爱着他。我曾经有过一个烦人的老板，他总是打断我的话，借机夸赞我的美貌，并针对我的伴侣喋喋不休，尽管他只见过我的伴侣一面。所幸的是这位老板我见得不多，并且我在事态恶化前转身离开了。以下是我记得的别人想要侵犯我的两个时刻，我都躲过了：青少年时期，有一天晚上，我走在回家的路上，穿行在日内瓦空无一人的街道，仿佛听到身后有脚步声。一进楼，我就赶紧插上了门闩。门的上半部分嵌着玻璃，透过它，我看到了尾随我的男人的脸，他正把全身重量都压在门上，试图把门撞开；差不多同一时期，有天晚上在瑞士山区的瓦莱州（Valais），当时正值狂欢节，三个戴着猩猩面具、酒气熏天的男人，闯进了我、我弟弟和一位跟我年纪相仿的女友同住的木屋。其中一名醉汉俯身向我索吻，我推开了他，冲向走廊，把自己关在浴室里。醉汉紧随其后，一边咒骂，一边摇门。我蜷缩在马桶上，感觉这一刻无比漫长。醉汉的两名同伙趁机把我们木屋的藏酒洗劫一空。我们所在的木屋是我女友的家，她认出了其中一名歹徒，揭露了他的身份，三人这才溜之大吉。三十年后的现在，一个人睡在门没反锁的屋子里时，我还是会有点害怕。我厌恶作为女人不得不时时提防的感觉，好在我成功避免了上述经历可能造成的心理创伤。我不像许多强奸受害者那样满怀愤慨，但我坚定地站在强奸受害者的那一边，那些愤慨完全合理。

我身上同时存在着理想主义和清醒，愤怒和激昂。它们并不冲突，这一点让我很惊讶。我知道在我内心深处，它们都源自同一憧憬，只不过表现形式有所不同。就如小说家朱玛娜·阿达（Joumana Haddad）所言："我的能量源自两处：愤怒和爱。有人认为它们彼此矛盾，但实则相辅相成：在愤怒中求不得的，我于爱中得之；反之亦然。"[1] 尽管如此，在我的书中，往往是愤怒先行。这可能是因为我公开写作时，本能地采用最有把握、最能体现我写作价值的姿态。虚张声势的女性主义俏皮话，我听得甘之如饴，并借此打消我诸如"等待白马王子或救星"的念头。我很喜欢埃莉·布莱克（Ellie Black）在《纽约客》（New Yorker）上发表的一张小画。画上，当骑士赶来拯救被恶龙囚禁的公主时，公主双手抱在胸前，满脸挑衅。一旁的巨龙对骑士说："哥们儿，她不想见你。"但我也感觉，光靠俏皮话是不够的，或者已经不够了。

然而，讨论爱情让人不得不面对自己的软肋、欲望、弱点、疑虑以及多愁善感，尤其是多愁善感这种我们被教导去鄙视、指责的女性特质。"我们远没有聊透爱情的憧憬，"非裔美国作家贝尔·胡克斯[2] 在 2002 年如此总结道，"我们可以讨论对权力的渴望，却不能讨论对爱情的渴望。后者应该成为秘密，将它说出口就等同于把自己归到弱

---

1 范妮·伊尔兰黛（Fanny Irlandais），《朱玛娜·阿达：写作减轻了我身份的重量》（Joumana Haddad：L'écriture a allégé le poids de mon identité），《电视全览》（Télérama），2019 年 10 月 6 日。
2 bell hooks，这是该作家的笔名。作家本人特意要求将她的名字首字母小写，为了体现重要的是她的作品，而不是她本人。

者、情种的行列里。"[1] 最近，我向我的女友 I 讲述了我越来越常被人在街上认出来的经历，她评论道："你的意思是，以后你当街搂住一个男人脖子的时候，你不太想被人认出来，是吗？"话毕，她又狡黠地接道，"或者是抱住他的大腿，求他不要离开的时候？"我扑哧笑出声来。继我在《"女巫"》里侃侃而谈女性独立之后，这样的场景会产生怎样的效果啊！[2] 很快，多亏克里斯蒂娜·内林，我得以一窥英国哲学家玛丽·沃斯通克拉夫特（Mary Wollstonecraft）多舛的情感生活。她因此受到某些同僚的排挤，因为后者认为，作为《女权辩护》(*Défense des droits de la femme*，1792 年)的起草者，玛丽·沃斯通克拉夫特为了一个男人两次试图自杀的行为（两次都是为了同一个男人，可见她从一而终）着实丢人。作者内林却觉得这没什么好窘迫的，恰恰相反，她从中看到了玛丽·沃斯通克拉夫特思想和情感的力量。两者都证明了她全情投入、充满激情和无所畏惧的性情。[3] 我对此较为同意。

在阅读贝尔·胡克斯的《关于爱的一切》的过程中，我发现我写作的破题方法无意中和她一模一样：从描述日常生活中的某个元素着手，仿佛是在宣告自己的信仰。贝尔·胡克斯没有从印度细密画起笔，而是从她厨房墙壁上

1　贝尔·胡克斯，《交心：女人寻爱》(*Communion. The Female Search for Love*)，Harper Perennial，纽约，2002 年。

2　莫娜·肖莱，《"女巫"：不可战胜的女性》(*Sorcières. La puissance invaincue des femmes*)，《自己生活》(Une vie à soi) 一章，Zones，巴黎，2018 年。

3　克里斯蒂娜·内林，《捍卫爱情》，同前文所引。

的一张照片说起。在耶鲁任教期间，她每天都要从一幅涂鸦前经过："就算面临巨大阻碍，对于爱情的寻求不止。"涂鸦被抹去后，她找到了画涂鸦的人，后者赠予了她这张照片。"从那以后，不论我住在哪儿，我都把这张照片贴在洗碗槽的上方。"她如此写道，"每天，当我接水喝或者从橱柜里拿碟子的时候，我便端详它。它提醒着我，就算我们对爱情失去希望，就算我们不知道是否能真的找到它，我们仍然向往它，寻找它。"她对爱情的兴趣引起了身边人的不适和困惑。她的朋友将此视为令人尴尬的弱点，而不是正当的智力层面的追求。他们经常在聊天时打断她，建议她接受治疗。她发现，爱情这个话题只有在被男性理论化的时候才是严肃正当的，可"女人往往才是爱情的实践者"。[1] 同样的现象放到烹饪界也成立。在这个领域，受到赞美的大厨大多是男性，女性的厨艺则往往不被承认，但每日准备饭菜的女性数量远远多于男性。

我明白选择爱情这一主题无异于将自己悲哀地置于激进女权主义的脚下。有的女同性恋女权主义者，当她们的异性恋朋友在无意识的情况下试图证明自己和男人建立性关系和恋爱关系那大有问题的习惯没有问题时，掏出了爆米花。说真的，如果她们不这么做，才是错误。从一个冷酷的角度来说，异性恋是荒谬的。毕竟，就如帕特

---

1 贝尔·胡克斯，《关于爱的一切》(*Tout sur l'amour*)，《新视野》(New Visons)一章，Harper，纽约，2000年。

里夏·梅卡德尔、安尼卡·韦尔和海尔加·索博塔所言，"男女恋爱关系的特别之处，在于它是唯一一种被统治者和统治者应当相爱的统治关系"[1]（亲子关系可能同理）。艾丽斯·科芬在《天才女同志》中化用了梅妮·格雷瓜尔著名节目[2]中的一句话："女性的异性恋对我来说是个痛苦的问题。"她接着说道，"我觉得这对她们自己来说也是如此，因为围绕该话题的讨论是如此之多。"[3]

这个问题一直都是一个复杂且饱受争议的话题。在1972年的纽约，同性恋解放党（Gay Liberation Party）的女性成员发表了一份宣言，在其中表达了对异性恋女权主义者的担忧，因为后者认为自己可以通过创造"新新男人"来解放自我，她们在这项任务上花费了"巨大的力气"，得到的结果却较为平庸。[4] 在1980年的法国，埃

---

1 帕特里夏·梅卡德尔（Patricia Mercader）、安尼卡·韦尔（Annik Houel）、海尔加·索博塔（Helga Sobota），《恋爱行为中的不对称：所谓激情犯罪中的暴力与激情》（L'asymétrie des comportements amoureux : violences et passions dans le crime dit passionnel），《当代社会》（Sociétés contemporaines），2004 年第 55 期。

2 1971 年 3 月 10 日，RTL 电台，梅妮·格雷瓜尔（Menie Grégoire）现场直播她的电台节目《喂，梅妮》（Allô, Menie）之《同性恋，这个痛苦的问题》（L'homosexualité, ce douloureux problème）。同性恋革命行动阵线（FHAR, Front homosexuel d'action révolutionnaire）的积极分子到场，利用了这次机会展开了他们的第一次行动。

3 艾丽斯·柯芬（Alice Coffin），《天才女同志》（Le Génie lesbien），Grasset，巴黎，2000 年。

4 简·沃德（Jane Ward），《异性恋的悲剧》（The Tragedy of Heterosexuality），New York University Press，"性文化"丛书（Sexual Cultures），纽约，2000 年。

马努埃莱·德莱塞普[1]在《女权主义问题》上发表文章写道:"几天前,我跟一位女权主义者交谈,问她是否将自己认定为异性恋。'可惜,是的!'她回答道。她对我说她更想成为同性恋,因为'男女关系就是一坨屎'。我们就这点达成了一致。"[2]同一年,美国女权主义诗人、随笔作家阿德里安娜·里什发表了《异性恋的束缚》,她在书中叹息道,女同性恋的存在"在历史中被抹去了,或者被归类成疾病",人们因此无法认识到异性恋"在任何意义上都不能成为一种'偏好',而是一件被强制、被引导、有组织、被宣传、被权力维持的事情。"[3]此前一年,莫妮克·维蒂格建立了"异性恋作为政权"的理论。[4]

2017年,在三十五岁那年成为女同性恋的维尔日尼·德庞特的一番话引起了骚动:"离开异性恋的世界是

1　1970年8月26日在巴黎凯旋门前抗议的九名女性之一,她们为无名战士(soldat inconnu)的妻子们献上花圈,打响了女性解放运动(Mouvement de libération des femmes,简称MLF)的第一枪。

2　埃马努埃莱·德莱塞普(Emmanuèle de Lesseps),《异性恋和女权主义》(Hétérosexualité et féminisme),《女权主义问题》(Questions féministes),1980年第7期。

3　阿德里安娜·里什(Adrienne Rich),《异性恋的束缚与女同性的存在》(La contrainte à l'hétérosexualité et l'existence lesbienne),《异性恋的束缚和其他随笔》(La Contrainte à l'hétérosexualité, et autres essais),法文版译者为弗朗索瓦·阿尔戈(François Armengaud)、克里斯蒂娜·德尔菲(Christine Delphy)、利塞特·吉鲁阿尔(Lisette Girouard)和埃马努埃莱·德莱塞普,Mamamélis,"新女性主义问题"丛书(Nouvelle Questions féministes),日内瓦/洛桑,2010年。

4　莫妮克·维蒂格(Monique Wittig)1979年4月在纽约巴纳德学院(Barnard College)的演讲《直人思想》(The straight mind)。《直人思想》(La Pensée straight),Amsterdam,巴黎,2018年。

一种巨大的慰藉。我原来可能是个不太有天赋的异性恋，我身上有什么东西跟女性气质合不来。不过在我认识的女人里，能一辈子保持女性气质的也不多。我改天换地的想法来得很突然，就好像有人缓缓将我的头掉了个儿。哇，那感觉好极了！就好像一下子瘦了四十公斤。以前别人老是跟我说我作为女的不够这样、不够那样，但突然，这个重担消失了，跟我没关系了！从此从异性恋的诱惑和支配中解脱出来了！此外，我一本女性杂志也看不下去了，因为跟我没关系了！鸡鸡和时尚，也都跟我没关系了。"[1]

跟维尔日尼·德庞特一样，美国随笔作家简·沃德在她的书《异性恋的悲剧》中也袒露了她逃离墨守成规、沉闷、压抑、令人失望和沮丧的"异性恋文化"之后的如释重负之感。她说这种感觉在她周围的人中引起了共鸣。Instagram 上的英文账号"异性恋们，解释你们自己"给出了例子来证明直人文化（straight culture）的贫瘠，诙谐地佐证了简·沃德的观点。[2]

诚然，如同简·沃德所言，占统治地位的异性恋准则给男同性恋和女同性恋带来了痛苦，但"这不过是同性恋经历的一小部分，它掩盖了不必成为异性恋的欢乐、愉悦与慰藉"。简·沃德问道，恐同心理是否源于嫉妒："同

1 安尼卡·科让（Annick Cojean），《维尔日尼·德庞特："女人一事，不过骗局"》（Virginie Despentes : "Cette histoire de féminité, c'est de l'arnaque"），《世界报》（Le Monde），2017 年 7 月 9 日。
2 该账号名为 @hets_explain_yourselves。

性恋遭到憎恨和嫉妒，是因为人们觉得他们避免了某些事情。"她观察到在 20 世纪末，主流文化常常指责同性恋者的生活态度"过于精彩、过于精力旺盛、过于性欲旺盛、过于自信"。她总结道，如果同性恋文化是一种"过于"的文化，那么，异性恋文化就是一种"不够"的文化：太乏味、太受限、太没有想象力。她同时指出，那些没完没了感叹可惜自己"不是同性恋"的女生深深地惹恼了她的朋友们。后者说："那她们为什么不当同性恋呢？这又没那么难！"[1]

"深度异性恋"之梦

维尔日尼·德庞特的一番话极大地促进了法国女性主义中关于政治女同性恋[2]的讨论。但同时，我们也有理想化同性恋的风险，因为同性恋并非不包含统治关系，尽管它包含的统治关系不是像男性统治那样的结构性统治。在魁北克，自 1995 年起，针对婚内暴力的法律也涵盖了女同性恋人群，理由是她们"并非生活在社会之外，她们的恋爱关系能折射出她们周遭其他群体的态度和行为"。[3]再

1　简·沃德，《异性恋的悲剧》，同前文所引。
2　lesbianisme politique，又译作激进女同性恋，反对父权制作为一种政治制度，主张停止支持异性恋，反对与男性发生关系。——译者注
3　玛丽-弗朗斯·伊里戈扬（Marie-France Hirigoyen），《被支配的女人：情侣中的暴力管辖区》（*Femmes sous emprise. Les ressorts de la violence dans le couple*），Oh !，巴黎，2005 年。

者，我们能够选择自己的性取向吗？我在这里不就这个话题展开讨论，但无论如何，重新讨论异性恋关系是很有必要的。简·沃德在她的书里也做了同样的事情，那就是"更新"异性恋，而不是"解构"它。正因为部分男女坚持两性之间的吸引，同时试图克服他们遇到的结构性困难，简·沃德认为她作为女同性恋者的观点可能对异性恋人群有所裨益。

为了进行调查，简·沃德将自己沉浸到直人文化中，甚至作为旁观者参与了教男性如何搭讪的研讨会（"我看着参与者边听着滔滔不绝、令人作呕的异性恋规范，边记笔记，努力让自己不露出惊讶的神色"）。循着色情片导演、女权战士特里斯坦·陶尔米诺（Tristan Taormino）的轨迹，简·沃德强调，女同性恋往往在性和恋爱关系上给异性恋者指明了道路。"多亏了女权主义的女同性恋们，我们才有脱离了羞耻、具有性教育导向、窗明几净的性用品店，如妙震（Good Vibrations）、宝地（Babeland）。[1] 在这里，普通的异性恋情侣可以购买性玩具，并且不用担心被当成怪胎。同样多亏了女权主义的女同性恋们，我们才有了'道德的非一夫一妻制'（ethical non monogamy）的概念，有了女性主义色情片，有了和前任保持友谊乃至建立家庭的大胆观念，有了对于性同意的坚持、重口味性行为中的尊重，有了下面这个激进的主意：女人可以带着假

---

[1] 美国性用品连锁店。

阳具进入他人的身体，包括她们的男朋友和丈夫。"[1]

简·沃德发现最大问题是"厌女悖论"〔唐纳德·特朗普（Donald Trump）可能是这个悖论的最强化身〕：在我们的文化中，异性恋男性表达他们对女性的欲望，但同时被怂恿着去鄙视、憎恨女性。异性恋和厌女的结合是如此被自然化，以至于一个不具备大男子主义的男性会被系统性地视为同性恋。在简·沃德的某场演讲中（她在加利福尼亚大学河滨分校任教），她提到了作家贾森·舒尔茨（Jason Schultz）想组织一次不同的单身汉派对的尝试。他和朋友们没有叫脱衣舞女，而是一起讨论性爱和欲望。他的学生齐声说道：这也太基了！法国喜剧演员洛朗·夏马在他激昂深刻的剧作《好男》中给出了同样的观察：他讲述了他在某次晚宴上和另一位来宾的对话。此人询问洛朗·夏马是不是同性恋，因为他"老是谈女性主义"。这个推理逻辑让洛朗·夏马很困惑："就好像异性恋男性和女性主义两者无法兼容。我不懂……是我疯了吗？！如果你爱女人，那么有时候你会不会有点……希望她们过得好？……我们是怎么到了如此地步？世界是如此厌女、恐同，一触即发：'等会儿，你替女人操心？太基了！看看这男的，他担心身边女人的身心健康，基爆了！'我不懂！"

简·沃德妙笔生花，提出了她称为"深度异性恋"的概念。她说，与其把自己的性取向当作一种需要忍受的宿

1　简·沃德，《异性恋的悲剧》，同前文所引。

命，异性恋男女不如积极投入，反思自己的性取向，将其变为自我选择。这对男性来说尤其有用，因为我们鼓励他们把自己的欲望视作"纯生理的、不可控制的，性爱分离到可以把自己对女人的追求与把她们作为个体的欣赏分离开来"。简·沃德争论道，如果这些男人爱女人，那么，就让他们真正地爱她们。"异性恋男性可以成为无法自拔的异性恋者，以至于他们热切地想倾听女性的声音，希望她们身处要职，无比热诚地想要理解她们全部的人性，庆祝她们的解放。女权主义的女同性恋者就是以这样的方式热爱着女性的。异性恋的悲剧并未让我灰心，因为还有另一条可能的道路。"

　　跟众多探讨男女之间关键的、无法克服的差异的个人发展书籍〔最著名的是约翰·格雷（John Gray）1992 年出版的《男人来自火星，女人来自金星》(*Les hommes viennent de Mars, les femmes viennent de Vénus*)〕不同，简·沃德呼吁异性恋男性学着如何同时"认同一个人并与她做爱"，也就是如何"人道地渴求女性"，把她们同时视作主体和客体。简·沃德尤其强调了一点矛盾：这些男性理应对女性产生一种本能的、无法抑制的渴望，然而女性的身体必须呈现出某些特征或者非常精确的变化才能获得他们的青睐：必须得是年轻、苗条、光滑、散发香味的身体……在这一点上，异性恋男性可以再次从女同性恋身上获得启发，因为后者更能把女人作为一个整体来渴望，从她的伤疤、赘肉和皱纹，到其经历和人格。由此，简·沃德总结道，只有这样，异性恋男性才可以成为"真正的异性恋，而不是利用女人来吓唬别的男人的伪异性恋"。[1]有的男性一旦跟一位女性睡过一次，就失去了对她的兴趣。这种倾向也可被视作伪异性恋或者肤浅异性恋的象征：这样的男人对他人、恋爱关系以及恋爱关系能如何丰富他们的生活毫无兴趣，他们只是感到了一种"征服"与满足自恋的需要，从而改善自己的地位或者婚姻。简·沃德鼓励她的女读者表现得"足够勇敢，敢到从男人身上要求这一点，敢到向异性恋男性和他们所谓的对女性的爱提出更多要求"。[2]总的来说，"深度异性恋"是一种脱离了父权制[3]及其利益的异性恋，一种背叛了父权制的异性恋。

如果把所有问题的根源归结于异性恋本身，就会错过另一种更微妙的视野，这视野与异性恋中所有可以被争论、重塑、重建的事物有关。埃马努埃莱·德莱塞普在她写于1980年的文章中认为，异性恋女性的欲望也必须得到解放："我们确实从小就承受着成为异性恋而不是同性恋的压力。但我想提醒的是，我们承受着的是杜绝性爱的压力。"她还谈到了作为女权主义者与热爱男性之间的矛盾："如果激进女权主义在于拒绝一切矛盾，在于满足于

---

1 关于此话题，参考梅拉妮·库拉耶（Mélanie Courarier），《阿尔法男性：诱惑女人以获得男人之间的欣赏》（*Alpha Mâle. Séduire les femmes pour s'apprécier entre hommes*），Seuil，巴黎，2017年。
2 简·沃德，《异性恋的悲剧》，同前文所引。
3 父权制是一种男人在所有领域行使权力并拥有权威的社会组织体系。

纯粹、死板、光滑到无懈可击的原则，那么这种主义将无法解释现实，无法应对、利用这一现实，无法代表，并因此无法帮助广大女性。"[1]和她一样，我承认我喜欢张力与不和，因为我发现它们格外有意思，令人文思泉涌。当我读到艾丽斯·柯芬[2]时，我意识到我的女权主义永远不会像她的那样无拘无束。她的欲望让她自由，而我的欲望则引发了挥之不去的摇摆不定和忠诚冲突。但我感兴趣的正是借着这种摇摆不定和忠诚冲突之题发挥。再者，我们之所以谴责女性遭受的暴力和不公正，不厌其烦地揭露隐性性别歧视，是因为我们相信有一条摆脱顽固不化的父权世界的道路，相信这个系统是可以被颠覆的。因此，我们也可以相信，我们的亲密关系和个人关系有可能发生变化。

我首先会研究在我们社会中发展爱情的文化背景。在我看来，这个背景的特点是谨小慎微、缺乏想象力，同时，在另一个极端，还有对失败、悲剧和死亡的某种自满情绪。这两种态度最终都将导致我们无法拥抱爱，无法以一种创造性和自信的方式生活在爱的现实和日常生活中（前言）。随后，我将研究我们对浪漫的呈现如何建立在美化女性自卑之上，以至于许多女性被告知她们"太如何"而无法得到男人青睐：太高、太强（字面意义上的高大和强壮）、太聪明、太有创造力，等等。然而那些似乎

---

1 埃马努埃莱·德莱塞普，《异性恋和女权主义》，同前文所引。
2 艾丽斯·柯芬，《天才女同志》，同前文所引。

满足了所有条件且不威胁男性自尊的女性却未必在爱情中更幸福——这是有充分理由的，因为我们很难将自我满足建立在否定自我、限制自我之上（第一章）。然后，我将讨论家庭暴力的机制，不是将其作为异常或越轨行为来讨论，而是将其作为社会规范为男性和女性规定的行为所带来的逻辑结果来讨论（第二章）。我还想详细说明女性和男性爱情观的不同，女性在爱情中往往投入更多，由此带来的不平衡和紊乱，以及补救的方法（第三章）。最后，我将思考女性如何才能摆脱她们古老的角色——为男性提供一个与他们的幻想相匹配的、沉默寡言的形象——从而成为自己欲望的主体。这一点必将引发如下问题，我也不会回避：我们的幻想真的属于自己吗？当我们一生都沉浸在男性统治的世界中时，我们如何重寻想象力（第四章）？

我不相信异性恋的存在只是为了在女性心中为特洛伊木马式的父权制服务。"如果女人渴望男人，那是因为一个男人不能被定义为一个彻底的压迫者，就像一个女人不能被完全定义为一个被压迫者一样。"埃马努埃莱·德莱塞普在 1980 年如此写道。[1] 然而，男女关系却深受男性统治毒害。必须要有勇气，才能认清这毒药。这，就是现在摆在我们面前的"高风险冒险，英雄主义行为"。

1　埃马努埃莱·德莱塞普，《异性恋和女权主义》，同前文所引。

前言

在守旧主义与虚无主义之间

我们听到的爱情故事往往止于历尽波折后，男女主人公终于互诉衷肠。童话永远以这句充满仪式感，同时含糊其词的套话作为结尾："他们幸福地生活着，有了很多孩子。"至于接下来会发生什么，这份爱如何被体验、如何一天天变化，我们却闭口不提，仿佛我们的想象力突然中断了。在观看由年轻作家萨莉·鲁尼同名小说改编的剧集《正常人》（作家本人也是编剧之一）[1] 时，我也在想这个问题。在剧集中，我们将看到两个来自爱尔兰小镇的高中生，玛丽安娜（Marianne）与康奈尔（Connell），他

1　萨莉·鲁尼（Sally Rooney），《正常人》（*Normal People*），L'Olivier，巴黎，2021 年。

们坠入爱河，爱情在他们去都柏林念大学后仍继续着。萨莉·鲁尼的观点在很多方面都别开生面，尤其在描绘男性的感性和同理心方面。这点体现在了男主人公康奈尔身上，他在电视剧中由令人惊艳的保罗·麦斯卡（Paul Mescal）扮演。但作者有一个地方没有创新，那就是落入了只描写爱情萌芽阶段的窠臼。在玛丽安娜和康奈尔的故事中，有出于现实、合理原因的多次分手，但其中一次——漫长且导致了重要后果的分手——似乎完全站不住脚：两人因为一个用两三条短信或者在咖啡馆十分钟就能解开的误会而分手。当然，出于愚蠢的原因分手也是存在的，然而剧中的这次分手似乎表明了编剧的某种谨慎，仿佛在担心如果玛丽安娜和康奈尔不经历磨难，就没有故事可言了似的。编剧似乎坚持用一种已经被证实有效的叙事来推动故事发展，那就是让观众替两个明明相爱却难以走到一起的人物揪心：他们俩最后能不能袒露心迹，走到一起？"聊错过比聊爱情更容易，"贝尔·胡克斯如此写道，"表达爱的缺席带来的痛苦，比表达爱的存在与爱在我们生命中的意义简单。"[1] 从承认逆境到受逆境摆布有时只有一步之遥，仿佛逆境能莫名地令人心安。

在某些情况下，这种一旦承认相爱便兴趣全无的心态源于一种共识，那就是"事已至此，无话可谈"，因为一旦两人在一起，只需循着那条普世道路走下去就好：婚

1　贝尔·胡克斯，《关于爱的一切》，同前文所引。

姻（在理想情况下）、同居、忠贞不渝、生儿育女。我们很少质疑以上事情，我们认为这是适用于普罗大众的。不仅我们的不安全感促使我们向另一方索要高度程式化的爱情的证据，婚姻、家庭状态对我们社会地位的重要性更是打消了我们不走寻常路的念头，劝阻我们不要将自己暴露在不怀好意的判断之下。再者，即使恋爱双方完全按照规定的程序行事，在面对困难或失望时，他们仍会发现自己非常孤独。身边的模范、公认的常识、各种爱情喜剧，我们每天听到的、身体力行的、数不胜数的评论背后，蕴含着微妙的社会规则和或多或少藏着掖着的禁令，这些都在不断重申和强调有关幸福的陈词滥调。我们衡量成功的标准，是我们重复生活的老实程度。当现实没有描述的那么美好时，痛苦会加倍。

在其他情况下，拒绝对"爱情如何被体验"产生兴趣，源于对二人世界的蔑视。在这种情况下，情侣生活是平淡无奇、充满资产阶级趣味和无聊的。这种蔑视可以解释为什么人们普遍喜欢那些不可能的爱情故事，那些戛然而止、结局凄惨的故事，如谋杀、自杀，或兼而有之。悲剧结局——朱丽叶在罗密欧的尸体上死去，少年维特因为心上人爱上了另一人而饮弹自杀——不仅提供了情感倾诉的机会，也让我们无法想象如何以确切的方式体验爱情。2006 年，生态思想家安德烈·高兹在他的暮年意识到，一直以来，他的偏见让他无法体会到能和他的妻子多莉娜（Dorine）共度余生，他有多幸运。为了回应爱妻所受的不公，他出版了《致 D》一书，在书中表达了对妻子的所有爱意和感激。他在书中也指责自己曾在年轻时出版的一本著作中带着一种"无礼的优越感"提及妻子。尽管当时两人已经在一起，但他在书中却情愿花大量篇幅剖析自己与另一个女人关系的破裂。时隔多年，安德烈·高兹在分析自己的生活经历之所以如此失真时，写道："在当时，第一次陷入热恋并得到回应显然太寻常、太私密、太普通，不是能让我接近共相的材料。灾难般的、不可能的爱情则能造就伟大的文学。我喜欢失败和毁灭的美学，而不是成功和肯定的美学。"[1] 1952 年 10 月 27 日，伯努瓦特·格鲁在她与第三任丈夫保罗·吉马尔的共享日记（我们在该日记中可以目睹她女权意识的崛起）中写道："我读了保罗的日记。他每次说起何为我们的幸福时，便给人一种忧郁的印象，我不知道这是为什么。他描述的幸福婚姻生活单调、乏味、'令人安心、循规蹈矩'。"接着她惊呼道，"循规蹈矩！所谓规矩，所谓平庸，即不幸福。风险、冒险，才是快乐。"[2]

凄惨、多舛的故事让男人（知识分子、小说家、电影制片人……）在谈论爱情时显得"严肃"，给人一种深沉的错觉，且不会受到嘲讽，也不会因自己表现出了女人

---

1 安德烈·高兹（André Gorz），《致 D：情史》（*Lettre à D. Histoire d'un amour*），Galilée，巴黎，2006 年。
2 伯努瓦特·格鲁（Benoîte Groult）、保罗·吉马尔（Paul Guimard），《爱的日志：1951—1953》（*Journal amoureux*, 1951-1953），Stock，巴黎，2021 年。

般的多愁善感而折损颜面。安妮－玛丽·达迪尼亚提到，在《人的时代》（*L'Âge d'homme*，1939 年）中，作家米歇尔·莱里斯（Michel Leiris）责备其父总是表现出一种在他看来愚不可及的"淫欲"。他这么说，仅仅是因为他父亲喜欢"唱马斯内[1]的抒情歌曲"……"除了痛苦和泪水，我无法以别的方式来认识爱情"，莱里斯在该书中如此写道。[2] 由此可见，维持男子气概就需要牺牲女性——不仅要牺牲在自己内心被视为女性化并会因此损害自己名誉的特征，有时还需要牺牲女性本身。我们的图书馆和电影资料馆里充斥着讲述"被诅咒"的激情的故事，这些色胆包天的故事把谋杀女性笼罩在了浪漫，甚至英雄主义的光环中——这助长了现实生活中对杀害女性行为的纵容。举个例子，我想到了法国 20 世纪 80 年代的标志性影片《巴黎野玫瑰》（*37°2 le matin*，1986 年）。影片由菲利普·迪昂（Philippe Djian）的小说改编，让－雅克·贝奈克斯（Jean-Jacques Beineix）导演。片中的男主人公〔让－雨果·安格拉德（Jean-Hugues Anglade）饰〕最终用枕头闷死了自己的情人贝蒂〔碧翠斯·黛尔（Béatrice Dalle）饰〕，以这种方式击退了她象征着兽性和混乱的威胁，从而终于可以实现自己作为作家的崇高使命。

1　儒勒·马斯内（Jules Massenet），法国作曲家，其作品在当时被认为是老式、无新意的。——译者注

2　安妮－玛丽·达迪尼亚，《爱神的城堡：女性的不幸》（*Les Châteaux d'Éros, ou les infortunes du sexe des femmes*），Maspero，Petite collection Maspero 丛书，巴黎，1980 年。

由此可见，我们的爱情文化既墨守成规，又病态（且厌女）。在《爱情与西方世界》（1939年）中，德尼·德·鲁热蒙展示了我们是如何在两种相互矛盾的道德之间挣扎的：一边是资产阶级道德，它重视婚姻、安稳；另一边是热情、浪漫的精神，这使我们对暴风雨般强烈且折磨人的爱情想入非非，而这种爱情既令人无法抗拒，又难以实现。在这部引人入胜的对情感进行考古的著作中，作者回溯了西方人喜爱这种特殊形式的激情的源头：吟游诗人。他们吟唱的往往是一位被理想化的、无法接近的女士。作者从中看到了卡特里派（Cathares）的影响，该派教徒追求自身的"纯洁"与"完美"，鄙视肉体和尘世生活。在德尼·德·鲁热蒙眼中，特里斯坦（Tristan）和伊索尔德（Iseut）的神话代表了我们愿望和情感的神秘矩阵：即使我们从未读过这个神话，"一个这样的神话带来的念旧情怀影响了我们大多数的小说和电影，在大众中获得了成功，让广大资产阶级、诗人、不幸的已婚人士、幻想着爱情奇迹的都市女郎顾影自怜。"[1] 按照作者在此处对激情的定义，关系中的另一方不过是热烈情感的提供者，我们更愿意想象对方是一个遥远的人，而不是近在咫尺的人。我们爱一种状态胜过一个具体的人。透过他们之间不可能的爱情（因为伊索尔德必须嫁给马克国王），特里斯坦和伊

1　德尼·德·鲁热蒙（Denis de Rougemont），《爱情与西方世界》（*L'Amour et l'Occident*），10/18，巴黎，2001年。

索尔德渴求死亡的绝对，他们最终实现了这一目标。"爱，在激情的意义上，是生活的反面！"德尼·德·鲁热蒙写道，"这是一种对存在的贫乏化，一种没有来生的禁欲主义，一种如果不无视当下就无法热爱当下的态度，一种在占有面前无止境的逃避。"作者意识到有这种性格的人很难接受对其性格的批评，因为这些沉溺于激情的人恰恰以坚持错误为荣："激情之人坚持的恰好是所有人眼中的错误——这个重大的、不可挽回的错误，就是选择死亡而不是生命。"[1]

《魂断日内瓦》，伪温柔乡

在表现上述"选择死亡"的名著中，阿尔贝尔·柯昂1968年出版的《魂断日内瓦》首屈一指。[2] 小说的两位主人公阿里亚纳（Ariane）和索拉尔（Solal）以最极端的方式呈现了人如何无法更进一步，超越初次相遇时的心动。这种无能最后导致了主人公在感人至深的结尾一幕中双双殉情——作者在此前的章节里已经用两个次要角色之死练了手，但他们的死跟结尾即将诞生的佳话比起来微不足道——这结局是如此动人，我们不得不合上书，一掬同情

---

1 德尼·德·鲁热蒙（Denis de Rougemont），《爱情与西方世界》，同前文所引。

2 阿尔贝尔·柯昂（Albert Cohen），《魂断日内瓦》（*Belle du Seigneur*），Gallimard，Folio丛书，巴黎，1998年。

之泪。《魂断日内瓦》虽被认为是 20 世纪法国文学最伟大的浪漫小说之一，实则可以被当成一份在激情驱使下易犯错误的图解。让我们细细品读。

故事的男女主人公相遇在 20 世纪 30 年代的日内瓦。索拉尔是国际联盟[1]的副总秘书；阿里亚纳出身于日内瓦贵族家庭，却嫁给了阿德里安·多姆（Adrien Deume），一个同样在国际联盟工作的糊涂虫。（德尼·德·鲁热蒙指出，"丈夫的存在是被骑士爱情所鄙视的"，他是众多滋养激情的阻碍中最主要的一个。在特里斯坦和伊索尔德的神话中，伊索尔德的丈夫马克国王就是一个典型。[2]）为了摆脱阿德里安，勾引他的妻子，索拉尔派遣阿德里安去外国执行长期任务。阿德里安回来后，两位情人便逃到了法国南部。为了共度二人世界，他们先是去了一家酒店，随后租赁了一栋豪宅。他们的孤独一方面是被迫的遭遇，另一方面是他们主动的选择。两人被原来身处的上流社会排斥，因而被孤立；但无论如何，两人认为有必要表现出自己不需要旁人的姿态，似乎他们对彼此来说已经足够了。在这种情况下，他们依旧可以无话不谈，但他们非但没有如此，反而满足于无限地重演他们的邂逅，忸怩作态，矫揉造作，把回忆变成了一种崇拜。很快，两人在不敢承认

1　Société des Nations，成立于 1920 年 1 月 10 日，是第一次世界大战结束，在巴黎和会召开后组成的跨政府组织，也是世界上第一个以维护世界和平为主要任务的国际组织。——译者注
2　德尼·德·鲁热蒙，《爱情与西方世界》，同前文所引。

的情况下变得百无聊赖，而他们找到的唯一让爱火重燃的办法就是让自己痛苦。索拉尔有时会突然无缘无故地采取残忍的手段吓唬他的情妇，让她害怕失去他。阿里亚纳则头一回向索拉尔谈起了她之前的一位情人，引起了索拉尔的嫉妒。

进入一段长期关系，意味着接受对方作为一个人存在的全部真相。小说的男女主人公没有做到这一点，他们仅以盛装出现在对方面前。一听到自己的肚子不合时宜地咕咕叫，阿里亚纳便惊惶失色；一感觉自己要打喷嚏，她便躲回自己的房间。在酒店，两人各住一间房；当他们搬进租的房子中时，阿里亚纳将索拉尔支开，好在两人各自卧房的浴室里开展一项浩大的工程，那就是安置马桶。为了保持更好的私密性，她还在自己的卧室和浴室之间开了一扇便门。为了保持自己天仙般的形象，她可以不惜一切代价。尽管索拉尔暗中嗤之以鼻，但阿里亚纳似乎很乐意这么做。当然，结果适得其反。无论什么，越是压抑，越是无用。身体机能愈发入侵到两人的关系中。他们的女佣马里耶特（Mariette）见证了两人假害臊的闹剧，不禁说道："如果这就是爱情，那我不稀罕。要是我丈夫还在世，我们肯定干什么都一起，不分开。"[1]我们自然认为女佣说的有道理，但坠入爱河的不是女佣，我们理当喜爱、认同的是女主人公，而不是女佣。接受对方的身体只属于婚姻的

1　阿尔贝尔·柯昂，《魂断日内瓦》，同前文所引。

肮脏面，只属于向老婆抱怨肠胃问题的糙汉。故事戛然而止，把我们封闭在了小说本身似乎加以谴责的爱情观中。阿尔贝尔·柯昂将《魂断日内瓦》定义为一本"充满激情，但反对激情的小册子"[1]。原来，他大写特写有关激情的陈词滥调，是为了揭露这些陈见。

阿里亚纳和索拉尔没能克服所有恋人都会遇到的障碍，但他们总能协商：能在看见对方起床的模样之后，仍旧爱对方，并不得不承认面前这个如花似玉的人儿也是有消化系统的，这一点他们在初次约会时故意忽略掉了。对于女人来说，这是个特别容易受挫的时刻，因为她们在社会准则的要求下，白天出门要捯饬外表，这样一来就有了同一个人，白天夜晚却有两幅面孔的情景。同样是在这一时刻，女人才会认识到她们是被真正当作一个真实亲密的人爱着，还是被当作一尊偶像，一个理想化了的、脱离肉体的形象爱着。游吟诗人们口中吟唱的贵妇就属于后者，借用安妮－玛丽·达迪尼亚的话，她们被"捧得很高，高到不可攀"[2]。社会学家伊娃·易洛思在进行当代恋爱调查期间遇到了四十八岁的克洛迪娜（Claudine），在前者的笔下，后者是个"大美人"。克洛迪娜讲述了有一天早上，她的情人旅游回来直奔她家，而她还穿着睡衣，既没刷牙，也没梳头，更没化妆。"他一进门，我就觉得他脸

1　Radioscopie 节目，France Inter 电台，1980 年 4 月 2 日。
2　安妮－玛丽·达迪尼亚，《爱神的城堡》，同前文所引。

色不对。他对我说：'怎么回事？你生病了？你还好吗？你跟平时看起来很不一样。'我把他抱在怀里，以为他会吻我，但是他并没有。我心里开始嘀咕，如果我老了，有皱纹了，这个男的还会爱我吗？"[1]

女人应该是不食人间烟火的女神或者仙女，就连屁股中间都该夹着一朵玫瑰花蕾：这都是父权制的错。[2] "在很小的时候，女孩就学着控制身体的自然机能。"《浴室心理学》（ *Psychologie de la salle de bains* ）的作者尼克·哈斯拉姆（Nick Haslam）如此解释。[3]（这还不止，在给女孩灌输了对身体的耻感之后，我们又对她们过分腼腆的行为举止大加嘲笑。）有时女孩为了掩盖丑陋的真相甚至会冒上生命危险。2017年的某个夜晚，一位年轻的英国女生跟一个在Tinder上遇到的男孩约会。一切都很好，直到她进到厕所，惊恐地发现马桶冲不了水。她试着把那一坨可能会让这次约会前功尽弃的物质扔到窗外，但运气不佳，粪便掉到了两块窗玻璃的中间。她不得不向名叫利亚姆（Liam）的男孩解释了情况。在他的帮助下，女孩终于捡回了"肇事物"，将其扔入马桶，但她却头朝下卡在了窗户里。最后两人不得不叫来了消防员，让他们把女孩解救出来。这个故事在全球传播开来，甚至有照片为证

---

1 伊娃·易洛思（Eva Illouz），《为什么不爱了：社会学家的消极关系报告》（ *La Fin de l'amour. Enquête sur un désarroi contemporain* ），Seuil，巴黎，2020年。
2 克莱芒·阿尔布伦（Clément Arbrun），《为什么女性受到粪便羞辱》（Pourquoi les femmes souffrent du "caca-shaming"），Terrafemina，2019年9月20日。
3 同上。

（幸好，身手敏捷的女孩的隐私得到了保护，因为照片里的窗玻璃是毛玻璃）。[1] 这个故事很好地总结了当我们试图保持低调时，往往得到怎样的结局。不过至少，利亚姆借机发起了窗户维修费的众筹，在全球网友的热情帮助下，他最终收到了超过维修费十倍的金额，并将多余的钱捐给了消防员以及一个致力在南半球发展中国家修建厕所的协会。根据最新的消息，他在考虑再次邀请这位只有过一面之缘的女孩喝咖啡。[2]

在这样的语境下，美剧《疯狂前女友》(*Crazy Ex-Girlfriend*) 的编剧兼主演蕾切尔·布卢姆（Rachel Bloom）令人捧腹的屎尿屁笑话有了一丝政治意味。同理，澳大利亚作家法利亚·鲁瓦森（Fariha Róisín）2019 年接受美国网站 Into the Gloss 访谈时，聊到自己的美容日常，不仅提到了香奈儿睫毛膏、SMN 蜂蜜发油，也提到了 Squatty Potty 脚凳，有了它，她排便更舒畅了。此举不仅大胆，而且充满魅力。"作为女人，我们的妈妈告诫我们不要聊这种事情，所以我们自我审查，闭口不谈。"这位作家如此声称。[3]（她在打破所有禁忌的同时，也聊到了自己的心

1　娜塔莎·欣德（Natasha Hinde），《她在 Tinder 约会对象家里想要捡回自己的便便，但结果很惨》(Elle tente de récupérer son caca chez son "match" Tinder et ça se termine très mal)，HuffPost，2017 年 9 月 7 日。

2　桑德拉·洛伦索（Sandra Lorenzo），《轰动一时的 "Tinder 便便约会" 有了幸福结局》(Le désormais célèbre "rendez-vous Tinder caca" a eu son happy end)，HuffPost，2017 年 9 月 13 日。

3　《法利亚·鲁瓦森，作家》(Fariha Róisín, writer)，Into the Gloss，2019 年 9 月。https://intothegloss.com。

理健康、使用大麻和她最喜欢的润滑剂品牌以及假阳具类型。)

对《魂断日内瓦》中的索拉尔而言，问题不仅是生理学角度的身体，也是性欲化的身体。他责怪女人被他的美貌吸引和诱惑，而他觉得自己的美貌是唬人的、肤浅的。在索拉尔眼里，可怖、怪诞、兽欲般的情欲只有在被最高的激情加冕时才是正当的。他的情妇们在事后谈论爱情，而不是让他"独自消化负罪感"，这让他勃然大怒。书中有一处吃醋的桥段，索拉尔得知阿里亚纳在遇见他之前有过另一个情人时，他的厌恶爆发了，同时爆发的还有占有欲。他把酒店房间搞得一团糟，自残，羞辱阿里亚纳。他和阿里亚纳在一起时也有过其他情妇，但这不重要：一想到他认为如此"纯洁"的阿里亚纳已经被野兽般的情欲玷污，他深感震惊。在描写这一幕的几页中，作者阿尔贝尔·柯昂落后的思想表露无遗。以下是一则逸事：1980 年，阿尔贝尔·柯昂讲到他的第三任妻子贝拉·柯昂（Bella Cohen）一开始是他雇用的秘书，她将《魂断日内瓦》的手稿在打字机上打了四次，因为他不停地往里加内容（这部作品的口袋书版本有上千页）。她反对上述故事情节，并希望他能将其删掉。"她错了。"作家本人不容置辩地总结道。[1]

就这样，激情把男主人公囚禁在自己对女人不成熟且

1　Radioscopie 节目，France Inter 电台，1980 年 4 月 1 日。

多疑的看法中。这样的看法成了一种精英主义姿态的保护伞，这种姿态鄙视尘世生活、日常生活、肉身生活以及与之相关的女性。（这种姿态比它的拥趸们想象的更常见、更约定俗成：南希·休斯顿在 2004 年提到文坛虚无主义的风行，一针见血地谈到了"集体精英主义"。[1]）索拉尔理应被认作法国文学世界中的完美情人，他的厌女情结却让人生疑。[2] 就这样，他不敢向阿里亚纳承认他已经被国际联盟从原本的职位上撤下，原因是他在纳粹势力上升时期过于积极地替犹太人辩护，主张迎接逃离迫害的德国犹太人。他也不敢承认他已经被剥夺法国国籍，成了无国籍人士。他这么做是因为他认为一旦他失去社会地位，情人对他的爱也将不复存在。在他看来，女人爱的是权力：如果女人爱他，是因为他散发着女人眼里掌握生杀的权力。他还认为女人都是受虐狂。他给外界的形象是一个温柔体贴、宛如羔羊的好男人，但他努力让自己显得残忍甚至暴戾，因为他认为这正是女人想在他身上看到的。索拉尔假

1　南希·休斯顿（Nancy Huston），《绝望教授》（*Professeurs de désespoir*），Actes Sud，阿尔勒，2004 年。

2　这反映了阿尔贝尔·柯昂本人的厌女情结。在 1980 年 4 月 1 日 France Inter 电台的 Radioscopie 节目中，阿尔贝尔·柯昂认为男女之间应当存在一种"封建制关系"。他要求对方以索拉尔在前、阿里亚纳在后的顺序发言："是的，男人在前，这是肯定的。"提到玛格丽特·尤瑟纳尔（Marguerite Yourcenar），他说："我没读过她的书，她太丑了。如此丑陋的身体里是出不来什么好东西······她太胖了。更何况她还喜欢女人，这些都非常惹我讨厌。"当面采访他的雅克·尚塞尔（Jaques Chancel，法国记者、作家、电台主持人。——译者注）无比震惊。

装相信阿里亚纳不爱她的丈夫阿德里安·多姆是因为他人太好，但阿德里安·多姆的问题，在于他天真愚蠢、过于接地气，而不是他"人太好"。索拉尔让多姆在不知不觉中成了给自己戴绿帽子的同谋并嘲笑他，将此事说成引诱阿里亚纳可悲的必然性（然而在内心深处，他对自己的"兄弟"充满同情），但我们很容易猜到，他这么做的时候其实心花怒放，读者也读得痛快，因为我们在小说的一开头读到了婚内强奸的几段描写。

二十五年前我初读《魂断日内瓦》，用德尼·德·鲁热蒙的话来说，当时的我是众多"渴望梦幻爱情的少女"之一。我花了很长时间才悟出阿尔贝尔·柯昂的爱情观和女性观有何不妥。我依旧十分欣赏他的写作风格，他简洁、澎湃的文笔，他的敏捷和诙谐。然而，我有多欣赏他，就有多责怪他。他用他的才华把他的想法有力地灌输给了我。2012 年，《魂断日内瓦》被改编为电影，由格伦尼奥·邦德尔（Glenio Bonder）执导，乔纳森·莱斯－梅耶斯（Jonathan Rhys-Meyers）饰演索拉尔，纳塔莉·沃佳诺娃（Natalia Vodianova）饰演阿里亚纳，玛丽安娜·费斯福尔（Marianne Faithfull）饰演女佣马里耶特。电影很好地展现了当文笔的魅力消散时，这个故事还剩下什么：充斥着性别歧视和故作风雅的剧情（事后想想，还有阶级蔑视——比如索拉尔在火车里观察一对年轻工人情侣的一幕——我在初读时并没有注意到，连自己也吃了一惊）。

时间振幅的乐趣

我们需要调整我们看待爱情的方式，通过粉碎充满资产阶级味道的"爱情必经之路"的枷锁，粉碎同样迂腐、充满约束性的"破坏性激情"的枷锁，为爱情注入新的活力。身处导致抑郁的情形中，我们要多一点大胆，少一点纵容。这项工作只能由个人来完成，而我现在提出的构想显然不具有任何普遍的有效性，不过，它至少可以让我的读者知道谁在和他们对话，也许还可以让他们审视自己已有的欲望，通过表达对我观点的同意或者不同意来厘清自己的观点。

在《魂断日内瓦》之后，我借着不同的模板构建了对于爱情的想象。我艳羡那些能够在日常生活中带着自信、幸福与快感经营长期关系的情侣。于我而言，不论友谊还是爱情，那些经年累月建立的联结得益于双方的天资、慷慨与意想不到的潜力，让两个人的存在深深交缠在一起，给生命增添了意义，这是面对死亡唯一可能的胜利。一段友情或爱情的时间振幅是一件无法估量的礼物。我跟前夫分手后并没有陷入迷茫中，我还能继续问他："你还记不记得……"还能和他重温过去那些只有我们两人记得的事件。每次这么做，我心中都充满了无限的感激之情。同理，比起电影我更喜欢剧集，因为我喜欢在长达几季的时间里随着一个人物的成长，发现其意想不到的一面，见证其如何展现自己的丰富性、复杂性，一步一个脚印。有的编剧打这张牌打得极其出色，在剧中通过闪回或者影射的手法，唤起观众和角色共享的回忆，让观众觉得自己与角色之间长期以来的亲密触手可及。编剧们深深懂得，就算是几个虚构的人物，这种亲密也是一种强烈的满足感。

有人可能会反对，说我在此描述了一种非常传统的"爱永久"的理想。对，我说的是通常被认为是浪漫天真、理想化、典型的女性化憧憬，并且是坚定的一夫一妻制理想。然而在今天，越来越多的声音开始出现，声称从同一个人那里获得所有是不理智的。可是对我来说，爱的滋味离不开将自己生命中的特权地位给予某人，并在对方的生活中占据相同的位置，将对方与他人区分开来，并被对方与他人区分开来。因此多角恋[1]完全超越了我的理解能力。至于开放性关系，在我看来需要极大的自信，我很佩服那些做得到的人。也许，弗里达·卡罗和迭戈·里韦拉在他们的婚姻岁月里把开放性关系上升到了杰作水平。夫妻双方都与他人有过激烈且充满激情的故事，却从未打破两人的纽带。克里斯蒂娜·内林写道，这两位墨西哥艺术家的情人和情妇们"被迭戈和弗里达吸引，就像糖果商被马戏团吸引，宫廷小丑被莎士比亚式的国王吸

1　请参考多西·伊斯顿（Dossie Easton）、珍妮特·W. 哈迪（Janet W. Hardy），《伦理荡妇：自由平和关系实操指南》（*La Salope éthique. Guide pratique pour des relations libres sereines*），Tabou，米伊拉福雷，2019 年。

引"[1]。知识分子特拉韦尔·斯科特（Travers Scott）设想了十种可能的相处模式，并与他的伴侣进行了实验：严格的一夫一妻制（"色情片为辅"）、偶尔有共同选择的第三人的一夫一妻制、仅限于旅行时的非一夫一妻制、仅限于与陌生人相处时的非一夫一妻制（陌生人不包括朋友或前任）……[2]

至于我，我喜欢两人世界，它强烈、有吸引力，足以让伴侣两人感到满足。我不相信牺牲式的忠贞：如果关系中有令人不满意的地方，那么最好分开，或者找到补救的办法。没错，永远只被一个人满足是不太可能的，但我也不想马上抛弃这个假设。我相信专情可以带来无法取代的愉悦；我相信每个男人和女人的胸怀都足够宽广，广到可以纳入全世界，并将之赋予另一人；我相信我们永远都不会停止了解一个人。我比较喜欢德尼·德·鲁热蒙对忠贞的定义："无论是有限的自己还是真实的自己，坚决接受它的存在。接受，不是为了将此作为自我狂欢的借口，亦不是将自己视作'沉思的对象'，而是将自我看作一个无与伦比、独立自主的存在，把接受自我视为主动之爱的要求。"[3]

1　克里斯蒂娜·内林，《捍卫爱情》，同前文所引。另一种更具批判性的观点请参考朱莉·博扎克（Julie Beauzac）的电台节目《弗里达·卡罗，神话之上：第 2 期》(*Frida Kahlo, au-delà du mythe, 2/2*)，《维纳斯剃阴毛吗？》(*Vénus s'épilait-elle la chatte?*)，2020 年 2 月 26 日，www.venuslepodcast.com。
2　被简·沃德引用，《异性恋的悲剧》，同前文所引。
3　德尼·德·鲁热蒙，《爱情与西方世界》，同前文所引。

在混合了调查和个人叙述的《算法之下的爱情》一书中，记者朱迪特·杜波尔泰伊讲述了她跟 Tinder 上某个男生的约会。故事的开头如梦似幻，直到有一天，她发现男生不久前跟她一样，被一家杂志采访了。文章是关于交友软件的，男生在里面说道："就算你在 AdopteUnMec[1] 上钓到了一个女孩，你也要保留你的账号，因为就算两人相处得再好，你还是想看看货架上有没有更好的。"（他之后否认了"货架上"这一说法。）男生的话让她心神不宁。之后，一位美国人类学家解释道，为了让用户成瘾，手机应用往往使用"随机、可变奖励"，也就是成瘾心理机制中最强的一种，游戏机（暴利行业）的成功便归功于此：他们需要用户尽可能频繁地查看自己的账户。手机应用的经济模式基于用户心中永恒的不满足感。而在朱迪特·杜波尔泰伊的脑中，"这是一场风暴"："该怎么回应？他还会重新用软件吗？他经常这么做吗？可为什么呢？该说什么好呢？说我感觉被冒犯了，然后被对方当作怪胎，还是假装不在乎？"[2] 这种定期回"货架"上看看的逻辑，让人联想到无视或践踏自己庄稼的园丁。有什么比把恋爱当作物品，一直评判它的产品质量更可悲呢？谈到"杂志的布道"以及杂志利用幸福引诱读者的行为，德尼·德·鲁热蒙指出了一个根本的矛盾："社会向我们提供的（为了获

1　"领养一男人"，法国交友软件。——译者注

2　朱迪特·杜波尔泰伊（Judith Duportail），《算法之下的爱情》（*L'Amour sous algorithme*），Goutte d'Or，巴黎，2019 年。

得幸福的）一切，将我们带入了攀比的世界。在这样的世界里，没有幸福可言。"[1]

我们经常读到，长期在生活中保持爱情和欲望是不可能的。我自问这一结论是否过于草率。没错，当我们的生活方式让我们沦为因家庭琐事奔波忙碌、焦头烂额的管理者时，维护爱情与欲望的长久可能是非常困难的。即便我们无法摆脱家庭管理者这一角色，在我眼里，意识到以下事实很重要，那就是我们的失望和不满可能并不来自我们的关系本身，而是来自这段关系所处的客观与日常条件，来自所有源于外部、妨碍关系发展，而我们却极少诘问的事物。一位年轻的父亲满是欣喜和感叹地向我描述他新生活的简单平和——这完全出乎意料，他将此归功于夫妻双方在家办公，因为这样一来，他们可以自己安排时间，同时陪伴伴侣和女儿。我想到了我自己。我在大学期间认识了我丈夫，他成为全职员工的那一天（我则继续做了好几年的独立记者），我有一种悼念、若有所失和唏嘘之感。这并不是因为我需要随时和丈夫黏在一起（恰恰相反，我非常需要独处），而是全职员工制度有侵袭、敲骨吸髓的一面，它能完全占据一个人的心神，使他在某种程度上成了一个陌生人。[2] 一开始，每晚我丈夫回家时，我都感觉

1　德尼·德·鲁热蒙，《爱情与西方世界》，同前文所引。

2　参考莫娜·肖莱《在家：家宅之内的奥德赛》（*Chez soi. Une odyssée de l'espace domestique*）中《家庭幸福假说》（*L'hyponoèse du bonheur familial*）一章，《离间男女》（*Éloigner les hommes et les femmes*）一节，La Découverte，巴黎，2018 年。

公司把他掏空了，还给我一个冒充他的替身——当然后来，我们逐渐习惯了，适应了。我认为在这个世界上还有很多存在和行动、离开和归来的方式，它们不带来一种特定的疲惫，不引起恋爱关系的萎缩，而是给我们更多的灵活性。尽管出于灾难性原因，我们推行了 2020 年春季的隔离，但它也让某些夫妇以一种没有疫情便永远不会发生的方式重新找到了对方。例如，一位住在大西洋卢瓦尔省（Loire-Atlantique）一个小村庄、停职在家的法语老师说，她非常高兴丈夫能一天二十四小时在家，"因为他通常从早上八点到晚上八点都不在家"。[1] 我们是如何接受了这种所谓"正常"，却完全夺走了与我们同享一屋檐、一床榻的另一半的生活方式的呢？

"假如人生不过是一场夏日午憩"

有一对情侣让我向往不已，那就是作家、画家、作曲家塞尔日·雷兹瓦尼（Serge Rezvani）和他的夫人——小名卢纳（Luna）的达妮埃尔（Danièle），他们两个逃离了这个魔咒。他们没有孩子，没有人打搅他们的二人世界。不要孩子是两人思考后共同做出的决定："孩子是我们被社会挟持的一部分，"塞尔日·雷兹瓦尼在 2003 年如此

1　马琳·杜莱兹（Marlène Duretz），《怀念隔离的人，不愿离开自己的茧房》（Les nostalgiques du confinement rechignent à quitter leur cocon），《世界报》（Le Monde），2020 年 5 月 12 日。

解释道，"而我们不想把自己的任何一部分交给社会。"[1] 两人于 1950 年在巴黎相遇，彼时他们都十分年轻（她十九岁，他二十二岁），紧巴巴地过了好几年日子，一开始住女佣房，后来住在巴黎环城大道边的公寓里。有一天，在去瓦尔省（Var）旅游途中，他们在莫尔山（massif des Maures）某个人迹罕至的小山谷里发现了一栋小屋。小屋有淡赭色的墙壁，掩映在棕榈树中，须沿着梯田般的花园拾级而上方可到达。小屋名为"自得斋"（La Béate）。屋主两人颇有好感，尽管小两口当时几乎身无分文，仍然答应将房子租给他们。两人之后便在此长住，并买下了这栋房子。在这个神奇的地方，他们度过了五十年的美好时光。屋子被拾掇得十分雅致，尽管在头几年，他们既没有电，也没有自来水，只能去附近的一处山泉打水。"有时候，在晚上，达妮埃尔坐在一楼大厅里的长沙发上，倚着抱枕，一边读书，一边听贝多芬的四重奏，猫儿蜷缩在她的膝头，狗儿卧在她的脚边，没错，我常常出门，走到夜晚露台棕榈树的树荫下，在如此的幸福之中，一阵无法抑制的啜泣突然向我袭来，"塞尔日·雷兹瓦尼在《吾居小传》中写道，"透过窗户，在煤油灯美丽的金色灯光下，我看到了我一生的挚爱。我喘息着，心因为眷恋这恰到好处且微妙的现在而感到痛苦。当下美得

---

1 格洛丽亚·康巴娜（Gloria Campana），《雷兹瓦尼之谜》（*L'Énigme Rezvani*），MC₄ Production，2003 年。

如此超凡，它在这一刻成形，只为了在永恒中静止。不，在这里，死亡永远无法找到我们，永远无法将如此宁静的美丽化为乌有！"[1]在《美人痣》(*Les Grains de beauté*)中，塞尔日·雷兹瓦尼唱道："你对流年付之一笑 / 不论什么季节 / 假如人生 / 不过是一场夏日午憩……"我喜欢塞尔日·雷兹瓦尼的作品，也正是因为他的作品否认了"幸福的人没有故事"的肤浅偏见。例如，托尔斯泰在《安娜·卡列尼娜》的开篇如此写道："幸福的家庭是相似的，不幸的家庭却各有各的不幸。"这句话浓缩了一种广为流传的陈词滥调，但只要我们多花一分钟思考，就能发现这显然是错误的。在塞尔日·雷兹瓦尼心中，幸福是灿烂的创作、思考和独特性的源泉。

在他俩的故事中，爱情和爱居同样让我着迷。我在《在家》一书中引用了塞尔日·雷兹瓦尼有关"重复的惊喜"的精彩言论。每天重复在我们眼中充满意义的行为和仪式，学会欣赏它们最细微的变化，我们能从中找到奇妙的趣味，如同不断拓宽和丰富一个调色板。在哲学家塞韦里内·奥弗雷的笔下，我找到了同样的对重复的赞美："在反复的音乐排练中，一种不断攀升的喜悦随之而来。第一次聆听并不会带来共鸣，而是在第二次、第三次、下一次的过程中，快感才得以浮现，如同一具沉浸在韵律

---

1 塞尔日·雷兹瓦尼，《吾居小传》(*Le Roman d'une maison*)，Actes Sud，阿尔勒，2001 年。

与重复中的身体有了自己的节奏：在同一个空间里逡巡，重复同一个动作；如同我们在性交时会要求的那样，仿佛我们是被抱在怀里摇晃、被举到半空中的小孩子：'再来！'"[1] 我有着同样略显偏执的性格，它激发了我居家的倾向和对专情的偏爱。同样地醉心感官亲密；同样地在肤浅的目光只看得到单调的地方打赌，这里隐藏着亲密；同样地渴望无限深入；同样地相信某些无形和神秘的过程，只需要我们相信它们的存在，让它们顺其自然地到来。写作也一样，它总是把我们带到想去的地方以外的他处，让意想不到的情节在我们指尖浮现。这教会了我，不论是在孤独的创作过程中，还是在讨论爱与性的对话中，害怕内心资源枯竭是错误的。

安德烈·高兹和爱妻多莉娜一起度过了一生，从未分离。他们远离巴黎，最终定居在奥布省[2]的一个小村庄里。多莉娜患疾，病情加重，夫妻二人于 2007 年 9 月 22 日在此地双双自尽。"我们都不想在对方之后死去，"高兹在去世的前一年如此写道，"我们常说，如果有来生，我们还要一起度过。"[3] 他们也逃离了坐班生活，逃离了上班的限制，避免了工作把一方从另一方身边剥夺，他们也没有孩子。在这两对情侣中，男性成功和一个真实的女性分享、

---

1 塞韦里内·奥弗雷（Séverine Auffret），《伤痕与游戏：自由思想手册》（*Des blessures et des jeux. Manuel d'imagination libre*），Actes Sud，阿尔勒，2003 年。

2 Aube，法国大东部大区下辖省，得名于穿过该省的奥布河，省会特鲁瓦（Troyes）。——译者注

3 安德烈·高兹，《致 D》，同前文所引。

欣赏日常的亲密，而不是把女性当作偶像远远崇拜。然而，我遗憾，深感遗憾的是，只有男性的创造性活动得到了发展，而女性仅满足于支持自己的丈夫。男人的志向仿佛向来是显而易见、合法、专横的，妻子则是失声的。跟多莉娜·高兹一样，达妮埃尔·雷兹瓦尼喜欢低调和阴影，可是拥有这种性格特征的女性实在太常见了，这绝非巧合。再者，我们之所以知道这些爱情故事，是因为故事的男主人公把故事讲述了出来：如塞尔日·雷兹瓦尼的多部精彩著作〔《光年》(Les Années-Lumière)、《卢拉岁月》(Les Années Lula)、《千个今日》(Mille aujourd'hui)、《爱的遗言》(Le Testament amoureux)、《吾屋小传》(Le Roman d'une maison)，等等〕、安德烈·高兹的《致 D》。多莉娜·高兹富有教养，充满魅力，却充当了她丈夫的资料员、顾问、谈话对象和读者。[1]达妮埃尔·雷兹瓦尼（于2004 年逝世）既是塞尔日的密友，也是他的缪斯。塞尔日·雷兹瓦尼最近告诉我，他保存着妻子的手记，并想有朝一日将其出版。我读完手记里的几行文字，赞叹连连。我热切希望它们能被整理成书。

　　在我看来，要想躲避爱情中的常规陷阱，与其审视一对一关系的原则，倒不如试图改变一对一恋情的开展条件。这就需要将我刚刚提到的两对情侣的模式加以改进。

1　参考莫娜·肖莱《仿佛你的使命是安慰我》(Comme si ta vocation était de me conforter dans la mienne)，个人博客 La Méridienne，2017 年 12 月 28 日，www.la-meridienne.info。

我喜欢两个人离群索居这个选择，是因为我相信爱巢可以是丰富多彩的，可对我来说，我需要生活在中心化的、能见到朋友并结识新朋友的地方。更何况，我认为长期同居并不构成我理想的一部分。我曾经很喜欢同居，我珍惜那些伴侣在我起床心烦不已时（我不是早起的人）用一个巧妙的笑话便让我转怒为喜的回忆，那些出门上班前在厨房煮咖啡、泡茶、相互拥抱的瞬间。我和前夫分开的时候，幻想着家中将焕然一新，目光所及之处的物品皆为我所有，梦想着选择一套新的公寓。那感觉就像在经历如此漫长的同居生活之后，我需要重拾自我，需要体验没有他的我将是什么样子。我非常满意自己实现了这个愿望，尽管有时我会怀念当年书架上曾并排摆着我们两个的书籍、照片和小物件，墙上曾交错挂着我们各自的海报和明信片。我怀念两个宇宙的交叠，怀念那发自内心、独一无二的氛围。这些都曾存在过，我对此感到幸福。这种怀念持续了相当长时间，融入我的生活之中，以至于当我信步走到曾经居住的街区，或者回到之前居住的公寓（我前夫依旧住在那儿），我觉得自己宛如幽灵，出没在前夫尘世生活的地方。

也许有一天我会再次想和人同居，但依照我现在看待事物的方式，我似乎更偏好两人各有各的空间，或分居，或分房。我喜欢将孤独作为第一状态，给自己保留一处基地。如果要和对方一起待几个小时或者几天，那将是我的选择，那将是因为我们都想要，而不是因为我们恰好住在同一个屋子里。我喜欢的是从不需要忍受另一方的存在，也从不将自己的存在强加于对方。"我想留你于心，但不想永远把你拴在身边。"玛丽·沃斯通克拉夫特向自己的丈夫、政治哲学家威廉·戈德温（William Godwin）如此写道。他们各自租了一间公寓，"他们通过信使传话，安排晚饭和约会，仿佛两个青少年，"克里斯蒂娜·内林如此描述道，"他们的关系却毫不因此青涩，这种被选择的距离让两人保持了对彼此承诺的坚定。"弗里达·卡罗和迭戈·里韦拉做出了同样的选择："在他们婚姻的大部分时间里，两人住在两栋不同的房子里——卡罗住蓝房子，里韦拉住粉房子——两栋房子由一座桥连通，中间隔着十来只关在笼子里的动物、果树和好几片空地。"[1]英国专栏作家格雷斯·登特解释道，在她眼中，两全其美的解决方案是每周同居四天："人类生活的所有都在于此：闲聊、家务、醒来、刷牙和分享社交生活。但紧接着，三天的安静。我爱安静。"[2]

---

1 克里斯蒂娜·内林，《捍卫爱情》，同前文所引。

2 格雷斯·登特（Grace Dent），《格温妮丝·帕特洛是对的——与我的伴侣分开生活，就像有一块自己的蛋糕来大快朵颐》（Gwyneth Paltrow is right - living apart from my partner is like having my cake and eating it），《卫报》（The Guardian），2019年6月22日。

"两个人爱到不分你我：那到底是你还是我？"

很多同居的情侣都很享受对方不在的时候，因为这是享受自由和宁静的大好时机。这说起来有点令人伤心，但恰好证明了这些情侣在日常生活中有多么缺少独处。我也认为，拥有自己的地盘能够物质化精神空间和内在空间，使我们留给自己的位置变得具体。这样能够避免在共同的居所里以或多或少沉默的方式爆发的战争，比如唯一的书房该给谁。这样也能避免来自潜意识深处的条条框框和发自内心、不假思索的反应，它们都形成了一个人的运作方式和难以在之后根除的反应。这些反应对情侣以及构成情侣的个体都是有害的，因为它们会引起身份的消亡。分居也能让我们跳出南希·休斯顿这句残酷的表达所总结的陷阱："两个人爱到不分你我：那到底是你还是我？"[1] 或者里尔克（Rainer Maria Rilke）所说的陷阱："当两个人为了相互靠近而放弃成为自己时，他们不再脚踏实地，他们的共同生活也成为持续的衰落。"[2]

有人会说分居太贵了，这是真的（而且不环保）。但有时反而是有能力供养两套房子的人会说出这样的话。说这话的并不是他们本人，而是他们的保守主义。他们也可以认为谈恋爱并不是一种省钱方式，尤其当两人没有深刻

1　南希·休斯顿，《创作日记》（*Journal de la création*），Actes Sud，阿尔勒，1990 年。

2　克里斯蒂娜·内林在《捍卫爱情》中引用，同前文所引。

054

的同居欲望时，因为这最终会破坏恋爱关系。退一步讲，我们的收入就是为了让我们能够独立生活。在《为什么不爱了》中，伊娃·易洛思说自己在当今社会看到越来越多"否定联系"的印象，"否定联系"即拒绝或者无法建立持久关系。在她观察到的迹象中，伊娃·易洛思提到了"过去二十年一口之家的极速增长"。[1] 然而，混淆同居和承诺是错误的，在此处，伊娃·易洛思就不言而喻地犯了这个错误。当然，我们可以珍惜并尊重和我们共同生活的那个人，也可以独自生活，灵魂枯冷，精神失常。但我们也可以独自生活，同时满怀对另一人狂热、激情的承诺，就像我们可以在好逸恶劳或循规蹈矩的驱使下过着情侣生活，而这不过是因为没有经济能力或者勇气搬出去一样。

1975 年，美国社会学家约瑟夫·哈里斯（Joseph Harris）将底特律二百四十七位至少拥有一年稳定关系的男同性恋的生活方式与异性恋做了对比。异性恋情侣几乎都住在一起，而男同性恋中只有四分之三的情侣住在一起。对剩下的四分之一而言，分居是为了避免周围人的发问。约瑟夫·哈里斯没有发现这四分之一的同性恋情侣在彼此承诺的程度上和同居的情侣有何不同。记者朱莉亚·斯克拉总结道，分居"并不是恋爱关系成长的阻碍，反倒可能解释了为什么这样的恋爱关系能够在社会压迫和支付两处房租

---

1 伊娃·易洛思，《为什么不爱了》，同前文所引。

的经济压力下变得持久"。¹即便他们中许多人无疑希望能够在光天化日之下同居和生活在一起，但长期以来，男女同性恋者，和各种性取向的地下情侣一样，证明了爱情的纽带不一定非与组建家庭联系在一起。

"维持狂热的爱的唯一方法——狂热到我们应该给这种爱单独起一个名字，否则这种感觉就只不过是欲望或友谊——我刚刚说到，维持爱的唯一方法就是保持距离。"无政府主义理论家伏尔泰琳·德克莱耶在 1907 年如此盖棺定论。她认为："为了生命的成长，男人和女人必须保持独立的个性。"曾经有一位男性工会成员告诉她，如果他不结婚，他将"活得像个流浪汉和酒鬼"。她感到很难过，不明白他怎么能厚颜无耻地承认自己不会照顾自己、不会自己做饭、不会自己穿衣。在她看来，每个人都必须留心坚持做"一个完整的人"。²2020 年春天，我重新想到了伏尔泰琳·德克莱耶。我一辈子，甚至近几年重新独居后，都在想办法不做饭，靠在下两次馆子或点两顿外卖之间吃零食过活。之后，2020 年的第一次隔离来到了——又是它——我要么清汤寡水地过两个月，要么学会做饭。当时，除了电子屏幕，吃顿好的成了少数与生活重新建立联系的手段之一。我发现我可以通过自己做的食物

---

1 朱莉亚·斯克拉（Julia Sklar），《当分居让你们在一起》（When living apart keeps you together），Curbed，2020 年 2 月 12 日，www.curbed.com。

2 伏尔泰琳·德克莱耶（Voltairine de Cleyer），《婚姻是错误的行动》（*Le mariage est une mauvaise action*），Sextant，巴黎，2009 年。

获得乐趣——一种味觉上的自我满足。我前夫给我发来食谱网站，并给我指点。一天天过去，每次我做新的菜式，都会给他发一张照片，享受他的赞美，沾沾自喜。如果当时我们还住在一起，我可能只会满足于他给我准备的饭菜，那多可惜。

还剩下孩子的问题没谈到。如果不同居了，那一起决定要的孩子怎么办？伏尔泰琳·德克莱耶不是繁衍的信徒（"我们不再被迫盲目行事，不断寻求繁殖以便为人类提供猎人、渔民、牧羊人、农民和畜牧人"），我们能猜到，一想到不得不解决这种细节，她就心烦。伏尔泰琳·德克莱耶认为"在一个家庭、两个家庭或者一个社区中抚养孩子都一样好"，在她看来，这三种环境中的任何一种都比情侣环境好。她最后承认"在教育孩子的诸多问题上没有任何令人满意的解决办法"，但她狡黠地补充道："那些拥护婚姻的人，处境跟我一样。"[1]也许我们应该在那些不想同居或者不愿意再同居的父母之中推广演员罗曼娜·波琳热（Romane Bohringer）和菲利普·雷博（Philippe Rebbot）在两人离婚后发明的系统：两套独立的公寓，中间由孩子的房子打通……他们甚至在 2018 年把自己的故事改编成了一部精彩的电影：《爱朦胧》（*L'Amour fou*）。

分居对异性恋情侣中的女性来说尤为有趣。"我认为情侣和同居中产生的问题是领土问题，"伊夫琳·勒嘉烈

---

1 伏尔泰琳·德克莱耶，《婚姻是错误的行动》，同前文所引。

克在 1979 年写道，"无论女性能不能自食其力、念不念书、能不能拥有得体的职业，对她来说，规则永远都是分享领地，被剥夺自力更生的手段。"伊夫琳·勒嘉烈克把家庭视为过时且很成问题的社会环节："情侣同居的制度化同时削弱了个人和集体。这里所说的集体，至少是指自由和自主的个体自愿结合形成的集体。个体组成集体，也掌握集体。在我看来，一个成年人应当在个人和集体的双重模式下发挥作用，前者加强了后者。情侣则以一个封闭的避难所的形象出现，它使我们不再恐惧自我的空虚和充满强制性的社区的空虚。"但伊夫琳·勒嘉烈克知道这是个敏感的话题。1978 年 2 月，由吉赛勒·阿利米（Gisèle Halimi）创立的"选择女性事业"组织（Choisir la cause des femmes）起草《女性共同计划》（*Programme commun des femmes*），因为一句话就引起了轰动："如果我们的目标是压制父权制家庭，那么为了达到这个目标，或许有必要在至少一代人的时间里取消夫妻同居。"《世界报》[1]的一篇社论谴责说："仇恨，这就是这个独特的《女性共同计划》每一页所表达的内容。"（随之而来的是不可避免的"搬起石头砸自己脚"的论点，即便在今天，所有女权主义者也很熟悉诸如此类的论调："此类煽动舆论的作者[2]不仅没有服务于自己声称捍卫的事业，反而给它抹黑，而

---

1 1978 年 2 月 12 日。
2 原文如此。（此处原文为 auteur，指男性作者，而该计划的提出者是女性，本该用 autrice 一词，故作者特此注明"原文如此"。——译者注）

且抹黑的程度远远超出服务的程度。")[1]

　　不同居的好处是可以解决家务分配问题，因为这一问题将不复存在。"当你不和男人同居时，"心理学家贝拉·德保罗（Bella DePaulo）点评道，"你不会觉得必须洗碗、收拾他的袜子。当然了，就算你跟男人同居，也没有义务这么做，但如果洗碗槽和碗碟都是他的，拒绝起来会更容易一些。"[2] 夫妇和家庭是剥削女性劳动力的两种机制，而分居可以截断这两种机制的运作。这一话题我在别处已讨论过，在此再多谈几句。[3] 女性在家务中受到的束缚往往是压倒性的，这种束缚源自一种根深蒂固的秩序，它往往超越情侣双方的个人意愿。但有时男性认为同居给他们带来的好处是自然而然的，这就不可避免地引发了疑问：这种剥削是同居的偶然结果，还是同居存在的理由？在由科利纳·沙尔庞捷（Coline Charpentier）运营的讨论精神负荷的 Instagram 账号"你想过……"（T'as pensé à...）上，一位女性讲述在经过"无休无止、独自处理一切的十五年"后，她提出了离婚，而她的丈夫回答："那我得找个阿姨了。"[4] 在社会学家玛丽-卡门·加西亚关于婚外

1　伊夫琳·勒嘉烈克（Évelyne Le Garrec），《自己的床》（Un lit à soi），Seuil，巴黎，1979 年。

2　朱莉亚·斯克拉，《当分居让你们在一起》，同前文所引。

3　参考莫娜·肖莱《在家》（同前文所引）中《女仆变形记》（Métamorphoses de la boniche）和《幸福家庭催眠术》（L'hypnose du bonheur familial）两章，《"女巫"》（同前文所引）《自己生活》一章中《永远"消融"的女人》（Des femmes toujours "fondues"）一节和之后几节。

4　@taspensesa，Instagram，2021 年 3 月 5 日。

恋的研究中，我们发现了一个很能说明问题的事实：她于21世纪头十年（而不是20世纪50年代……）访问的已婚男性认为他们的单身情妇有着美好的生活，因为她们"自由"，不必承担妻子们必须处理的家务。[1]

无独有偶，在名为《我受够了男人，真的受够了，受够了……》[2]的专栏中，医生兼作家巴蒂斯特·博利厄（Baptiste Beaulieu，他本人是男同性恋，也是女权斗争的支持者）提到了在诊病过程中观察到的一些令人作呕的男性行为。有人指责他编造了他描述的情形，巴蒂斯特·博利厄第二天便在自己的Facebook账户上发布了他在专栏播出后收到的留言。一位女听众回忆，她小时候，有一次母亲住了三周院："我和哥哥吃了整整三周的香蕉和意大利面。然后我妈妈不得不重新开始做饭，尽管当时她本该卧床休息一段时间。"克里斯泰勒·达克鲁兹（Christelle Da Cruz）是医院的社工，她坦言听到过无数次"我老婆得赶紧出院，赶紧的。我得做饭、买菜、做家务，我受不了了"。科利纳·沙尔庞捷声称在账号后台收到了上百位女性的消息，她们都有过一边住院一边管家的经历，都在做完手术后收到过"你什么时候回家？我们吃什么？"一类的短信。

1　玛丽－卡门·加西亚（Marie-Carmen Garcia），《地下恋情：持久婚外恋社会学》（*Amours clandestines. Sociologie de l'extraconjugalité durable*），Presses universitaires de Lyon，里昂，2016年。

2　*J'en ai marre des mec, mais marre, marre, marre...*，France Inter 电台，2020年3月11日。

流行文化十分谨慎，在塑造婚姻观时，不会把事情以如此粗暴的形式展现出来。例如英国著名爱情喜剧电影《真爱至上》（*Love Actually*，2003 年），通过经历分手后回到南法家中的伦敦作家杰米（Jamie）和他的葡萄牙女佣奥蕾利娅（Aurélia）之间的爱情故事，提供了一个浪漫化家庭剥削的教科书级案例。在两人都回到各自的国家之后，杰米心血来潮，在圣诞节的晚上跳上了前往马赛（Marseille）的飞机，在奥蕾利娅当服务员的咖啡馆里找到她。在充满戏剧性的一幕里，奥蕾利娅站在楼梯上，杰米则在客人和自己家人面前向她求了婚。我们此时得知，在分别期间，两人都学习了对方的语言。自此以后，很有可能是这种情况：奥蕾利娅一如往常地向杰米提供一样的服务——他写作时，她操持家务，端茶倒水——只不过他不用再付她工钱了。拒绝同居可以让我们知道被爱的是自己这个人，还是自己提供的服务。拒绝同居也能让部分男性获得一些有用的技能，用伏尔泰琳·德克莱耶的话来说，就是成为"完整的人"。（不愿学做饭的人真的不可容忍……）

有人可能会反对，说我在此提出的理想不是很现实，但如果它现实的话，就不会是理想了。探索、提炼、培养、打磨我们的欲望，追随欲望的分叉，姑且不管它们能否实现，期许尽可能地接近它们，可能是有用的。我们马上将条分缕析地看到，异性恋是一条布满陷阱的道路。因此，我们不妨给自己尽可能多的回旋余地，首先就要避免把某些现成的模式强加在正确的生活方式之上，避免让某些致命的错误观念破坏我们高尚且合理的，对自我盛放和分享的渴望。

1

—

"放低自我"才会被爱？

理想爱情中，女人低男人一等

"尼古拉·萨科齐（Nicolas Sarkozy），充满激情的男人。他震惊世人的三件事是：法国、政治和卡拉。"在2019年夏季《巴黎竞赛》的封面上，尼古拉·萨科齐和卡拉·布吕尼（Carla Bruni）的同框照引发了公众的嗤笑。前超模卡拉·布吕尼将脸埋在丈夫的肩头，尼古拉·萨科齐如同一个身形魁梧的保护者。然而所有人都知道，她比他高。面对群嘲，《巴黎竞赛》煽风点火道："这张照片没有修过。拍照时两人站在他们家花园的台阶上，只不过这位法国前总统所站的台阶比他夫人的高一级……"[1]这张照片展示了性魅力的两种典范：手握大权的男性典范，权力让他令人无法抗拒，就算他不具备其他更传统的男性吸引力特征，也无大碍；另一厢则是"战利品妻子"的典范，符合一名模特的所有特点，头一样便是颀长的身材。

　　记者波莉娜·蒂里耶借此机会整理了这对情侣上过的所有《巴黎竞赛》的封面。卡拉·布吕尼每次都比自己丈夫矮一头，这样的姿势透露着顺从和脆弱。她或是躺在沙发上，孩童一般把头枕在萨科齐的大腿上，或是把自己

1　《尼古拉·萨科齐没有修图显高》(Non, Nicolas Sarkozy n'a pas été retouché pour apparaître plus grand)，《巴黎竞赛》(Paris Match)，2019 年 7 月 4 日，www.parismatch.com。

缩成一团，和他并坐在威尼斯贡多拉的船尾，或是和他并肩走在沙滩上。但是她永远低着头，仿佛有一把无形的标尺横在她的头顶，而这标尺正是由萨科齐的社会地位决定的。摩纳哥亲王阿尔贝二世（Prince Albert II de Monaco）的配偶夏琳王妃（Charlène）在诞下王子之后，出现在了王室成员的合照中，她在照片中的处境与布吕尼相似。同样的还有黛安娜王妃（Diana Spencer），她于20世纪80年代嫁给了查尔斯王子。在官方发布的照片上，查尔斯看起来足足比黛安娜高了一个头，但实际上他们一样高。[1]

聆听美国女性主义者凯瑟琳·麦金农（Catharine MacKinon）的观点，就如同吞下《黑客帝国》中的红色药丸："男性和女性是在给支配和服从披上情欲外衣的过程中诞生的。"玛农·加西亚在引用凯瑟琳·麦金农的观点时，如此总结："性别差异建立在两种姿态之上，支配和服从。"[2] 一旦我们理解了这一点，就能看到，原来我们整个的恋爱文化都在教育甚至赞扬男性如何掌控，女性如何顺从，并声称这就是拥有一段和谐恋情的秘诀。有的言论称，女性的不断解放损害了恋爱关系。这种言论恰恰证明了，我们情感的组织方式是以女性的服从为

---

1 波莉娜·蒂里耶（Pauline Thurier），《尼古拉·萨科齐和卡拉·布吕尼的〈巴黎竞赛〉封面照有何不妥》（Pourquoi la une de *Paris Match* avec Nicolas Sarkozy et Carla Bruni pose problème），《摇滚怪客》（*Les Inrockuptibles*），2019年7月5日，www.lesinrocks.com。

2 玛农·加西亚（Manon Garcia），《我们不是生来屈服，而是被造就的》（*On ne naît pas soumise, on le devient*），Climats/Flammarion，巴黎，2018年。

基础的。然而，这对我们来说显得如此自然，并且往往是反对这套规则的抗议而不是这套规则本身令人感到不快。这难道不令人震惊吗？《纽约时报》2010年一篇文章的标题便直截了当地总结了我们时代的问题：《在女性赋权的年代保存浪漫》。[1] 女性的低人一等仿佛被封固在了我们对爱情的想象中。我们不妨从一种显而易见的"低人一等"着手：在一对情侣中，男人要比女人高。社会学家尼古拉·埃尔潘总结道："个头矮小的男人更难找到伴侣，这种情况不是他们的社会地位造成的，尽管车间工人往往比领导个头更矮，但在这两个社会阶层中，身高在男女交往时起的作用是一样大的。"[2] 在他看来，男人刻意寻找这种身高差，女人甚之。[3] 米丽娅姆（Miriam）是一位身高一米八五的年轻女性，和她约会的一个男生在她站起来之后，脸都变白了。她说："他再也没给我回过电话。"她的某些男朋友让她不要穿高跟鞋，但是她拒绝了："事到如今，这是我的某种抗议。我不要再放低自

<hr />

1　凯特琳·本霍尔德（Katrin Bennhold），《在女性赋权的年代保存浪漫》（Keeping romance alive in the age of female empowerment），《纽约时报》（*New York Times*），2010年11月30日。

2　尼古拉·埃尔潘（Nicolas Herpin），《男性身高：身高在男性情侣生活和职业生涯中的影响》（La taille des hommes : son incidence sur la vie en couple et la carrière professionnelle），《经济与数据》（*Économie et Statistique*），2013年6月。

3　达芙妮·勒波尔图瓦（Daphné Leportois），《为什么女高男矮的情侣如此少见》（Pourquoi on voit si peu de couples où l'homme est plus petit que la femme），Slate.fr，2019年8月23日。

我了。"[1]

（在全球仍真实存在的）男女之间平均身高差异的背后是某种生物学原因吗？韦罗妮克·克莱纳 2013 年的纪录片《为什么女人比男人矮？》[2] 普及了一个由人类学家普莉西亚·图拉耶[3] 提出的、带否定意味的假设。无论身处何纬度，女性的伙食都比男性差。根据联合国粮食及农业组织（FAO）的研究，女性营养不良的概率比男性高出两倍，女孩死于饥饿、摄入动物蛋白不足的概率比男孩高出两倍。女性备饭侍饭，但情愿吃更少的肉，甚至经常不吃。然而在妊娠和哺乳期间，她们需要摄入比男性多百分之三十的动物蛋白和多五倍的铁；月经期间同理，因为摄入铁能防止失血过多。而男人一旦停止发育，则主要需要碳水化合物。这跟我们平时的印象出入很大。

人类学家弗朗索瓦丝·埃里捷（Françoise Héritier）在布基纳法索（Burkina Faso）进行田野调查时，花了好几年才发现，当男婴要喝奶时，母亲会马上喂奶；当女婴要喝奶时，母亲会让她们等待。弗朗索瓦丝·埃里捷询问原因，当地人答道，如果不及时喂男婴奶，他们会发怒。

1　达芙妮·勒波尔图瓦，《为什么女高男矮的情侣如此少见》，同前文所引。

2　韦罗妮克·克莱纳（Véronique Kleiner），《为什么女人比男人矮？》（*Pourquoi les femmes sont-elles plus petites que les hommes ?*），Point du jour，2013 年。

3　普莉西亚·图拉耶（Priscille Touraille），《男人高，女人矮：昂贵的进化——节食作为生物进化的选择手段》（*Hommes grands, femmes petites : une évolution coûteuse. Les régimes de genre comme force sélective de l'adaptation biologique*），Éditions de la Maison des sciences de l'homme，巴黎，2008 年。

谈及女婴时，人们给出的回答则是从"社会学而不是生理学"的角度出发的：要让女性从小懂得挫折，因为作为女人，她们"一辈子都不会舒心满意"。弗朗索瓦丝·埃里捷对此评论道："由此出现了两种人类对于期望的不同态度：男人期待着即刻满足，而女性不得不等待他人的施舍。这是一种惊人的调教，并且是通过喂食实现的。"[1]北美和欧洲的"以瘦为美"也是同一逻辑。美国哲学家苏珊·博尔多（Susan Bordo）的研究证明了这一点。[2]

在人类进化过程中，这种"有组织的食物短缺"是否让女性变得更矮小了？要知道，身体为了抵御饥饿，会停止发育。普莉西亚·图拉耶的假说在右翼媒体和反女性主义者中引发了声讨，后两者请来了一众科学家发声，以图证明图拉耶的假说是站不住脚的。生物学家米歇尔·雷蒙（Michel Raymond）在接受记者佩姬·萨斯特采访时引用了以下解释："雄猩猩打架时，个头大的更有优势，这也就解释了为什么雄猩猩比雌猩猩高大。对于人类男性来说，暴力自古有之，考古学也证实了这一点。身高和社会统治不无关系。再者，女性偏好比自己高的男性。"其同僚罗贝尔·特里福斯（Robert Trivers）则强调"两性异形并非始于旧石器时代的人类——无论是黑猩猩属下的两个

1　韦罗妮克·克莱纳，《为什么女人比男人矮？》，同前文所引。

2　参考莫娜·肖莱，《致命的美丽：女性异化的新面孔》（*Beauté fatale. Les nouveaux visages d'une aliénation féminine*）中《女性与食物，一场永远缺席的约会》（*Femmes et nourriture, un rendez-vous toujours manqué*）一章，La Découverte，La Découverte Poche/Essais 丛书。巴黎，2015 年。

物种[1]、大猩猩还是红猩猩，在我们所有的近亲中，雄性都比雌性体形大"。[2] 无论如何，我们始终不明白为什么男性高于女性的现象应当出现在所有情侣中。

"一捏就碎"

尽管时尚界要求女模特高于女性平均身高，但其他针对女性和性诱惑力的标准却展示了某种形式的软弱、阻碍和无力。瘦昭示着女性必须占尽可能少的空间，短裙和高跟鞋则阻碍着行动。[3] 青春更有诱惑力，因为年轻意味着天真、可塑。[4] "强壮的男人是英俊的，美丽的女人则是柔弱的。"诺埃米·勒纳尔在 2016 年署名发表的一系列铁证如山的文章中如此总结。[5] 她在文章中展示了无论以怎样不同的形式出现，这种关于女性无力的理想具有普遍

1　指黑猩猩和倭黑猩猩。——译者注

2　佩姬·萨斯特（Peggy Sastre）引用，《女人比男人矮，不是因为牛排》（Si les femmes sont plus petites que les hommes, ce n'est pas à cause du steak），Slate.fr，2017 年 12 月 22 日。参考菲利普·于内曼（Philippe Huneman），《关于人类身高性别二态性假设的争议》（Sur une polémique concernant une hypothèse relative au dimorphisme sexuel de la stature chez les humains），2020 年 5 月 3 日，https://philippe-huneman.medium.com。

3　参考莫娜·肖莱，《致命的美丽》，同前文所引。

4　参考莫娜·肖莱，《"女巫"》，《顶点的醉意》（L'ivresse des cimes）一章，同前文所引。

5　诺埃米·勒纳尔（Noémie Renard），《无力作为女性美的理想》（L'impuissance comme idéal de beauté des femmes），Sexisme et sciences humaines，2016 年 1 月 2 日，https://antisexisme.net。

性。例如，在撒哈拉西部的某些游牧民族中，人们会在结婚前填喂女孩，约束她们的行动，从而更好地控制她们。妇女被圈起来，完全依赖男性生活；而说到中国女性的缠足，这种习俗一直延续到了 20 世纪，让女性行动不稳，凸显她们的娇弱。诺埃米·勒纳尔引用了学者王屏的观点："男人会情不自禁地同情她们，爱上她们。所有这些元素对中国式色情和女性魅力都是必不可少的。"

女性也可以通过声音来展示自己的柔弱。有的女性和男性交谈时会试图使用"性感宝贝"的嗓音："婴儿不具备任何社会、经济或者性方面的权力。"社会学家安妮·卡普夫（Anne Karpf）在解释此举时提到，这是女性学会"保护男性自尊"的结果。她注意到很多"极其优秀"的女性"在运用自己的声音时很困难，害怕充分使用自己的声音。我却很少碰见男人有同样的问题"。[1] 我们期望女性时时保持微笑，因为这象征着忘我、可用性和同理心，这也让女性改变了自己的声音，根据语言学家拉蕾莉亚·韦龙（Laélia Véron）的观点，这么做会"缩短声道"。[2] 至于那些音色被认为具有威胁性的女性，更需当心。演员安娜·蒙格拉斯（Anna Mouglalis）就讲述过，当她从表演学院毕业时，一位嗓音医生曾建议她做个"微

---

1 波普伊·努尔（Poppy Noor），《什么是"性感宝贝"音？看社会学家怎么说》（What is "sexy baby voice"? We spoke to a sociologist to find out more），《卫报》（*The Guardian*），2020 年 2 月 26 日。

2 《中性嗓音不存在》（La voix neutre n'est pas），*Parler comme jamais*，Bingo Audio，2020 年 4 月 7 日。

调"，好让她的声音没那么粗——她拒绝了……[1]

"女性气质"通常意味着一个人在能力展现上被束缚、矮化、限制。就这样，人们鼓励女性运动，拥有更苗条紧致的身材，但她们又得注意只能练出不过分明显的、纤细的肌肉，不要展示过多的力量。例如，《公众》在2013年写道："女明星里，有长得漂亮、身材好的炸弹型明星，但也有过度运动，尤其是过度锻炼肌肉的女明星。"并附上了这些"女怪物"的照片：麦当娜（Madonna）、格温·史蒂芬妮（Gwen Stefani）、希拉里·斯万克（Hilary Swank），以及前超模埃莱·麦克弗森（Elle Macpherson）。埃莱·麦克弗森的手臂线条甚至没那么明显，由此可见在这位杂志编辑的眼里，只有孱弱才是美。"看着她们的身体，我们会因为一件事情吃惊：她们有超人亨利·卡维尔（Henry Cavill，超人饰演者）一般的双臂或肌肉分明的腹部，太吓人了！女孩们听好了，如果你们想变得既美丽又有肌肉，那就练腹部和臀部，跑步、骑单车、游泳或者做普拉提，但不要过度。要懂得分寸。一周最多运动三次。"[2]

---

1 卡特琳·施瓦布（Catherine Schwaab），《安娜·蒙格拉斯：决定保留自己声音的那一天，我找到了自己的路》（ Anna Mouglalis : le jour où "je décide de garder ma voix… et trouve ma voie"），《巴黎竞赛》（ Paris Match ），2019年11月6日。

2 玛丽·皮亚（Marie Piat），《多图：那些肌肉太壮的女明星！》（Photos : ces stars féminines trop musclées !），《公众》（ Public ），2013年10月27日，www.public.fr。

如果主流品位不欣赏肌肉发达的女性，通常是因为人们认为她们本应提供令人愉悦的景象，而这些肌肉并不美观。不去质疑决定我们审美的标准，这难道不是本末倒置吗？这难道不是因为我们忍受不了展示自己力量的女性，所以才觉得她们不美吗？哲学家保罗·B. 普雷西亚多（Paul B. Preciado）在一次访谈中提道："我期望我们开始从政治角度来审视我们的审美，警惕我们的所求和审美，它们不是自然而然的。审美是被造就的，是由政治制造的。当然了，有的审美具有霸权性。我们越同意霸权式审美，就越能被他人接受。我们越循规蹈矩、越被控制，就越无法构建生命美学。"[1]

女作家艾丽斯·泽尼特尔因儿时生得高大健壮，在发现经典文学作品中的理想女性特征时十分气恼：夏尔·波德莱尔（Charles Beaudelaire）言"纤纤脚踝"，安德烈·布勒东（André Breton）曰"火柴般的手腕""接骨木枝丫般的小腿"……在雨果（Victor Hugo）的《巴黎圣母院》（*Notre-Dame de Paris*）中，埃斯梅拉达（Esmeralda）纤弱得"宛如马蜂"。艾丽斯·泽尼特尔对此评论道："我不属于这类美女，这些文字把这件事情说得很明白了。一部分的我感到很伤心，非常伤心，因为半只脚还没踏进美女

1　杰拉尔丁·萨拉提雅（Géraldine Sarratia），《保罗·B. 普雷西亚多："我反叛的男性气质跟普通男性气质同样疯狂"》（Paul B. Preciado : "Ma masculinité dissidente est aussi délirante que la masculinité normale"），*Le goût de M*，2020年5月22日，www.lemonde.fr。

的市场，我就已经被驱逐出来了；另一半的我则开始怒吼，重复着：也好！很好！我一点也不想成为这些像火柴杆、接骨木的女人，肯定不想，永远也不会！这些细手腕、纤纤脚踝有什么用？还不是一碰就碎？就这么一回事。男人尽对着这些纤弱得像瓷娃娃的女人流口水，这话不是我说的，是巴尔扎克说的：'埃丝特身材平均，可以让你把她当成一个玩具，抱起来又放下。'"[1]

就连女运动员都逃不过以美之名对女性力量的审查，尽管这两者的矛盾不言而喻，因为这种审查无法让她们发挥出自己全部的潜力。2015 年，当网球运动员塞雷娜·威廉斯（Serena Williams）因为身材被认为过于健硕而遭到洪水般的性羞辱和种族羞辱时，波兰网球运动员阿格涅什卡·拉德万斯卡（Agnieszka Radwańska）的教练[2]如此解释阿格涅什卡为何没有运动员般的身材："我们决定让她成为她这个等级里最瘦的运动员，因为她首先是个女人，而且她也想继续做个女人。"在另一个没有那么多性别歧视的世界里，这位男教练是不是早就应该因为训练不力而被停职了？再说玛丽亚·莎拉波娃（Maria Sharapova），她在 2014 年成为全球酬劳最高的女运动员，却不得不声称："我举不动超过两千克的重量。我感觉这

---

1 艾丽斯·泽尼特尔（Alice Zeniter），《我是个没有故事的女孩》（*Je suis une fille sans histoire*），L'Arche，《言语的故事》（*Des écrits pour la parole*），巴黎，2021 年。
2 帕特里克·穆拉特奥卢（Patrick Mouratoglou）。——译者注

没什么用。"[1]

在一篇名为《美国最强壮的女人》（La femme la plus forte d'Amérique）的文章中，作家、女权主义积极分子格洛丽亚·斯泰纳姆（Gloria Steinem）讲述了自己如何在1985年一次拍摄纪录片[2]的机会中认识了澳大利亚女子健身冠军贝弗·弗朗西斯（Bev Francis）。这位"可爱、聪颖、勇敢的女性先驱"在当时"比施瓦辛格（Arnold Schwarzenegger）还要壮"，她迫使格洛丽亚·斯泰纳姆直面自己的偏见。这部纪录片拍摄于拉斯维加斯的一次女性健美大赛期间，贝弗·弗朗西斯无比发达的肌肉深深震惊了评审团。评委们就"明确定义'女性气质'一词"进行了激烈讨论——没错。疑为评审团主席的一位男士发言："我们寻找的，是一位呈现出一定女性审美，同时拥有着能证明她是一位运动员的肌肉的女性。"他的一位同事反对道："我反对，女性在健美运动中不应该有禁止跨越的限制。您说她们应该像运动员，但又不能过于阳刚，这到底是什么意思？这就好比美国滑雪联合会要求女滑雪者不能超过一定的滑速！我们凭什么说谁像女人，谁不像女人？"对方反击道："我们希望为健美运动和女性提供最好的。我们力求激发公众的兴趣，而不是让他们扫兴。我

1 埃丽卡·妮科尔·肯达尔（Erika Nicole Kendall）引用，《女运动员经常面对女性气质警察——尤其是塞雷娜·威廉斯》（Female athletes often face the femininity police - especially Serena Williams），《卫报》，2015年7月14号。

2 乔治·巴特勒（George Butler），《女子健美之路》（Pumping Iron II: The Women），White Mountain Films，1985年。

们的职责是保护大多数女性参赛者，保护这项运动。如果大多数参赛者都想练出如此怪异的肌肉[1]，很好，但事实并非如此。女人是女人，男人是男人；感谢上帝创造了这种差异。"最后，贝弗·弗朗西斯只获得了第八名……

贝弗·弗朗西斯在格洛丽亚·斯泰纳姆的女性友人中也引发了截然不同的反应，有人对此感到骄傲和兴奋，有人则充满敌意和反感，这种分野和她们参与女权主义运动的程度毫无关联。"过去，女性唯一可以展示力量的场所只有马戏团，至少从这点上来说，我们已经进步了。"当两人相遇时，贝弗·弗朗西斯对格洛丽亚·斯泰纳姆如此说道。她又补充道，"从小时候，我就想能走多远走多远，我想要自由。澳洲的电视上有这么一则我非常讨厌的广告，里面有一位在准备晚餐的女性，广告语是：'把肉喂给男人。'[2]难道我们应该对此感到满意吗？"贝弗·弗朗西斯的未婚夫史蒂夫（Steve）和她一起健身。格洛丽亚·斯泰纳姆对此评论道："大多数男人面对这位世界上最强壮的女人都会感到五味杂陈，但史蒂夫充分接受了她在健身领域（这也是他的领域）的成就，并为她感到骄傲。就像上一代人中的摔跤冠军乔治·扎哈里亚斯（George Zaharias），他与奥运会运动员贝比·迪德里克森（Babe Didrikson）结婚。当时，由于贝比·迪德里克森的成就，

---

1 原文如此。
2 "把肉喂给男人"（*Feed the man meat*），澳大利亚肉类和畜牧业公司（Australian Meat and Livestock Corporation）20 世纪 70 年代的广告。

人们谴责她'不是真女人'。面对嘲笑，乔治·扎哈里亚斯力挺自己的妻子。史蒂夫与贝弗也同样创造了一个截然不同的世界，在那里，他们彼此支持。"[1]的确，在"正常"的世界里，没有男人会想要一个拼命锻炼自己物理力量的女人。

在这方面，《权力的游戏》（*Game of Thrones*）最后一季对塔斯的布蕾妮（Brienne de Torth）一角的处理代表了一处明显的进步，尤其是对一部如此受欢迎、坐拥数百万观众的作品来说。布蕾妮有令人印象深刻的身材和体格，她身穿盔甲，有着苍白的脸庞和金色的短发，是一个凶猛的战士，同时也是一名纯情少女——在剧集开始时我们看到的她，正为了王位继承人蓝礼·拜拉席恩（Renly Baratheon）神魂颠倒，服务他，保卫他，满怀激情。她的体格给她带来了各种嘲笑，少年时，男孩们嘲讽地称她为"美人布蕾妮"。在和异鬼大军大战的前夜，她和同伴们聚集在临冬城城堡的壁炉前，其中就有詹姆·兰尼斯特（Jaime Lannister）——英俊潇洒的前御林铁卫队长，曾经的恶人，历经磨难而蜕变。布蕾妮对他的改变起到了决定性的作用，两人结下了牢固的情谊。那天晚上，他不顾女性不能成为骑士的传统，邀请她跪下，拔出剑，在同伴的

1　格洛丽亚·斯泰纳姆，《世界上最强壮的女人》（*The strongest woman in the world*），《超越语言：年龄、愤怒、性、权力、金钱、肌肉——打破性别的界限》（*Moving Beyond Words. Age, Rage, Sex, Power, Money, Muscles: Breaking the Boundaries of Gender*），Simon&Schuster，纽约，1994年。

掌声中为她授勋。战斗获胜——多亏这位女战士的才能。庆功宴后，他来到她的房间，随后他们做了爱——这是她的第一次。就这样，他承认她是平等的，同时表现出了对她的欲望。而大多数时候，这两种态度是相互排斥的。（是否需要说明一下她比他高呢？）

祈祷自己不过分耀眼

女性不仅在身高体形上低人一等，在职业、经济上亦然。在一场针对一群被定罪为婚内暴力的男性组织的小组谈话中，女主持人询问参与者是否介意女性跟男性拥有同样的职业，其中一名成员回答："只要我老婆的工作没我好，我就不介意。不然的话，那简直就是打仗！且不说钱的事儿，地位尤其是问题。假如我是一名清洁工，她是银行行长，我觉得我们会起口角；她会拼命打压你，你就只能闭嘴，因为这是事实。她会把你当作一枚棋子，她才是头儿……""如果反过来呢？""一样的，"男子边回答边补充道，"如果男的是银行行长，女的是用人，吵架的时候，他会对她说：'别忘了，你只是个女佣。'反正永远都会有特别伤人的话。""所以需要伴侣双方地位平等，是吗？"女主持人问他。"是的。"男子漫不经心地回答，然后带着尴尬的笑声（我们预感到他会这么笑）补充道，"或者至少，男方得更加……我不知道，我不希望我老婆条件比我好。"他描述道，他十八岁时当上了店长，他老婆对他比他当店员时"更尊敬"了。[1] 还有什么比这更能说明情侣关系其实被视为一种阶级关系、权力关系呢？这种逻辑在各个社会阶层都是通用的。杂志经常报道那些在社会上更成功、比她们的伴侣赚更多钱的女性，并为男人感受到的屈辱而感动——没有人想象过在相反的情况下，妻子会大谈特谈自己受伤的自尊心，因为这是司空见惯的。[2] 犯下这种"亵渎君主罪"的女性往往试图通过承担更多家务来"赎罪"，她们还面临着更高的离婚风险。[3] 获得奥斯卡金像奖的女演员也会受到离婚的威胁，甚至因此有了"奥斯卡诅咒"一说："获奖女明星婚姻的平均持续时间为 4.3 年，而不获奖女明星婚姻的平均持续时间为 9.5 年。"[4] 贝蒂·戴维斯（Bette Davis）、哈莉·贝瑞（Halle Berry）、凯特·温斯莱特（Kate Winslet）、瑞茜·威瑟斯彭（Reese Witherspoon）、希拉里·斯万克（Hilary Swank）、桑德拉·布洛克（Sandra Bullock）：她们都在获奖后不久与伴侣

1　马蒂厄·帕兰（Mathieu Palain）、塞西尔·拉丰（Cécile Laffon），《暴力男人》（Des hommes violents），第 3 期，《法国文化》电台（France Culture），2019 年 11 月 21 日。

2　在法国，男性平均工资比女性高百分之二点八。参考《男女工资不平等：清单》（Les inégalités de salaires entre les femmes et les hommes : état des lieux），不平等观察所（Observatoire des inégalités），2019 年 3 月 25 日，www.inegalites.fr。

3　森迪尔·穆来纳森（Sendhil Mullainathan），《女性身上的隐藏税收》（The hidden taxes on women），《纽约时报》，2018 年 3 月 2 日。

4　洛朗·普洛沃（Lauren Provost），《离婚：奥斯卡诅咒，根据一项加拿大研究》（Le divorce : la malédiction de l'Oscar, selon une étude canadienne），HuffPost，2012 年 2 月 27 日。

分手或者离婚。在瑞典，两名研究人员发现在市政或立法选举的女性候选人中，获胜女性离婚的概率是未获胜女性的两倍。至于被任命为公司负责人的女性，她们的离婚率远高于获得同等晋升的男性。一旦被选为公司领导，女性寻找新男性伴侣的机会将大大减少。因此，由于竞争者突然增多而导致与丈夫分开的假设显得毫无可能。一个有趣的细节是，分手的情侣通常是那些女性比男性年轻得多，并且主要是女性在照顾孩子的情侣。从一开始地位就更平等的夫妻更能抵御风险，因为当女方被提拔时，两人遭受的不稳定感没那么强烈。[1]

一位女友向我吐露，她对孩子的父亲一往情深，部分原因是他享受着事业上的辉煌，所以不会有对她的成功感到不满的风险。另一位女友则在与一位音乐家开始一段恋情之后不久被分手，她含着泪对我说，觉得自己犯了一个致命的错误：她没有抵挡住诱惑，向他展示了她标明了薪水的聘书。这是她从一家享有盛誉的机构收到的，她对此感到应得的自豪。她不确定这件事在男友决定另寻新欢的过程中是否发挥了作用，但她有这种怀疑并因此后悔自己的冲动这一事实就足以说明问题。她自问，为了被人喜欢，她是不是应该隐瞒自己的成就，让自己显得没有事实

---

1 欧勒·福尔科（Olle Folke）、乔安娜·里克尼（Johanna Rickne），《高级职位会导致女性离婚，但不会导致男性离婚》（Top jobs lead to divorce for women, but not for men），《伦敦证交所商业评论》（LSE Business Review），2019 年 7 月 11 日，https://blogs.lse.ac.uk/。

上那样才华横溢，就像照片里为了不超过一定高度而低着头的卡拉·布吕尼，她是不是也应该象征性地这么做。这并不是出于她的妄想：根据 2006 年美国的一项研究，男性通常不愿意与比他们更聪明或更有抱负的女性约会。[1]

贝尔·胡克斯庆幸自己找到了一个理解并认可她学术抱负的男人，这个男人在她学业过程中一直支持着她。但在她获得博士学位并在美国最好的大学之一获得职位时，他收回了他的支持。"这么长时间以来，我的志向对他来说一直都没有问题，我的志向就只是志向而已。"震惊和失望之余，她感觉自己仿佛被那些冷酷的预言逮了个正着——"男人不喜欢聪明的女人"——这都是别人在她小时候告诉她的。随着时间的推移，她听说并读到了许多类似的故事，比如李爱子（Ai Ja Lee）的故事。这位极有天分的韩籍华人针灸师和中医师，嫁给了自己念药学时的一位男同学。他们到达纽约后，她只用一次就通过了药学考试，而他没有，于是他提出了离婚。"他带着家具和车走了，"李爱子说，"我兜里还剩三美元，有三个孩子要养。被这样抛下，我感到很耻辱……我想过自杀。"

贝尔·胡克斯指出，那些有过类似经历的女性往往会责备自己，而不是责备伴侣的性别歧视。她还指出，对工

1　雷蒙·菲斯曼（Raymond Fisman）、希娜·延加（Sheena Iyengar）、埃米尔·卡梅尼察（Emir Kamenica）、伊塔马尔·西蒙森（Itamar Simonson），《择偶中的性别差异：来自快速约会实验的证据》（Gender differences in mate selection : evidence from a speed dating experiment），《经济学季刊》（The Quarterly Journal of Economics），第 121 卷，第 2 期，2006 年 2 月。

作非常投入的女性周围的人似乎经常以一种有害的方式预设爱在她们的生活中几乎不重要："人们不能接受我们对工作充满爱和热情。他们看不到这两种激情是相辅相成的，他们试图否认我们爱的权利。"她观察到，女性知识分子敏锐的批判性思维尤其被批为"严厉，缺乏同理心"。这种否认非常不公平，因为女性知识分子也非常需要爱："任何种族和社会阶层中，有权势的女性总是受到非常多的曝光。她们靠着自己所爱之人的支持，才在遭受的暴力打击中幸存下来。她们本应毫无愧色地表达自己想要拥有一个深情的伴侣和一群支持她们的亲友的渴望。"[1]

在小说《诺贝尔奖女得主》中，作者索菲·丰塔内尔虚构了名为安妮特·孔泰（Annette Comte）的女作家的故事。在获得诺贝尔文学奖的那一刻，女主人公回想起了自己十岁的那个夏天。当时和父母一起住在圣保罗德旺斯[2]的她，爱上了同龄男孩马格努斯（Magnus）。整个假期，他们一起做尽了各种傻事。最后，安妮特把自己写的诗给他看，马格努斯却马上把诗献给了另一个女孩——"美丽动人"的玛嘉丽（Magalie）——借此来诱惑她。安妮特发现此事后，备受打击。书中的一幕描写了安妮特在经历此事后对着镜子端详自己，把自己和玛嘉丽做比较，第一次对自己产生了怀疑。马格努斯的背叛让她脱离了童

---

1 贝尔·胡克斯，《交心》，同前文所引。
2 Saint-Paul-de-Vence，法国滨海阿尔卑斯省南部市镇，临近香水之都格拉斯（Grasse）。——译者注

真的王国。在那个王国里，我们还可以期望自己独立于性别角色，不受性别角色的约束而存在、去爱。突然间，她开始根据自己是否算得上美女这一狭隘的标准来衡量自己，文采带给她的陶醉感随即化为乌有。"一个想法让我后背发寒：我才是小孩子。而他们，马格努斯和玛嘉丽，他们已经是大人了。她会穿衣打扮，他会精心算计。我才是那个天真的小孩子，而且还长得不好看。"

为了安抚女儿，安妮特的父母向她提出了这个问题："如果可以选的话，你想当谁？当收到了撒谎的人的诗的玛嘉丽呢，还是不会写诗的马格努斯，或者老天爷赏饭吃的你自己？"安妮特不得不承认自己更喜欢当自己。几十年后，她面对瑞典学院，如此总结了她的讲话："任何伟大的力量都有代价。"[1]可是，一个写作的男人永远不会面临这样的选择。如果他为自己的天赋付出代价，这个代价一定不是爱情。对男人来说，才华和诱惑力是可以叠加的；只有对女人来说，这两者是互相排斥的，正如安妮特过早学到的那样（索菲·丰塔内尔毫不避讳地把自己最近受到的情伤嫁接到了童年的女主人公身上）。

借用伊娃·易洛思的词汇来说，我朋友与音乐家男友的真实经历，就像安妮特·孔泰与马格努斯的虚构经历一样，可以被概括为：女性的"社会地位"毁了她的"性地

---

1 索菲·丰塔内尔（Sophie Fontanel），《诺贝尔奖女得主》（*Nobelle*），Robert Laffont，巴黎，2019年。

位"。伊娃·易洛思试图找出使男人在爱情领域占据优势的力线。她指出，女性的价值仍然并且总是根据她们是否符合非常精确的审美标准，以及她们的年轻程度来定义。相反，男人主要通过他们的社会地位来吸引女性，而这与他们的年龄无关。这给了他们三重优势："首先，男人的性权力不会像女性那样迅速消耗，甚至会随着时间的推移而增强。此外，他们可以接触到更多的潜在伴侣，因为他们可以接触到同龄的女性和比他们年轻得多的女性。最后，他们的性权力与他们的社会权力并不相互独立或相互对立，两者相辅相成。然而，在女性身上，性地位和社会地位更容易发生冲突。"[1]

"化平等为情欲"

然而，这些并非金科玉律。如果相信它们是绝对的，就有可能把它们变成自我实现的预言，僵化自己的立场，否认爱与生命的可塑性。设定在 20 世纪 50 年代的美剧《了不起的麦瑟尔夫人》(*The Marvelous Mrs. Maisel*) 很好地证明了这一点。(如果你准备观看该剧，请跳过下面这一段。我知道，我的书就是剧透的老巢，抱歉。) 米里亚姆·麦瑟尔 (Miriam Maisel)，小名米琪 (Midge)，是一名生活在纽约衣食无忧的资产阶级犹太少妇，两个孩子的母亲。

1　伊娃·易洛思，《为什么不爱了》，同前文所引。

她的丈夫乔尔（Joel）在一家大企业工作，却梦想着进入脱口秀行业。米琪身兼数职，同时是妻子、爱人、完美的女管家，并且支持丈夫追求自己的梦想，她自己也是一位聪明、风趣的女性。乔尔似乎感觉自己比不上妻子。很快，他出轨了自己的女秘书，后者在剧中被塑造得愚不可及。"我不天真，我知道男人喜欢笨女人，"受伤的米琪叹着气说，"但我以为乔尔不一样。我以为他喜欢俏皮话、机灵话，喜欢刺激。"正当她觉得自己的生活一塌糊涂时，无意中发现了自己对脱口秀的喜爱。她开始背着亲友在俱乐部演出。而她的丈夫很快对情妇感到厌烦，毫不迟疑地回到了米琪身边。两人正准备向亲人宣布他们破镜重圆了时，乔尔无意中看见了舞台上的米琪，他因此无比消沉，不仅因为米琪在他失败的地方成功了（"她真厉害。"他边哭边说），更重要的是他无法忍受她在公共场所提及他俩的生活："我不能成为笑柄。"他说。他再次与米琪分手，第二次伤了米琪的心。

接着，这两个人物同时开始了有趣的演变。米琪成了如鱼得水的艺术家，学会了独立。她此前从来没工作过，在等待事业起步的过程中，她成了一家百货商场的售货员。乔尔则终于承认他毫无脱口秀天分，他辞掉了工作，一边思考自己真正想做什么，一边帮助父亲管理工厂。他曾经是一个糟糕的丈夫，但如今他蜕变成了一个值得尊敬的前任。震惊过后，他为米琪骄傲。他仰慕她，这份慷慨让他看起来比两人婚姻末期那个任性、孩子气、以自我为中心的家伙有魅力多了。米琪出门巡演时,他便在家里照看孩子。在身边人看来,这简直不可思议。总的来说,他还清了男人对女人欠下的债的一小部分,此债正是支持对方、帮助对方自我实现的债。两人在结婚时都自然而然地滑入了某种角色中,这种角色在后来被证明正是两人不断消沉的原因。从这种角色中走出来后,两人都成了比之前作为配偶的自己更有趣的个体;他们的故事逃脱了社会和家庭的控制,也变得更加有趣。他们重新找到了他们还是年轻情侣时的默契。他们各自遇到了新的人,但仍经常共度春宵。一天早晨,在拉斯维加斯,米琪在演出,乔尔在那里和她一起待了几天,两人发现他们前天晚上在酩酊大醉中与对方重新结婚了,而他们刚刚宣布离婚……就这样,他们的关系完全打破了统治的规则,变得越来越平等,也越来越性感。

我写作时,手边有一枚徽章,上面是格洛丽亚·斯泰纳姆著名的口号:"化平等为情欲"[1]。再没有比这说得更好的了。大部分时间里,我们的表现仍非常守旧。伊娃·易洛思提醒我们,就算在今天,男性,具体来说,不是那些最进步的男性,控制着对有魅力的女性的定义:"整个 20世纪,对性感迷人身体形象的消费不断增长,增加了众多展示女性的文化产业的营业额,但这些产业主要由男性拥

---

1 "Eroticize equality",该口号出自法国驻纽约大使馆文化服务组织于2017年秋季举办的阿尔贝蒂娜艺术节活动(Festival Albertine),该年主题为女权主义,斯泰纳姆担任策展人。

有和经营。"[1]这也是韦恩斯坦（Weinstein）事件带给我们的启示之一：在长达几十年的时间里，一个把女人视作一具具肉体的男人——而且他似乎不是这个圈子里唯一这么做的人——作为好莱坞顶级制片人，拥有着掌控我们想象的巨大权力。

然而，娱乐圈不仅在自己生产的图像和故事上显得故步自封，从逻辑上讲，它呈现在大众眼前的业内风俗上也显得墨守成规。于是，只要圈内某一成员显示出哪怕是一丁点儿的大胆，就会引起轩然大波。下面的事件激起的水花便能佐证这一点。2019年11月，演员基努·里维斯第一次和他的女朋友、艺术家亚历山德拉·格兰特（Alexandra Grant）正式公开露面。这位幸运儿当时已经四十六岁，也就是"只"比基努·里维斯小九岁，而且她不染发。美国媒体的女评论员们差一点就要给这位《黑客帝国》男星颁发男性勇气勋章了。一位白头发的艺术家！是什么样的宇宙奥秘让他选择了她，而不是某位身着特殊"泳衣"登上《体育画报》（Sports Illustrated）出位的二十五岁女模特？蒂蒂乌·勒科克（Titiou Lecoq）转发了一篇文章，文章讲述了1993年，当弗朗西斯·福特·科波拉（Francis Ford Coppola）在《惊情四百年》（Dracula）片场要求基努·里维斯羞辱薇诺娜·瑞德（Winona Ryder），好让她哭出来时，基努·里维斯拒绝服从，两位演员从此

建立了永恒的友谊。[1] 蒂蒂乌·勒科克提出了再明显不过的假设："这个男人是完美的化身吗？他是不是下凡来向男性展示一种全新的阳刚之气的呢？"[2]

看到与众不同的男性或者情侣总是令人愉悦的。在法国，我们从以下事件中验证了这一点。作家扬·穆瓦（Yann Moix）在接受《嘉人》（Marie Claire）2019 年 2 月刊的采访时，平静地宣告五十岁的自己无法爱上同岁的女性。演员文森特·林顿（Vincent Lindon）则截然相反："我钟爱和我一样大的女性……我觉得没有比看到一个女人或一个男人愿意展示时间的痕迹更美的事情了。这令人震撼，很有味道，有一种感性、怀旧、忧郁的东西在里面。我对怀旧，对接受事物有一种巨大的渴望。"[3]考虑到其他地方不加掩饰的性别歧视，文森特·林顿这样的言论多多益善。但同时我们也应该承认，如果我们因为一个男人屈尊爱上一个女人的全部——女人一直以来都是这样爱着男人的——就对这个男人极尽奉承，这是有问题的。在电视上讨论五十岁的女人是否还有性魅力，而没有人能想象我们针对同龄的男性展开类似的讨论，这也是有问题的。没有人会自问扬·穆瓦或者文森特·林顿是否已经年老色衰到无人问津。此外，这类勇士的相对稀有性反而赋

1 《基努·里维斯在〈惊情四百年〉片场保护薇诺娜·瑞德的那一天》（Le jour où Keanu Reeves a protégé Winona Ryder sur le tournage de *Dracula*），《名利场》（*Vanity Fair*），2020 年 6 月 23 日。
2 Salte & Titiou 时事通讯，2020 年 6 月 26 日。
3 C à vous 节目，France 5 电视台，2019 年 3 月 8 日。

予了他们更大的权力，从而进一步将女性束缚在男性的凝视和意志之下。社会学家让·邓库姆和丹尼斯·马斯登在1993年指出，如果一个女人遇到一个真正准备好建立平等关系的男人，"她将在结构上永远从属于他，因为他是一个罕见的例外，用父权制的话术来说，两人都知道男方可以'找到更好的'。"[1] 只有在全球范围内改变这种心态，才能真正恢复平衡。

如果一个异性恋女性对自己完全不设限，不履行传统女性气质要求的或大或小的变化，她的恋情可能会变得岌岌可危，除非她遇到一位不怕被嘲笑、被讽刺的男性。根据父权制的标准，一个男人选择与之平等的伴侣，就等于放弃了他有权实施的部分统治权。的确，我们会认为他是受虐狂，把他视作特立独行的人，一个叛徒，或者三者皆是。这样的男性把自己放在了一个带侮辱性的位置上，而这个位置通常是留给女性的。对一个男人来说，爱上一个充分发挥自己潜能的女性是一种威胁。男性的吸引力是"盈"，而女性的吸引力是"亏"。

1　让·邓库姆（Jean Duncombe）、丹尼斯·马斯登（Dennis Marsden），《爱与亲密：情感和"情感工作"的性别划分——异性关系社会学讨论中被忽视的方面》（Love and intimacy : the gender division of emotion and "emotion work" : a neglected aspect of sociological discussion of heterosexual relationships），《社会学》（Sociology），第27卷，第2期，1993年5月。

成为幻想是何种体验

然而，那些符合被普遍接受的女性吸引力标准，毫不打破这种不动声色、稀松平常的男性统治所隐含的规定的女性，是否拥有更轻松的爱情生活？在阅读女演员及歌手简·伯金（Jane Birkin）出版的日记时，我们会嘀咕：不一定。简·伯金是演员朱迪·坎贝尔（Judy Campbell）的女儿，摄影师凯特·巴里（Kate Barry，2013年逝世）、演员及歌手夏洛特·甘斯堡（Charlotte Gainsbourg）和洛乌·杜瓦永（Lou Doillon）的母亲，来自娱乐圈最大的贵族家庭之一。她因她的美貌、风格和与塞尔日·甘斯堡（Serge Gainsbourg）结为夫妻成了一个神话。尽管如此，在阅读她的札记时，我们可以感受到她在面对自己的一个个男伴时处在多么脆弱的地位。她的前两任伴侣约翰·巴里（John Barry）和塞尔日·甘斯堡都比她年长，他们的吸引力得益于他们的才华和创作者的地位，这给了他们社会基础和权力——这种权力不仅作用于她，也作用于一切。对于简·伯金而言，她主要通过自己的美貌吸引他人，而美貌和年轻是分不开的。约翰·巴里娶她时，她还只是个刚起步的十八岁女演员，而三十一岁的他已经是世界知名的《007》（James Bond）系列电影配乐的作曲家。塞尔日·甘斯堡在1986年遇到她时，比她年长二十一岁，彼时已是著名的作曲家和歌手。

诚然，这两个男人截然不同。约翰·巴里为人恶劣，对她失去兴致后，每天很晚才醉醺醺地回家，拒绝和她说话，并怒斥她的哭声让他无法入睡。至于和她一起生活了十二年的塞尔日·甘斯堡，她描绘了一幅复杂的肖像：这个男人暴戾、狂躁、大男子主义，但又深情、温柔，能给予她默契。"我现在明白塞尔日的神奇之处了：他的缺点。"她在1981年写道，尽管当时她已经和他分开了。"他是如此自私，一个善妒的小东西，又有着统治者的脾气，但他很有意思；他十分温柔，哪怕做出再傻的事也与众不同。没有人能像他一样。他小机灵鬼般的脸庞，他无法遏制的酗酒，他令人疯狂的魅力。他最有人情味，最具洞察力，最开明，最感性。"尽管如此，在他面前，她仅以缪斯和歌曲诠释者的身份存在。她融入了他的世界，任他差遣。"昨晚，他对我说，我喝酒是因为他允许我喝，我活着是因为他让我活着。"她在1974年写道，"我是他尽善尽美的布娃娃，但只要找到比我更好的材料，我完全可以被复制。"就在她为了导演雅克·杜瓦永（Jacques Doillon）离开他的节骨眼上，塞尔日·甘斯堡对她说："没了我，你没法工作，你不会受欢迎。是我成就了你。他只会把你变成一个无名小卒！"她也注意到："对女人的想法感兴趣的男人不多。塞尔日对任何人的想法都不感兴趣，除了他自己的。至少他是这么说的。"她因为得不到他的认可而痛苦不堪。分手后，两人仍藕断丝连，欲望并没有消失。简如此表达自己想要亲近他的念头："如果有什么事情是我想要的，那就是不再吸引塞尔日，而只是被他认可，被他当作密友一样爱着。性不是认可，恰恰相反，性只意味着成为一个与他人无异的物品，而不是一个和他平等的人。我想为他成为一个男人。"

简·伯金的美貌理应让她在面对男人时占上风，但却并未给她带来任何感情上的安全感。"我从来不觉得自己有机会可以跟谁在一起，只要我身边站了一位非常性感的美丽女孩。"她宣称。她还说："我看着我那双丑陋的手写下这无趣的一页。我知道我太容易被遗忘。"我们读到这几行字时会震惊，尤其是在看过她当年的照片后。她美极了。但别忘了，在一个极力摧毁女性自信的世界，女性很少享受对自己容貌的喜悦。就算女性在理智上意识到了自己的美貌，也很少和它有接触。简·伯金感觉自己身边围绕着潜在对手。她说，她之所以答应和塞尔日·甘斯堡一起演唱那首魔性的《我爱你，我也不》〔*Je t'aime*（*moi non plus*）〕，不是因为她觉得这首歌"很美"，而是因为"把他和米雷耶·达尔科[1]这样的大美女关在一间小小的录音棚里，是一种恐怖的可能性"。她忍受着全社会无处不在、她所在的圈子更甚的规则。根据这一规则，她的价值跟她的青春直接挂钩，而青春总会过去，总在过去。"我感觉自己人老珠黄，身边却充斥着年轻美丽的女子，她们明艳动人，有着丰满的胸部。"她在 1979 年写道，那年她三十三岁。

1　Mireille Darc，法国演员、导演。——译者注

她的下一任伴侣雅克·杜瓦永比她大不了几岁（仅两岁），没有她出名，但他也在两人的关系中占上风。两人在简出演雅克·杜瓦永拍摄的电影时相识。她当时无法忍受塞尔日·甘斯堡的酗酒和以自我为中心，终于，她觉得有一个男人认为她很有趣。然而很快，他就不再想和她一起工作了，这让她很受伤，而且无比失望。"他从来不提及此事，仿佛这件事有点尴尬，他看着我，就好像我已经五十岁了似的。"在一次"扎心"的访问中，她被问道："雅克·杜瓦永不和你一起拍电影了？他是不是喜欢更年轻的女孩子？"她竭尽全力回答道："他是对的，发掘年轻的女孩子更有意思。"在《十五岁的女孩》（*La Fille de quinze ans*）的片场，雅克·杜瓦永聘请简担任导演助理，他同时也参演了该影片："他连着亲吻了朱迪丝·戈德雷什（Judith Godrèche，当时十七岁）二十次并问我'哪一条最好'。简直痛苦！"1992年底，两人分手："有那么多年轻美丽的女演员，怀疑也是白费，更何况这次还是由别人告知我的……雅克当着我的面承认了……天塌了……我让他走……"

随后，雅克·杜瓦永直到21世纪头十年都还与比自己年轻许多的女性有过关系（和孩子）。简·伯金则在1995年遇到了作家奥利维耶·罗兰（Olivier Rolin），她认为他将是她最后的爱。她比他大一岁，所以她谎报了自己的年龄。但后来他看到了她的护照，她"不得不坦白"。跟他在一起，她也觉得自己很老："如果我年轻十岁就好了，我知道……"她一直都被自己的雌竞意识纠缠，就连参加他的讲座时也如此："有时候他戴上眼镜环视大厅，我就完蛋了。年轻的女孩会带着她年轻人鲜活的表情，用目光吞噬他，她就是为此而来的，她那纯真的发带，杏仁般的双眼，会让他想起 X，那小小的乳房，总之，就是《创世纪》(*L'Invention du monde*，罗兰的小说)中让我以自己身体为耻的那一章。"

让我们总结一下：一个主要通过她的个性、她的世界、她的人生计划、她的观点和她的成功立足的女人，会让某些男性感到害怕。但一个符合男性幻想，主要通过美貌在爱情和社会中立足的女人，会有被男性的欲望左右的风险，这会带来永久的、吞噬一切的不安感。她可能找不到足够的基础来建立她的自尊和对自己身份的认同。在和雅克·杜瓦永的生活中经历了第一次幻灭后，简·伯金提到了对自己身份的不确定性："到头来，他认识的是我，还是一位女演员？我演自己演得那么好，自己都不认识自己了。"

"一个黄皮肤小女人"

当一个女人不仅年轻漂亮，而且拥有"异国"血统时，会引发植根于殖民想象的幻想，进一步加强男性统治。在塞尔日·甘斯堡的生活中接替简·伯金的，是卡罗琳·冯·保卢斯(Caroline von Paulus)。她是一名模特，认识他时还不到二十岁（他则五十二岁），越南裔，母亲是中国人。他给她起的别名叫竹子（Bambou）（在写下这几行字之前，我不知道她的真名——我猜很多人也一样）。在日记中，简·伯金以一种耐人寻味的方式表达了对竹子的感谢："她拯救了塞尔日，让他不至于毁了自己，害了自己，她给了他一个孩子，一个新的家庭，她年轻、美丽，她能容忍他和她说话的方式。"除了给她起了这个别名之外，塞尔日·甘斯堡还让竹子在 1989 年录制了一张名为《中国制造》（*Made in China*）的专辑。这张（遭遇了商业失败的）专辑收录了一个翻唱版本的《中国之夜》（*Nuits de Chine*），法国歌手马克·拉瓦纳（Marc Lavoine）在 2007 年和竹子一起重新演绎了这一版本。2016 年，马克·拉瓦纳五十四岁，爱上了二十一岁的越南裔女作家利内·帕潘（Line Papin），并在 2020 年和她结婚。他在一首名为《我的巴布亚女人》（*Ma Papou*）的歌中向她致敬，把她比作"摆正了比萨斜塔"的"半个印度支那娃娃"（原文如此）。

我对利内·帕潘和马克·拉瓦纳夫妻一无所知，也没有兴趣掺和。但他们的故事唤起的，在我们文化世界中传播的图像和文字内涵如此强烈，我很难不对此做出反应。印度支那（l'Indochine）直到 1954 年都是法国殖民地，包含了越南、老挝和柬埔寨三个国家。至于被用来形容亚洲女人的"娃娃"（poupée）一词，更是说来话长。这个词不停地出现在奠定了西方对亚洲女人幻想的自传体小说

《菊子夫人》中。该小说作者是法国作家皮埃尔·洛蒂，于 1888 年出版，被翻译到整个欧洲并获得了巨大的成功。普契尼（Giacomo Puccini）以这本书为灵感在 1904 年创作了歌剧《蝴蝶夫人》（*Madame Butterfly*）。一个法国海军军官在长崎下船歇息几周，和他许多同僚一样，他在旅居期间跟一位年轻的日本女子临时成婚。在船上时，他便向友人伊夫（Yves）坦白了他的计划："我呀，一到那儿就结婚。对……找一个黄皮肤、黑头发、眼睛像猫儿似的小女人。要挑漂亮的，个子不比玩具娃娃高。"[1]

刚上岸，他就着手物色未婚妻。他在前往的第一座茶馆里看见了一位年轻艺伎，于是琢磨道："要不就娶她吧？省得再找了。我会尊重她，把她当作被托付给我的孩子；我就为她这模样娶她，为这古怪而迷人的玩具模样。我们会组成一个多么有意思的家庭啊！真的，如果我要娶这么个小玩意儿，很难找到比她更好的了……"另一位舞伎撞入他的眼帘，但他出手已太晚："这是一个无法弥补的不幸：她前天已经被一个俄罗斯军官要走了。"随后，他听人谈起一位"非常漂亮的小姐，十五岁上下，每月十八到二十个皮阿斯特[2]就能把她搞到手。"三天后，她被人带到他跟前来。"啊，我的上帝！我认识她！早在没来日本的时候，我就在所有的折扇、茶杯底上见过她。"

1　皮埃尔·洛蒂（Pierre Loti），《菊子夫人》（*Madame Chrysanthème*），Flammarion，巴黎，1900 年。以下引文皆出自该书。
2　法国古币名。——译者注

不过，他觉得她"太白了"。掮客安慰他说："那是粉底，先生。我保证，粉底一卸，她是黄皮肤……"他没有被说服，打发她走了。最后，他终于找到了一个中意的，婚礼也定下了。"我们回到屋里，她坐在一圈人中间，鬓间插着一束花。真的，她的目光里有一种神色……这个女人仿佛在思考……"

然而，这段姻缘让他失望了。菊子夫人惹怒了他。他觉得她总是在伤心："她的小脑瓜里究竟在想些什么呢？我掌握的日语还不足以弄清这个问题。何况，我敢打赌她脑子里十有八九空空如也。反正，我根本不在乎！……我娶她是为了给自己解闷，我宁愿看见她像别人一样，是无忧无虑、毫无头脑的小姐们中的一个。"他端详着睡梦中的她，恨不得她长睡不起："她以这种姿态出现实在非常好看，至少，她不招我讨厌。"一天，在独自漫步时，他瞥见了一位年轻女子，觉得她比自己的女人更有吸引力。很快，他又回过神来："不应该止步过久而深陷其中；这会是另一个诱饵。她不过是一个和他人无异的娃娃，摆在架子上的娃娃，仅此而已。"晚上，所有的军官都会和他们的日本妻子一起散步，逛街，停下来吃冰糕："提到她们时，我们会说'我们那些耍把戏的小狗'。"圈子里的一位女性让洛蒂想起了他小时候在马戏团看到过的一只"插着羽毛的雌猴"。

他没有把他和菊子夫人之间的关系当作和一个人的相遇，而是当作了一次游客体验：临时和一个日本女人结婚是一件"好玩"、别致、应当体验的事。在他面前，他的妻子不作为一个独立个体存在，而是一个幻想的随机化身，代表了他脑海里预先存在的一个模型，而她的任务是证实这个模型："一个日本女人，如果脱掉长袍，卸去做好花结的宽腰带，就只是一个黄皮肤的小生物，有着畸形的腿和梨形的瘦乳房，不复有任何人工造就的魅力，这点小魅力随着服装一起完全消失了。"菊子夫人不过是一堆装饰中较为生动的那一个罢了，她在两人共同度过的时刻里不是主角。他在小说开头的引言就已经道明了："尽管我着墨最多的角色显然是菊子夫人，但可以肯定的是，书中的三个主角是我、日本和这个国家对我产生的影响。"

年轻的艺伎不过是陪衬，支撑着他的幻梦和念头。爱德华·W. 萨义德在《东方学》中提到福楼拜时给出了同样的评定。1850 年，福楼拜在自己的"东方之旅"期间遇到了埃及"交际花"库丘克·哈内姆。[1]这位法国作家讲述，春宵过后，他一夜无眠，直至天亮："我一整夜都沉浸在无边无际的强烈幻想里。我就是因此才留下来的。看着这个头枕在我手臂上鼾声微微的尤物，我想起了我在巴黎青楼度过的夜晚，回忆一股脑涌上心头……我想着这个女人，想着她的舞蹈，她的嗓音，她唱的歌，我听不

1　米歇尔·布里（Michel Brix）提到，库丘克·哈内姆（Kuchuk Hanem）住在上埃及省尼罗河西岸的伊斯纳（Esna）。在伊斯纳，政府准许妓女从业，这在当时让这个地区成了今天我们所说的"旅游胜地"〔米歇尔·布里，《福楼拜与库丘克·哈内姆：寻回的商籁》（Flaubert et Kuchuk Hanem : un sonnet retrouvé），Centre Flauber，https://flaubert.univ-rouen.fr〕。

清歌词，也不懂歌的含义。"[1]他最美好的时刻似乎是在她沉睡时度过的，同皮埃尔·洛蒂和菊子夫人一样。库丘克·哈内姆也被矮化成了一个物件，一个仿生人："东方女人不过是一台机器，仅此而已；男人对她们来说没有区别。"福楼拜担保道。[2]

菊子夫人和库丘克·哈内姆一样，寻找她们的男人都把她们当作某个世界的化身，仿佛她们的丈夫或主顾拥有了她们，就拥有了她出身的国家，完全理解了这个国家。乘船抵达长崎时，洛蒂甚至把此举比作"穿透"："我们现在驶进一条狭长、阴暗的水湾，两旁夹峙的高山以奇特的对称形式连绵不断……人们也许会说，日本在我们面前张开了一道蛊惑人的裂口，好让我们深入它的内脏。"萨义德注意到，福楼拜在《圣安东尼的诱惑》[3]中如此描绘示巴女王（la reine de Saba），这个角色的灵感来源正是库丘克·哈内姆（示巴女王跳的是和库丘克·哈内姆一样的"蜜蜂舞"，也就是脱衣舞）："我不是一个女人，我是一整个世界。"殖民时期文学专家路易·马勒雷在1934年写道："白人的威望感使得欧洲人认为，爱只是一种统治的形式。占有是行使权力的一部分。"[4]

1　古斯塔夫·福楼拜（Gustave Flaubert），《致路易·布耶》（Lettre à Louis Bouilhet），1850年3月13日。

2　爱德华·W. 萨义德（Edward W. Said），《东方学：被西方创造的东方》，（L'Orientalisme. L'Orient créé par l'Occident），Seuil，巴黎，1997年。

3　La Tentation de saint Antoine，福楼拜于1874年出版的散文诗。——译者注

4　古斯塔夫·福楼拜，《致路易·布耶》，1853年3月27日。

从皮埃尔·洛蒂到马龙·白兰度

伴随着西方在全球的扩张，对女性身体的性占有形成了某些持久的关系模式和支配反应。埃莉萨·卡米修里和克里斯泰勒·塔罗指出，早在 17 世纪，欧洲人在非洲和亚洲建立贸易点时，就出现了娶"小老婆"的风气，英国人在印度、法国人在塞内加尔（Sénégal）都如此。[1] 这类小妾"受到作为女人、穷人和'土著'的三重束缚"，同时提供着家务、性和婚姻服务。19 世纪实行的全面殖民政策使得白人妇女也来到了被殖民国家，但此举并没有让娶小妾的风气完全消失。在比属刚果，所谓的"家庭主妇"制度之所以被正当化，是为了给白人殖民者"性交的权力"，同时希望"恢复在欧洲由于女权事业进步而遭到破坏的'自然'的男女关系"。（那时候就已经开始了……）除了这些，殖民世界还存在严格意义上的卖淫，特别是军妓营[2]，强奸更是不在话下。在美国南部，"百分之六十五至三十岁的女性奴隶面临被迫与'白主子'发生亲密关系的风险"。[3]

1　路易·马勒雷（Louis Malleret），《1860 年来法国文学中的印度支那异国情调》（*L'Exotisme indochinois dans la littérature française depuis 1860*），Larose，巴黎，1934 年。

2　法文缩写为 BMC，全称为 bordel militaire de campagne。——译者注

3　埃莉萨·卡米修里（Elisa Camiscioli）、克里斯泰勒·塔罗（Christelle Taraud），《殖民和种族性爱的政治经济学》（*Économie politique de la sexualité coloniale et raciale*），见吉勒·伯奇（Gilles Boëtsch）等人，《性、身份和被殖民的身体》（*Sexualité, identités & corps colonisés*），CNRS，巴黎，2019 年。

奴隶制和殖民制度代表了欧洲统治最野蛮的形式。我们在《菊子夫人》中可以看到讲述者皮埃尔·洛蒂在被征服的国家里的言行举止（日本没有被殖民，但曾被武力要挟与西方国家通商）。一天，长崎警察前来追究他和日本妻子婚姻的合法性，皮埃尔·洛蒂吹嘘自己如何在车站大闹一场，羞辱了在场的所有男性。他满怀喜悦地描述了后者的惊慌失措，而日本是一个礼仪至上的国家。除了行使直接具体的专制，皮埃尔·洛蒂还狂热地参与了欧洲人开始瓜分世界以来对所有非白人人种的大量贬低性描述和幻想。此举持续了几个世纪，数百万著名也好、匿名也罢之人都为之做出了"贡献"，产生了大量以讹传讹的图像和言论。皮埃尔·洛蒂流传下来的刻板印象到今天都还祸害着几乎所有少数族裔女性，这些女性——她们的男性同胞也是，皮埃尔·洛蒂对他们也没手下留情——完全有理由谴责皮埃尔·洛蒂：这位伟大的旅行家掠夺的想象，和海洋一样宽广。他先后出版了《阿兹娅德》（*Aziyadé*，1879年）和《东方幽灵》（*Fantôme d'Orient*，1892年），讲述了一位海军军官和一位困于深宫的土耳其女子之间的爱情故事；《洛蒂的婚事》（*Le Mariage de Loti*，1878年）讲述了他与一位十五岁大溪地少女的关系；《古堡三美》（*Les Trois Dames de la Kasbah*，1884年）则讲述了他与三个阿尔及尔妓女的故事……

由大溪地语中"女人"一词"瓦伊内"（Vahiné）演变而来的神话是一个绝佳的例子，它展示了逆来顺受的女性刻板形象是如何通过有影响力的男性人物在几个世纪里得到延续的。学者塞尔日·柴尔可佐夫讲述了一个懒散、享乐、顺从的民族的神话是如何诞生的。1767 年，英国人塞缪尔·沃利斯（Samuel Wallis）的探险队在大溪地登陆时，岛上的居民出于好奇登上了甲板，害怕的英国人想用军刀和火枪把他们赶走，岛民随后跳入水中，接着"全副武装，汹汹而来"。塞缪尔·沃利斯动用了大炮，许多岛民因此丧命。自此，大溪地人"老实"了。他们"献上"贵重的物品和年轻女子，提供性接触之便。英国人"满心欢喜"地离开了。1768 年登陆大溪地的路易－安托万·德布干维尔（Louis-Antoine de Bougainville）和他的船员并不知道去年英国人炮轰此地之事，他们受到了同等的待遇，只惊叹岛民的"热情好客"。路易－安托万·德布干维尔在 1771 年出版了《环球旅行》（*Voyage autour du monde*），该书立即被翻译成了英文。在书中，他毫不吝惜笔墨地描写了大溪地这个"充满黄金年代的坦率"的伊甸园，大溪地女人就"好比未犯罪的夏娃"。该书激发了欧洲人的想象力。就算今天的我们知道那些大溪地女子当年"强忍着眼泪，被人拱手送到欧洲男人的怀里"[1]，又如何呢？"瓦伊内"的神话自此将坚不可摧。

这一神话随着 1878 年《洛蒂的婚事》的出版被重

---

[1] 塞尔日·柴尔可佐夫（Serge Tcherkézoff），《波利尼西亚女性性感化身体的构建》（*La construction du corps sexualisé de la Polynésienne*），见吉勒·伯奇等人，《性、身份和被殖民的身体》，同前文所引。

提。地理学家让－弗朗索瓦·斯塔沙克写道，阅读该书后激发的幻想"在保罗·高更的决定中起了很大作用，他于 1891 年前往大溪地，寻找天堂般的生活环境和新的灵感"。[1] 直到 2017 年，爱德华·德吕克（Édouard Deluc）导演的电影《高更：大溪地之旅》[2] 都还在一如既往地把大溪地人描绘成一群友好的野蛮人，这位不被自己母国所了解的伟大而孤独的艺术家高更混迹在他们之中。导演启用了十七岁的女演员图黑·亚当斯（Tuheï Adams），让她出演高更的"小老婆"特胡拉（Tehura），对特胡拉真实的年龄（十三岁）绝口不提。高更当时身患梅毒，他在岛屿上传播了这一疾病，而在影片中，梅毒变成了糖尿病。电影上映时，记者莱奥·帕容指出："这位艺术家被塑造成一个不想与岛上任何法国殖民者有干系的边缘人，但实际上，他在爱情和性关系上的行为和他的同胞无异。"[3]

有关大溪地的幻想一直持续到了 20 世纪，在马龙·白兰度（Marlon Brando）身上尤为突出。这位美国演

1　让－弗朗索瓦·斯塔沙克（Jean-François Staszak），《保罗·高更》（Paul Gaugin），见帕斯卡·布朗夏（Pascal Blanchard）、尼古拉·邦赛尔（Nicolas Bancel）、吉勒·伯奇·克里斯泰勒·塔罗、多米尼克·托马（Dominic Thomas）主编的《性别、种族和殖民地：15 世纪至今的身体统治》（*Sexe, race et colonies. La domination des corps du XVe siècle à nos jours*），La Découverte，巴黎，2018 年。

2　*Gauguin: Voyage de Tahiti*（国内也译作《高更：爱在他乡》。——编者注），由文森特·卡索（Vincent Cassel）饰演画家高更。

3　莱奥·帕容（Léo Pajon），《〈高更：大溪地之旅〉：在热带，恋童癖是个不那么严重的问题》（*Gaugin : Voyage de Tahiti : la pédophilie est moins grave sous les tropiques*），*Jeune Afrique*，2017 年 9 月 21 日。

员在 1960 年拍摄《叛舰喋血记》(*Mutiny on the Bounty*)时发现了大溪地,他借此机会认识了剧组当时聘请在电影中演出的年轻舞者塔丽塔·特里帕亚。他主动接近她,但是她不感兴趣。于是,他固执地追求她,甚至某天潜入她家中,企图强奸她。尽管如此,她最终还是爱上了他,成为他的伴侣。就像在高更眼里,大溪地是一个由纯洁和天真主宰的原始天堂,在马龙·白兰度眼中,塔丽塔·特里帕亚就是这一切的化身。她本想从事演艺事业,但他禁止她这么做。她如此总结他的说法:"大溪地人不适合电影。大溪地人在大溪地很幸福,因为他们离电影和好莱坞很远。好莱坞这个可怕的城市,没有什么是真的,没有什么是美的……电影对这些脱离自然、屠杀印第安人的美国人来说是好的。"(后来,他还写信给她:"我不喜欢你把时间都花在想跟你上床的人身上。")他要求米高梅公司终止与塔丽塔的合同。他想要她给他生养孩子,打理他在岛上的房产,他则可以时不时去岛上看望母子。塔丽塔一开始完全不想这么做,但一位两人共同的朋友对她施压:"你得给马龙生一个大溪地孩子,塔丽塔,是他在要求你呀,你不能拒绝。"(我们可以注意到,马龙想要的不是简单的"孩子",而是"大溪地孩子"。)在马龙·白兰度的世界里,占有女性和占有领土齐头并进:1966 年,他收购了泰蒂亚罗阿环礁。[1] 他对待塔丽塔的态度，与那些他声称憎恶的压迫当地人民的美国帝国主义者无异。他们的女儿出生后也被命名为塔丽塔。随后，他决定将她改名为夏延（Cheyenne），以表示自己对印第安人斗争的支持，而他在完全没有同孩子母亲商量甚至没有告知她的情况下公布了这一消息。他们的故事充满时不时引发的暴力，并且很快告一段落（夏延是他们的第二个孩子，他们当时已经借助了人工受孕），然而他设法破坏了她之后的所有恋情。她必须继续当他的财产。[2]

由殖民制度和奴隶制度产生的对待女性的态度直到今天还以令人咋舌的毅力存活着。在阿芒迪娜·盖伊（Amandine Gay）的纪录片《发声》（*Ouvrir la voix*，2014年）中，黑人女性聊到了自己的人生历程和遭遇的种族歧视，描述了她们和殖民地女性受到的歧视完全相同的机制。片中的莎朗（Sharone）观察到："你是一种体验。对于某些白人，甚至某些其他文化的男人来说，和一个黑人女孩试一试是一件大事，我说的是性方面的……"齐娜（Zina）则说，她感觉自己是她白人男性伴侣的"一件东西"。她略带苦涩地总结，她的男伴们是这么看待他们之

1　Atoll de Tetiaroa，该环礁位于大溪地以北五十三公里，由十三个岛屿组成，面积六平方公里。1973 年，该环礁正式被更名为"马龙·白兰度岛"。——译者注

2　塔丽塔·特里帕亚（Tarita Teriipaia）、利昂内尔·迪鲁瓦（Lionel Duroy），《马龙：我的爱，我的伤》（*Marlon. Mon amour, ma déchirure*），XO，巴黎，2005 年。

间的关系的："'我吃过蛇肉'，'我跟黑人女孩约会过'。"
马布拉·苏马霍罗（Maboula Soumahoro）感觉自己没有
被作为一个个体看待，在部分男人眼中，她象征了一个国
家，甚至一个大陆："通常是一些所谓的'非洲爱好者'：
'我在科特迪瓦生活了很长时间……'"玛丽－朱莉·夏吕
（Marie-Julie Chalu）指出，黑人女性的身体被"动物化"
和"物化"，被视作可以"据为己有"的某种东西，没有
被"严肃对待"："你的女性特质没有被珍视——简单来
说，你的人性没有被珍视。"这让她怀疑男伴们的动机：
"当我跟白人男性约会时，我会琢磨：'他是因为这个才
跟我约会的吗？'约会时你没有办法不想这些事情，而这
对你作为女人的个人和性发展有害。"

上述黑人女性都在这样的经历中产生了一种令人苦恼
的感受，那就是她们是可彼此互换的，自己的个人身份被
剥夺了。安妮（Annie）叹着气说："有的男人会说：'我
呀，最爱黑人妹子。'这些'黑妹控'！别的不说，光是这
个词就让人受不了。再说了，这话就好比：'我，最爱红
发男！'"奥德蕾（Audrey）聊到某位前男友时说道："我
意识到这个男人不是在跟我约会，而是在跟一个黑人女
孩约会，而黑人女孩代表了一系列幻想。"萨比娜·帕克
拉（Sabine Pakora）对此补充道："他们永远在你身上投射
你意识不到的东西，他们遇到的从来不是你本人。"片中
的黑人女性纷纷坦言，男人在她们身上投射了一种动物般
的性欲，把她们视作一种完全异己的存在。"我听过这样

的话：'你呀，在床上肯定野得不得了。'就因为我是黑人。我那时才十五六岁，是处女。"劳拉（Laura）讲述道："但从来没有人这么说我的白人女性朋友：'啊，你们白人女孩，你们肯定有点东西……'从来没有。她们只是一群探索性的青少年。"某些受访者指出，她们会被问到黑人女性发生性行为的方式和对她们身体细节的假设，仿佛她们的身体"跟白人女性的完全不同"。记者罗哈亚·迪亚洛回忆，牙买加模特格雷丝·琼斯（Grace Jones）的形象伴随了她的成长。格雷丝·琼斯当时的男友让 - 保罗·古德（Jean-Paul Goude）在 20 世纪 80 年代为她拍摄了大量照片，比如让她四脚着地，关在笼子里，笼子旁边的通告牌上写着"请勿投喂动物"（*Do not feed the animal*）。[1]

亚洲女性的"双重女性化"

罗哈亚·迪亚洛和格雷斯·利在她们的播客《爱你种族》的一期中讨论了恋爱和性关系中的恋物化（fétichisation）。她们请来了作家法依扎·盖内（Faïza Guène）共同讨论。三人一致同意，她们都受到过不同形式的恋物化：黑人或阿拉伯女性能激起部分白人男性的性幻想，却不那么轻易被视作生活伴侣，也就是能够被男性"在社会

---

[1] 罗哈亚·迪亚洛（Rokhaya Diallo）、格雷斯·利（Grace Ly），《艺伎、猎豹和羚羊》（La geisha, la panthère et la gazelle），《爱你种族》播客（*Kiffe ta race*），Binge Audio，2018 年 10 月 9 日。

层面上认同"的伴侣。罗哈亚·迪亚洛解释道："你可以炫耀你'驯服'了这样的女人，但聊到成家、见家长、生养黑人小孩，事情一下就变复杂了。这种矛盾把黑人女性摆在了最不被渴望与之建立长期关系的女性的位置上。"相反，亚洲女性则来自一个有"模范"之名的少数族裔——言下之意，其他少数族裔多少构成问题——她们被假定为性感、勤劳、温顺的。"男人渴望亚洲女人，不仅因为她们是'紧致的小东西'（根据某个流传的说法，她们有更为紧致的阴道），还因为她们会是好母亲。"格雷斯·利分析道。这时，婚姻关系才被认真看待。在2021年的一次采访中，格雷斯·利总结道："黑人女性是性感野兽，我们亚洲女性则有着柔软得多的身体。这简直是马戏团！你在床上就是一个做肉体表演的杂技演员。你先做按摩，然后做饭……"[1]

在性上逆来顺受，在家务上则十分贤惠：这些对亚洲女性的偏见可以理解为当年"小妾"风气的遗毒，也可以通过之后的历史事件来解释。专栏作家弗朗切斯卡·拉姆齐回忆，20世纪，二战结束后驻扎日本或者参与了朝鲜战争或越南战争的美国士兵，百分之八十五的人都表示曾经借机嫖娼，因此，"整整三代美国男性对亚洲女性的

---

1 卡特琳·迪朗（Catherine Durand），《格雷斯·利："我不任人宰割"》（Grace Ly："Je ne laisse plus rien passer"），《嘉人》，2021年4月。

第一印象就是温顺的性对象"。[1]当时的菲律宾、日本、泰国、马来西亚和新加坡确实设立了为美国士兵提供的"休闲娱乐区"。除此之外还有当地性旅游的影响，这是由美国军妓营直接遗留下来的。[2]这导致了全世界无数的亚洲女性从一开始就被视为妓女。格雷斯·利记得，有一天，她和一位男性朋友在酒吧："一个男人走过来，问我朋友跟我在一起花了多少钱，他看他的眼神，仿佛两人是更衣室里结识的哥们儿。"[3]20世纪70年代，在费迪南德·马科斯（Ferdinand Marcos）的带头下，菲律宾实施了女性劳动力输出政策，这一做法强化了亚洲女性善持家务、教子有方的模范形象：平均下来，每年有十万在专业学校培训过的菲律宾年轻女性流动到美国、加拿大、中东和中国香港等国家和地区做女佣。一位旅居香港的比利时女士如此解释她女佣的热情："这是刻在她们基因里的。在菲律宾文化中，女性都很忠诚。她们很爱孩子！"[4]与西方女性所谓的"放任态度"形成鲜明对比的，是"虎妈"这一对

1　弗朗切斯卡·拉姆齐（Franchesca Ramsey），《亚洲人性刻板印象的奇怪历史》（The weird history of Asian sex stereotypes），*Decoded*，MTV，2016年5月25日。

2　让－弗朗索瓦·斯塔沙克、克里斯泰勒·塔罗，《后殖民性爱的新领域》（Les nouveaux territoires de la sexualité postcoloniale），见吉勒·伯奇等人，《性、身份和被殖民的身体》，同前文所引。

3　克莱芒·普雷（Clément Pouré），《"黄热病"只不过是一种恋种族癖》（La Yellow Fever n'est rien d'autre qu'un fétichisme raciste），Vice.com，2018年7月5日。

4　朱利安·布里果（Julien Brygo），《职业，家庭》（Profession, domestique），《世界外交报》（*Le Monde diplomatique*），2011年9月。

中国女性较新的刻板印象。"虎妈"意味着对自己的孩子严加管教，极力培养孩子的竞争力。这进一步强化了亚洲女性贤妻良母的形象。

哲学家罗宾·郑观察到，"亚洲女性所谓的性优势实则让她们作为完整的人的价值变低了；她们被贬低到除了作为家庭对象和性对象以外毫无价值"。她强调了——此言论也适用于所有少数族裔女性——恋物化巨大的心理成本，以及它对女性生活带来的巨大伤害。"我还没办法察觉到恋物化的影响——我最近才开始反思这个问题。"我的女性友人 J 写道。她出生在东南亚，后来被一对白人夫妻收养。"但我觉得它伤害极大 :)[1] 它逼着我理解、用相对的眼光看待此事，一笑而过，好让事情变得能够被接纳和忍受。当然了，它让我变得有点疑神疑鬼，甚至毫不留情，尤其是碰到什么日本迷、亚洲迷、佛教或者别的什么教迷、茶道迷、日漫迷、艺伎迷、大岛渚影迷或谷崎润一郎书迷。我对所有定居亚洲的西方人都有怀疑。我过去受过的伤仿佛一台扫描仪，我一一扫描这些西方人，觉得他们陷入了一种对异国情调和幻想的假设。同样的还有某些男性，他们找的女性必须完美契合他们的生活蓝图、他们的工作、他们的沙发和茶几，他们对她者的开放态度令人叹为观止——找亚洲女友 / 跟亚洲女生在一起：这象征着他们酷、仁慈，想要体验世界。这往往让我觉得自己是一

1　原文如此，网络表情笑脸 :)。——编者注

个装饰，一个锦上添花的东西，一种家庭声明，或者社会、政治声明，这要看情况。"白人男性在亚洲女性身上投射的幻想迫使后者无时无刻不在提防，质问对自己感兴趣的男性、伴侣甚至丈夫的真实动机。白人男性把亚洲女性放在了极度性感化、对象化的位置上，使她们变成了一个面目模糊的群体——可是爱情应当是此举的反面：爱情是把对方与他人加以区分，在绝对意义上认为对方与众不同——让她们受到与其外貌相连的刻板印象的骚扰和强迫。[1]美国小提琴家松宫米娅（Mia Matsumiya）在Instagram 上开设了一个名字意味深长的账号，"招变态体质"（Perv Magnet），她在上面发布了部分自己曾收到的消息：性骚扰、强奸威胁、死亡威胁……

罗宾·郑观察到，刻板印象意味着无意识地给某一特定群体贴上性别标签："亚洲男性和女性作为被种族化的群体，由于其'本性'中被认定保守、温和、温顺的一面被冠以女性化的刻板印象，这导致了亚洲女性的'双重女性化'。相反，黑人男性和女性作为被种族化的群体，由于其被认定充满攻击性的'本性'而被冠以'男性化'的刻板印象。"[2]这种逻辑不利于黑人女性（因为她们被男性化），不利于亚洲男性（因为他们被去男性化），使得这

---

1 罗宾·郑（Robin Zheng），《为何"黄热病"不是好话：反恋种族癖的案例》（Why yellow fever isn't flattering: a case against racial fetishes），《美国哲学协会杂志》（*Journal of the American Philosophical Association*），第 2 卷，第 3 期，2016 年秋季刊。
2 罗宾·郑，《为何"黄热病"不是好话：反恋种族癖的案例》同前文所引。

两类人成了约会软件上最不受欢迎的人。亚洲女性则是2014年OKCupid[1]上搜索度最高的人群[2]，有的网站甚至推出了专为白人男性提供梦中亚洲女性的功能。一位寻找中国老婆的美国男性在浏览屏幕上的照片时惊叹："这里的供应仿佛无穷无尽。她们个个都那么美！"[3]这种对亚洲女性的极度女性化意味着她们被视为本章开头提到的所有"低人一等"特征的集合体：个子小、身材小（"娃娃"一词便总结了这两点）、年轻、在职业和经济上都处于较低的社会等级。学者玛丽昂·博泰罗采访了在泰国与当地女性一起生活的西方男性，并指出他们将她们描述为"小""娇小""不外露""腼腆""保守""爱打扮""轻佻"（"身材轻盈"[4]常常被提到，该学者说）。他们很喜欢自己伴侣的一点，那就是通常她们不仅比他们年轻，看着也比她们实际上年轻。他们甚至鼓励她们如同孩子一般行为举止，比如帕查琳（Patcharine）和吕西安（Lucien），他们之间差了三十岁，玛丽昂·博泰罗第一次采访他们时，吕西安把妻子抱到膝头："来，跟这位女士说说话！她有问题要问你……来嘛，来，别害羞！"总而言之，这些男人

1　美国在线约会、交友网站和应用，创立于2004年。——译者注

2　波莉娜·魏杜兹耶（Pauline Verduzier），《只爱亚洲女性的男性有何问题》（Le problème avec les hommes qui n'aiment que les femmes asiatiques），Slate.fr，2019年1月19日。

3　《"她们都好美"：寻找亚洲女性》（"They're all so beautiful"：seeking Asian female），YouTube，2013年3月27日。

4　此处为双关，法文中的"léger"既指体重轻盈，也指性情轻浮。——译者注

作为西方外籍人士享有经济和社会优势，在夫妻关系中也占据无可非议的主导地位：他们说"她们与我们之间不产生竞争"，"她们安守本分"。[1]

我们爱上一个人，爱上的当然可以是她/他的文化或者原籍文化，无论这种爱好产生在两人相遇之前，还是在两人相遇之后才慢慢被培养出来。可是当幻想抹杀了对方的存在，当幻想意味着——无论有意还是无意——期待某种行为，问题就出现了。许多被种族化的女性表示，她们已经学会提防那些只跟她们同族裔女性约会的男性，并像躲瘟疫一样躲开那些和她们搭话时高调宣称自己这种"口味"的男性。在这里，我们必须再次提到作家扬·穆瓦，他在接受《嘉人》采访时表达了对五十岁年龄段女性的厌恶，并且宣称自己"只约会亚洲女性"："基本上是韩国女生、中国女生和日本女生。我不是在吹牛。很多人没办法承认这一点，因为这是种族歧视。对和我约会的女生来说，这话可能有点伤人，有点看低她们的意思，但亚洲人种很广、很丰富、无穷尽，所以我对此不感到羞耻。"最近，文森特·卡索 2011 年接受《近距离》的采访被重新发掘，引起了一些轰动。这位男演员在采访中提到了他的"丛林热"（jungle fever，原文如此）："我只被混血或黑人女性所吸引。后来我只对亚洲女孩感兴趣，再

1　玛丽昂·博泰罗，《对泰国女人的幻想与西方男子气概的危机》（Le fantasme de la femme thaïlandaise et la crise occidentale de la masculinité），*Moussons*，2019 年第 29 期。

后来，我只对巴黎的阿拉伯裔女孩感兴趣。我意识到，当你专注某一类人时，你对人是不感兴趣的。"[1] 尽管做出了此番忏悔，2018年与年轻黑人模特蒂娜·库纳凯（Tina Kunakey）结婚的他，2020年2月在 Instagram 上使用了"#negrophile4life"（"永远爱黑人"）的标签，并附上了中指。此举引发了大众的敌意。[2]

一提到恋爱和性关系中的恋物化，通常会激起强烈的抗议，提及该问题的人有可能被指责为"情侣警察"。个人倾向，尤其是在这方面的个人倾向，是不容讨论的。因此，如果数百万男性都对亚洲女性抱有幻想，那也只是纯属巧合……然而，更为现实的一种解释则是我们的品位，再一次地，取决于我们社会中流行的偏见和表述。我们不可避免地浸淫其中。作家达利亚·贾布里勒指出，爱情"被描述成一种非政治、超越一切的情感领域，我们不由自主地陷入其中，但实际上，爱情是被深深地政治化的，它与更广泛的结构性暴力联系在一起。所有被种族化的女性都被迫面临这一系列结构性暴力"。[3]

罗宾·郑给自己的任务是消灭她口中所说的"MPA"：

---

1 《文森特·卡索："男人？比阳具大不了多少"》（Vincent Cassel : "Les hommes ? On n'est un peu que notre bite…"），《近距离》（Closer），2011 年 2 月 9 日。

2 瓦朗坦·埃唐瑟兰（Valentin Etancelin），《勇夺恺撒奖后，文森特·卡索的消息引发众怒》（Après les César, ce message de Vincent Cassel passe très mal），Huffpost，2020 年 3 月 3 日。

3 达利亚·贾布里勒（Dalia Gebrial），《欲望的去殖民化：爱之政治》（Decolonising desire: the politics of love），Verso，2017 年 2 月 13 日，www.versobooks.com。

Mere Preferences Argument，即"简单偏好论"。她尤其驳斥了"偏好亚洲、黑人或阿拉伯女性等同于偏好金发或棕发女性"的观点。诚然，一个人皮肤的颜色和其他特征就像他们头发或眼睛的颜色一样不能代表他们——因此，宣称自己"喜欢黑人女性"和宣称自己"喜欢红发女郎"都很荒谬。不过，我们仍会（甚至在自己意识不到的情况下）在一个人的出身上投射某些品质，却不会因为对方的发色或眼睛颜色而将同样的品质投射到对方身上。在这样做的过程中，我们更新了并非凭空而来的刻板印象。"金发和棕发女性背后没有漫长的、建立在她们表型之上的殖民史、奴役史、虐待和排斥史，"罗宾·郑重点强调，"同样，她们头发和眼睛的颜色也不会导致生活中各个层面的歧视——社会层面、经济层面、政治层面，包括医保、教育、就业、婚恋、法律保护等方面。"[1] 格雷斯·利提出："别再试着用'我喜欢金发女郎，这又不犯法'这种常见说辞给自己辩护，没用。如果我把头发染成金色，色情网站会把我放到亚洲女性以外的类别里吗？"[2]

有的人会说，就算如此，我们无论如何也无法改变自己的恋爱和性偏好。一定如此吗？我们要意识到，这些偏好并非如我们所想的那么私人和私密。一旦认识到这一

1　罗宾·郑，《为何"黄热病"不是好话：反恋种族癖的案例》，同前文所引。
2　格雷斯·利，《我是亚洲女人，我再也受不了只和亚洲女人约会的男人》（Je suis une femme asiatique et je n'en peux plus des hommes qui ne sortent qu'avec des Asiatiques），《世界时装之苑》（Elle），2019 年 1 月 8 日。

点，我们便会明白这些偏好是流动的，我们会渴望让这些偏好逐渐真正为我们所有。每个人都会有这种体会：品位会进化，至少在某种程度上是这样。品位是可以训练的，它不一定完全吻合我们的观点或者智力发展之路，虽说它跟这两者有一定关系。我在这里并非要强迫什么（强迫才是最糟糕的事），而是说我们应当反思，自己之所以被吸引，背后的深层原因是什么，或者反过来说，是什么导致了我们的偏见、抗拒和冷漠。

"她不说话"

"娃娃"的特点还在于不会说话，或者只说被编排好的话。似乎很多白人男性都在少数族裔女性身上寻求实现沉默寡言伴侣的梦想。他们希望找到一个一丝不苟地吻合他们幻想轮廓的女性伴侣，这样的伴侣永远不会把自己的主观性纳入两人的关系之中——这不禁让我们想起了当菊子夫人的脸上透露出悲伤时，皮埃尔·洛蒂的不快。这类男性想要一个没有主见、没有情感、没有自己欲望的女人，她整个人都应该以为他们的舒适提供服务为导向。他们想要一个家务机器人和人形充气娃娃的结合体。接受人类学家玛丽昂·博泰罗采访的西方男性，尽管他们难以承认这一点，因为他们坚持相信自己实际上是被爱着的，但他们获得的一切都源自他们的经济能力。他们说自己的泰国妻子把他们"照顾"得服服帖帖，并给出了以下说法：

"她要求不高。""只要有饭吃，她就很幸福。""她不会用一堆形而上学的问题来烦我。"住在曼谷的丹麦人莫滕（Morten）确认，"女性气质"的确被用作"顺从"的同义词，并宣称："我受够了西方女人的男性化。在亚洲，还没有女性解放，所以男女关系还没有被破坏。在泰国，男女之间的关系更具性别歧视（原文如此），所以处在一个更为自然的水平。"[1]

这种欲望并不只关乎亚洲女性。阿迪拉·本扎伊－祖为了她的广播纪录片《像一个在法国的阿拉伯女人一样幸福》拜访了亚历山大·迪普伊（Alexandre Dupouy），后者向她展示了自己收集的殖民时期的情色摄影。两人的交谈很有趣。这位收藏家发现自己面对的女人恰恰代表了令自己浮想联翩的女性类型，只不过她是以平等的态度在接近他，并且抛出了与他的观点相左的观点和言论。亚历山大的尴尬和内疚显而易见。当她平静地问他"什么是东方女性特有的色情"时，他回答道："这完全是西方的幻想。一种精致，一种完全的顺从，一种非凡的安乐，在沙滩上，在炎热的国度里，一切都好，永远有阳光照着……就有点像亚洲女人顺从的那一面……她不说话——她不会讲话，我是说她不会讲我们的语言，所以我们无法交流。绝对的顺从，然后诸如此类的幻想：苏丹和他的后宫，那

---

[1] 被玛丽昂·博泰罗引用，《对泰国女人的幻想与西方男子气概的危机》，同前文所引。

些蒙着面纱的神秘女子，为他褪下衣裙。在一个西方年轻男子的脑海里，这是魔力。"没错，在一个"西方年轻男子"的脑海里，而不是在他的脑海里。

在亚历山大·迪普伊的个人收藏中，赤裸的北非和其他非洲女人的底片被放在一个被他命名为"失乐园"的类别中。对此，他巧妙地解释道："这是句俏皮话，东西反正是要分类整理的嘛。看看这些在一堆裸女中间龇牙咧嘴的年轻男孩，嘴角都咧到耳朵根了……这可能有点乐园的意思，'失'的意思是幸好这样的场面有越来越少的趋势。它们越少，人类关系就越和谐。"阿迪拉·本扎伊－祖被这景象逗乐了，让听众作证："你们听见我们交流中隐藏的小对话了吗？我问他：'我为什么是你幻想的对象？'他回答我：'你不是我幻想的对象。'"她总结道："我认为谢丽法（Chérifa，亚历山大·迪普伊作品集中的女性之一，拍摄于一家摩洛哥妓院前）和北非裔女子的共同点就是她们都不说话，或者只说我们想让她们说的话。"[1]我们也留意到，在亚历山大·迪普伊给出的对"东方女性幻想"的定义中，"服从"的概念在几秒内里出现了三次。

在本章即将结束的时刻，我回想起了我和一位三十多

1　阿迪拉·本扎伊－祖（Adila Bennedjaï-Zou），《像一个在法国的阿拉伯女人一样幸福》（*Heureuse comme une Arabe en France*），《第 3 集：有野心的女人》（*Épisode 3 : Les ambitieuses*），LSD，*la série documentaire*，《法国文化》电台，2019 年 5 月 29 日。

岁女性友人的谈话。她向我吐露了她的困惑，因为她的一位女性朋友告诉她，在恋爱中，必须忘掉所有她坚定捍卫的女性主义原则。这位年轻的朋友不知道该拿这个建议如何是好。就我而言，我现在确信（尽管我之前就很怀疑）这个建议站不住脚。是的，没错：我们的文化已经很好地把女性的自卑感常态化，以至于许多男性没有办法承受一个既不贬低也不审查自我的女性伴侣。但也有一些男性表示出了足够的兴趣、开放精神和自信，他们接受，甚至主动寻求这样的女性。不过无论如何，这都是值得冒的风险。或者更好的是：在使男人迅速露出自己真面目的同时，拒绝"自我贬低"，从而保护自己。如果他落荒而逃，那么他可能并不是一个巨大的损失，他实则是个危险。我们可以清楚地看到围绕着"理想"女性的幻想中透露出的肮脏和压迫性的逻辑。

有的男性习惯性地占据主导地位，并确信这种地位是自然而然的，这使他们无法看到女性丰富的人格，无法真正与她相遇：在他们眼里，女性的人格是烦恼，是危害。他们要么赞同社会中流行的厌女偏见，认为女性是麻烦制造者，一种逃不过却必须竭尽全力忍耐的恶，要么习惯了占据主导地位，无法理解被统治者的观点。波伏瓦在《第二性》中就分析过："在女人被看作绝对他者的情况下，也就是说……她被看作次要的，完全不可能被看作另一个主体。"[1]

无法把女性视为主体这一现象在与被种族化的女性的关系中尤为明显，但它不仅仅存在于这种情况中——被种族化的女性，由于我们附加在她们身上的"品质"，成了为全体女性树立的榜样。无数女性由于经济弱势别无选择，只能屈服于这一游戏。但对那些生存不取决于刻意满足大多数男性要求的女性来说，她们有一丝机会，那就是创造更平等、更令人兴奋的恋爱关系，并且一点一滴地，从身边人做起，最终撼动文化的巨石，这种文化把一个不可能的选择摆在女性面前，要求她们在享受爱情和保留自我完整之间做出选择——仿佛二者不可兼得，仿佛我们可以通过一个不完整的人了解什么是幸福，给予并获得爱。

1 西蒙娜·德·波伏瓦（Simone de Beauvoir），《第二性》（Le Deuxième Sexe），第 1 卷，Gallimard，Folio Essais 丛书，巴黎，2016 年。

2

—

男人，真男人

家庭暴力教会我们什么

除却我们刚刚提到的不同形式的男性统治，另一因素也造成了异性恋情侣的不稳定：那就是情侣双方都内化了自己的角色和价值，以及作为男人或女人应当从对方身上得到什么。男女双方都带着社会灌输给他/她的有关情侣的概念进入二人世界。

　　20世纪70年代，性学家雪儿·海蒂收集了约四千五百名美国女性关于她们爱情和性生活的证词，她们中的许多人都表示，自己的丈夫或伴侣有一种居高临下、傲慢自大，甚至全然羞辱人的态度。他们贬低、打击她们的自信，取笑她们的观点和兴趣。"他跟我说话的语气让我觉得自己既无能又愚蠢"；"他表现得好像他什么都知道一样"；"他有一种大家长态度，跟他爸一样。他在他爸身上能看到这一点，在自己身上却看不到"；"他认为他的话就是王法"；"有段时间，他训我跟训小孩儿似的。我没让着他，他最后消停了"……[1] 跟男性的自信截然相反，女性不仅很早就学会不断反思自己，质问自己（这其实是好事），但也怀疑自己，不停责备自己，认为一切都是自己的错或责任，为自己的存在感到抱歉（这明显不是

---

[1] 雪儿·海蒂（Shere Hite），《海蒂性学报告》（*Women and Love. A Cultural Revolution in Progress*），Alfred A. Knopf，纽约，1987年。

好事）。这种心理倾向大大削弱了我们在爱情关系中的力量，尤其是当这段关系被证明有虐待成分时。

家庭暴力利用的是女性在社会中的脆弱地位。哲学家卡米耶·弗鲁瓦德沃－梅特里（Camille Froidevaux-Metterie）引用了美国哲学家桑德拉·李·巴特基（Sandra Lee Bartky）的著作，提出了"结构性的女性羞耻"。她将其定义为一种"永恒的不合格感，女性因此感觉自己不完美，自卑或者被贬低，从而使男性主导机制得以续存"。因此，"羞耻成了一种彻底的女性生存模式，成了婚内暴力和女性杀戮的温床"。[1] 我们说的并不是女性由于缺乏自信而遭受虐待：用一种有害于我们的机制来谴责我们相当于施加双重惩罚。唯一该对暴力承担责任的是那些实施暴力的人，以及允许他们实施暴力的文化，也就是我们接下来要试图研究的文化。但是，就像我们可以提醒人们强奸唯一的原因是强奸犯一样，在教授身体自我防卫的同时[2]，我们也可以试图发展某种形式的心理自我防卫。

怎么做才能重获长期以来被历史剥夺的自信和自尊？要回答这个问题，可能需要一整本书的篇幅，而这本书已

---

1 洛兰·德富歇（Lorraine de Foucher），《女性杀戮："最纯粹的父权逻辑存在于亲密关系的核心"》（Féminicides："La logique patriarcale la plus pure se loge au cœur de l'intime"），《世界报》，2020 年 6 月 3 日。

2 参考伊雷妮·蔡林格（Irene Zeilinger），《不就是不：给所有什么话也没说就受到骚扰的女性的防身小手册》（Non, c'est non. Petit manuel d'autodéfense à l'usage de toutes les femmes qui en ont marre de se faire emmerder sans rien dire），La Découverte，La Découverte Poche/Essais 丛书，巴黎，2018 年。

经存在了，那就是格洛丽亚·斯泰纳姆的《内在革命》[1]。作者在书中展示了上述问题对女性、各类少数群体以及被殖民国家的重要性——在她笔下，甘地的历程令人动容。如果没有寻回作为印度人的个人自豪感，他就不可能成为一位独立领袖。格洛丽亚·斯泰纳姆并不否认统治物质、具体的层面（不然，这话从一个一辈子投身抗争事业的女性口里说出来，多少令人惊讶）：她说她最后终于明白了"自尊不是一切，但没有自尊，就什么都没有了"。我参考了这本重要著作，它的法文版即将面世。于我而言，我建议强调婚内暴力的证词和分析中体现出的机制。研究这类暴力的根源能让我们更好、更全面地理解男女之间的互动，理解对男女不同的教育方式中存在什么问题，也许，还能让我们更好地预防或挫败有毒关系。（我先说一下，写这一章很有挑战性，读起来可能也是。）

撰写本章时，我完全意识到了自己写作的局限。首先，我们在爱情和情侣关系中最容易受到伤害，哪怕是女权意识发达、全副武装的女性，在爱情和情侣关系中也会卸下自己的盔甲。玛丽-艾丽斯·迪邦（Marie-Alice Dibon）的故事即为一例，她在 2019 年 4 月被自己的丈夫杀害，年仅五十三岁。她曾在脸书上统计被杀害女性的死亡人数，还曾向一位身陷有毒恋情的女性友人赠送玛

---

1 *Une révolution intérieure*，英文原书名为 *Revolution from Within: A Book of Self-esteem*。——译者注

丽－弗朗斯·伊里戈扬的《道德骚扰》(*Le Harcèlement moral*)一书，并对她说，她不希望有一天在社会新闻版块看到友人的名字。"旁观者清，当局者迷。"这位友人在玛丽－艾丽斯·迪邦死后感叹道。[1] "旁观者清"是不够的。当然，玛丽－艾丽斯·迪邦和她的亲友低估了她和丈夫继续同居的风险，尽管当时她已经向他透露了分手的决心。但就算她提前抽身，他也会想办法找到她。如果她当时申请自己需要的保护，也不一定会受到保护。在泽维尔·勒格朗(Xavier Legrand)2017年的电影《监护风云》(*Jusqu'à la garde*)中，当暴力的丈夫威胁到母子俩的生命安全时，邻居和警察的反应堪称完美，这让观众(尤其是女性观众)在体验了女主人公[2]和她儿子无止境的恐惧之后，深深地松了一口气。在电影结尾，女主人公终于可以喘一口气，享受活着的幸福和自此以后的安全。然而在现实中，这样的结局恰恰是众多女性无法获得的，因为大部分警察和宪兵往往对此类报案敷衍了事。

"病态自恋狂",
还是"父权制下健康成长的孩子"?

我的谨慎并不代表更好地理解婚内暴力如何蔓延没有

---

1 洛兰·德富歇,《女性杀戮》(*Féminicides*), France 2电视台, 2020年6月2日。
2 蕾雅·德吕盖(Léa Drucker)饰。

意义。伊娃·易洛思写道，在今天，女性主义的影响鼓励女性"多加提防"，"理解男性行为中最细微的支配信号"。她说现在在一段恋情的开始，"自我会对冷漠和情感距离发展出新形式的过度敏感"。[1]她似乎把这种态度算到了现代自恋主义的头上，这种自恋主义促使个体动不动就提出分手。的确，在恋情中永远采取消费者式的行为是一种危险。朱迪特·杜波尔泰伊在约会软件上注意到了越来越多的"购物清单"式自我介绍，这类自我介绍详细地描述了所寻找的对象应该如何和不应该如何。[2]丽芙·斯托姆基斯特给出了同样的评估，并展示了这种态度如何将关系中的另一方转变为商品，如何阻碍我们对意外之事保持开放，妨碍我们被一次相遇震撼，从而改变，让我们无法为另一个人的全部而倾倒、狂喜。[3]

无论如何，我不认为应该一棍子打死，认为女性受到了"个人主义／消费主义的干扰"。一位男性友人对我说，在他童年和青少年时期，整整十年，他的母亲和一个男人经历了极其复杂的爱情故事（没有暴力，没有虐待，但是很复杂）。尽管如此，她付出了很多努力让这段感情继续。一天，她被侄女的话激怒了。侄女说要跟她的男友分手，因为他不相信男女平等存在。对这个年轻的女孩来说，跟一个否认如此根本和决定性事实的男性谈恋爱是不

1　伊娃·易洛思，《为什么不爱了》，同前文所引。
2　judithduportail_，Instagram，2020 年 12 月 22 日。
3　丽芙·斯托姆基斯特，《最红的玫瑰开放了》，同前文所引。

可能的。"我值得更好的。"她说。我朋友的母亲在这话里听出了几分欧莱雅广告语"你值得拥有"的意思：这是一种任性的消费主义态度。但这是不是太上纲上线了？因为一个无伤大雅的瑕疵就像扔掉残次品一样甩掉对方，和捕捉到让你怀疑自己会不会被虐待，或者预示着不和的信号，这两者是有区别的。

再者，这个女孩的态度在我看来是较为少见的。我完全不确定女性是否通常都像伊娃·易洛思说的一样"多加提防"。精神科专家玛丽-弗朗斯·伊里戈扬给出了完全不同的观点："一方面，我们教导女孩等待自己的白马王子；另一方面，我们让她们对男人加以提防。作为女性，她们并没有学会如何相信自己的感受和排除真正的危险。"[1]伊娃·易洛思尤其忽略了这一事实：那些真正警觉的女性之所以警觉，是因为她们完全有这么做的理由。2000 年的"法国女性暴力调查"[2]表明，十分之一的女性都曾遭受过暴力，不论她们属于哪个社会阶层。这项调查也揭露了女性在情侣关系中最常受到肢体、心理和性暴力伤害。根据法国国家统计与经济研究所[3]开展的"生活环境与安全"（Cadre de vie et sécurité）调查，2011 年到 2018 年，有二十九万五千名十八到七十五岁的调查者都曾遭受来自伴侣或前伴侣的肢体或性暴力，其中百分之

---

1 玛丽-弗朗斯·伊里戈扬，《被支配的女人》，同前文所引。
2 Enquête nationale sur les violences envers les femmes en France，缩写为 Enveff。
3 Institut national de la statistique et des études économiques，缩写为 Insee。

七十二为女性。在这些女性中，只有百分之十四的人选择报案。我们希望能通过某些迹象分辨出会施暴的人，但现实中往往无法如此："暴力的男人有很多种，有的外表看起来完全没有大男子主义的迹象。"[1]

暴力也可以只是心理层面的。由麦温（Maïwenn）导演，埃马纽埃尔·贝尔科（Emmanuel Bercot）和文森特·卡索主演，在很大程度上属于自传体电影的《我的国王》（*Mon roi*，2015 年）很好地展示了一个女人是如何在毫发无伤的情况下受到摧残的。对玛丽 - 弗朗斯·伊里戈扬而言，情侣中的心理打击"和肢体攻击一样伤人，且后果更严重"（从 2010 年起，心理攻击也受到法律制裁）。两者无法分割：身体暴力是一种总体控制行为的延续和巩固。长期的贬低、羞辱、冷漠、威胁和为了孤立、扰乱女性而采取的措施都能引发"精神损耗"，从而诱发轻生。

"女性也很暴力，至少在心理上是这样"：这是经典的在否认家庭暴力中性别因素时会用到的论点。该论点暗示受害者刻意在情感上虐待伴侣，专挑伤口上撒盐，从而导致后者的勃然大怒，甚至拳打脚踢。不过男性在别的情境下也会受到刁难和羞辱，比如在工作中。尽管如此，殴打上级、领导或者老板在社会中却不那么常见，我们也不会统计因此死亡的男性人数。为什么男性在职场上可以忍住自己的怒气，在女人面前却不能？往大了说，为什么只

1　Insee。

有男性在面对侮辱和羞辱时可以不用抑制自己的脾气？这种成见，也让我们忽略了在很多案例中，身体暴力的使用是经过了冷血的深思熟虑的。再者，把女性视为尖酸刻薄、心狠手辣的生物这一做法让我想起了猎巫时期对女性言论的不信任。[1]不管怎样，一对情侣中的女方在大多数情况下遭受压迫，并不意味着她无法实施任何身体或心理暴力，然而由于女性结构性地处于弱势地位，而社会允许、鼓励男性暴力，抑制女性暴力，更有可能的情况是女性的暴力言语或行为充其量是微不足道的，并在本质上是回应和自卫性的。

暴力的男性往往会将自己的伴侣与她们的亲友隔绝开来，他们可能会通过表现出令人厌恶的模样或者嫉妒来疏远伴侣的亲友。于是，男女双方面对面独处一室。在这样一种类似非法监禁的密室情境中，外部世界仍然透过他们都已内化的父权法则而存在。这一法则使侵略者获益，受害者受到惩罚。"女性之所以陷入虐待关系，是因为她们在社会中的地位已经让她们处于低人一等的位置。"玛丽－弗朗斯·伊里戈扬写道，"与之相反的是，（极少数的）遭到女性伴侣暴力的男性会体会到更大的羞辱，因为他们发现自己处在了'女性'的位置。"尽管如此，"他们在外仍作为男性被重视。"她注意到。[2]

1　参考莫娜·肖莱，《当女人开始回答》（Quand les femmes commencent à répondre）一节，《"女巫"》，《顶点的醉意》一章，同前文所引。

2　玛丽－弗朗斯·伊里戈扬，《被支配的女人》，同前文所引。

许多暴力的男性认为，凭借自己丈夫和父亲的身份，他们有权按照自己的方式行事，仿佛丈夫和父亲的地位可以让他们无所不为。在他们眼里，他们的配偶和孩子是他们的东西。他们没有注意到近几十年来为了让家庭"去父权化"而发生的法律发展——例如，"户主"这一头衔在1970年已被废除。曾经是家庭暴力受害者的艾达（Aïda）在2006年将自己的亲身经历整理成书，在书中讲述了自己的故事（我在本章将大量引用此书[1]）。她讲述到，她丈夫曾对她说："我们结婚了。从法官的角度来看，我对你有权力（这显然不是真的）。要是我想和你睡，我就和你睡。"（自1992年起，法律承认婚内强奸。）当她开始为他们的孩子担心时，他甚至对她说："他是我的儿子。要是我想杀了他，我就杀了他。"无独有偶，塞西尔（Cécile）的丈夫也说过："这是我的孩子，我想怎样就怎样。"[2]

暴力的男性在洗脑的同时，利用了女性缺乏的自信心——女性由于在社会中处于被统治者地位而往往遭受自信心缺乏的折磨，并或多或少因为个人经历而更加自卑。迪亚娜（Diane）的丈夫斯特凡纳（Stéphane）对她说："所有人都把你当疯婆子看。"她把丈夫暴力的责任揽到了自己头上："因为我在性方面不够好。""可能我没有给他足

---

1 《反击》（*À contre-coups*），整理者：安妮特·吕卡（Annette Luca），摄影：简·伊夫琳·阿特伍德（Jane Evelyn Atwood），Xavier Barral，巴黎，2006年。
2 同上。

够的爱，可能我不够女人。"[1] 朱迪特·杜波尔泰伊在她的播客《谁是桨板小姐？》中讲述，自己在刚刚走出来的一段有毒恋情中"毫无自信，一点儿也不夸张"："我不再信任自己，我怀疑自己所有的想法和印象。我是真的冷漠，还是自以为是、装腔作势？是这个人让我恼火，还是我没有办法接受人们本来的样子？"她的母亲说自己意识到女儿处在一段虐待关系中，因为她听见女儿不停地对自己重复："我疯了吗？我说的话有没有问题？我没有说傻话吧？"[2]

三十岁的漫画家索菲·朗布达在《算了，爱情》中讲述了自己和一个控制狂的恋情以及自己是如何从中走出来的。她展示了前男友如何让她相信她伤害了他，并应对此负责任。比如，他对她说："我看到了你前任在脸书上跟你发的消息，我很绝望，所以我跟我的女同事睡了。"或者："我是跟你在一起之后才开始发狂的。"她评论道："因为我的性格让我（过于）经常质问自己，所以这个念头在我脑海中生了根，发了芽。"[3] 我们可以质疑她的性格是否本来如此：其实很多女性由于她们所受的教育（广义上的，不仅仅指家庭教育）都有这样的特点。我的女友 F曾经和一个像暴君一样控制欲很强的男性在一起，她向我

1 玛丽 - 弗朗斯·伊里戈扬，《被支配的女人》，同前文所引。

2 朱迪特·杜波尔泰伊，《谁是桨板小姐？》(*Qui est Miss Paddle ?*)，第 5、6 集，Pavillon Sonore，2020 年 4 月 30 日。

3 索菲·朗布达（Sophie Lambda），《算了，爱情：我如何从控制狂手下逃出生天》(*Tant pis pour l'amour, ou comment j'ai survécu à un manipulateur*)，Delcourt，Une case en moins 丛书，巴黎，2019 年。

叙述他如何对她出言不逊，如何对她加以审判，话音未落她便追加道："但是你也知道，他说的有道理，我不完美，我也有缺点……"每每听到这，我都感觉很绝望。每个人都有缺点，但我们并不能以此为暴力、威吓和扰乱人心的行为辩护。

我们常常用"病态自恋狂"来形容进行这种破坏行为的男性，但我们应该思考这是否只关乎男性统治。比起"病态自恋狂"，治疗师埃利森德·科拉丹更愿意说"父权制下健康成长的孩子"——该词从西班牙语世界女权运动中借鉴而来。她写道："如果我们不主要关注这些个体的心理特征，而是把目光投向那些允许他们想怎么改变就怎么改变，并在一段接一段的关系中重复自己行为的社会结构，就能开展真正的教育和防御工作，从而带来真正的改变。"[1]

无法动摇的信心

尽管女性作为暴力的受害者是无辜的，但她们却允许别人说服她们自己是有罪的。而男性，尽管他们有罪，却习惯性地认为一切都理所应当，当他们不认为自己是受害者时，总认为自己一身清白。如果被告上法庭时，一些施

1　埃利森德·科拉丹（Elisende Coladan），《"病态自恋狂"还是"父权制下健康成长的孩子"？》，（Pervers narcissiques ou enfants sains du patriarcat？），2019 年 3 月 1 日，www.therapie-feministe-elisende.com。

虐者有时会对他们的伴侣也提起诉讼。灌输给女性的系统性的不合理的感受，对应的是男性无论做什么都觉得自己是对的的感受。斯特凡纳将迪亚娜和孩子锁在屋里二十四小时，并用刀威胁迪亚娜，当他因此被拘留时，他四处讲述他的妻子"因为一次简单的争吵而让自己入狱"；接着，由于这段经历使他抑郁，他用两人联名账户上的钱购买了一台电脑。[1]纳塔莉（Nathalie）记得丈夫在早上看见她淤青的眼眶时矢口否认："这不是我弄的。"在她的坚持下，他说："你真是的，你太容易留疤了，我都没怎么碰你。"[2]塞西尔讲述有一天，丈夫的拳头往自己脸上挥去："我有意识地躲开，他的拳头砸到了盘子里，伤到了手指，一直伤到手心。他相当于丢了一根手指，因为所有的筋都被剧烈的撞击伤断了。他做了两次手术，整根手指都扭曲了，他再也没办法充分使用这根手指了。是我把他带去了医院，我是那个坏人。"[3]总之，他责备她没有把自己的脸乖乖地摆在拳头的轨迹上，否则他就不会尝到自己行为带来的苦果。

十二名男子因家庭暴力而被定罪，随后被司法强制要求参加互助小组讨论。记者马蒂厄·帕兰参与了这次讨论，并记录下了一次抗议和否认的"大合唱"：所有男性都发誓，他们什么也没做。其中一名男子已经被定罪五

1　玛丽－弗朗斯·伊里戈扬，《被支配的女人》，同前文所引。
2　安妮特·吕卡、简·伊夫琳·阿特伍德，《反击》，同前文所引。
3　同上。

次，他认为自己的前任联合起来对付他，并把此"阴谋"当作理由。另一名男子因为自己"被拘留三天"而愤慨不已："我还以为自己犯罪了呢！这算什么荒唐事？"他声称"有时是女人自找的"。[1] 这种"受害者咎由自取"的说法，我们在"黑色欲望"乐队（Noir Désir）的主唱贝特朗·康塔（Bertrand Cantat）口中也能听到。那是在 2003 年 8 月在维尔纽斯（Vilnus）举行的法官听证会上，此时距离他杀害女演员玛丽·特兰蒂尼昂（Marie Trintignant）已经过去了十来天："没有人关心侵略性可能也来自除了我的另一个人。"他补充道，"我要补充，我身上的伤，没有人看过，从一开始就没人注意过。"接下来的一幕令人作呕，他卷起了自己的袖子并说道："上周六挨的打，就这儿到现在都还淤青呢！"（根据尸检报告，玛丽·特兰蒂尼昂的头部受到了大约二十次十分猛烈无情的击打，而不仅仅是两记冲动之下的耳光。她的视神经几乎完全脱落，就像受到虐待性头部创伤的婴儿一样，鼻骨被打断，眉骨处有伤口，腿、手臂、下背部和腹部也都有伤痕。）[2]

　　施虐者的精神禁锢让治愈变得极其困难。塞西尔的前夫在被法庭定罪几个月后，继续破坏她和女儿的生活。塞西尔说："问题在于他不接受治疗，而一个不治病的人将

1　马蒂厄·帕兰、塞西尔·拉封，《暴力男人》，第 2 集，《法国文化》电台，2019 年 11 月 21 日。
2　《贝特朗·康塔案：从未发表的文件》（Affaire Bertrand Cantat : le document inédit），《独家调查》（Enquête exclusive），M6 电视台，2019 年 11 月 24 日。

不可避免地成为他人的瘟疫。"在《监护风云》中，女主角平静地对前夫说："有病得治，安托万。"对观众来说，这是个不言而喻的判断。"你是谁啊就这么跟我说话？"他咆哮着对她回答，"你才该治病！"如果说互助小组对那些经常自愿参加的人（这样的人还是有一些的）来说很有用，那么我们很怀疑它对那些被强制参加的人有多大用处，尤其仅为期一两天时。一位曾参与过某次一日培训的年轻女性说，唯一一次一位男性参与者说他看到自己伴侣伤痕的照片时大为震惊，并似乎准备承认自己的责任时，另一位参与者马上制止了他："是，但是她把你逼到了极限。"[1]这并不意味着治疗是不可能的，但是如果我们给治疗一次机会，最好不要低估其难度——特别是当这样的错误判断会让女性和儿童处于危险之中时。[2]

为了解释男性这种无法动摇的信心，美国支持女权主义的活动家约翰·施托尔滕贝格提出了一个有趣的论点。他观察到，社会性别"必须一次又一次地在行动和感觉中被重新创造——通过做让我们觉得自己是真正的男人或女

---

[1] 马蒂厄·帕兰、塞西尔·拉封，《暴力男人》，第 2 集，《法国文化》电台，2019 年 11 月 21 日。

[2] 机构的反应很重要。在法国，施暴配偶的再犯率是百分之四十五，而在杜埃（Douai），主动采取强硬措施的吕克·弗雷米奥（Luc Frémiot）担任检察官时（2003 年至 2010 年），该市的该比率降至百分之六。地方法官认为为期两天的培训没有用，建议至少培训四个月〔弗洛拉·绍瓦热（Flora Sauvage），《婚内暴力："许多女性受害者生活在束缚她们自由的紧身衣中"》（Violences conjugales : "Beaucoup de femmes victimes vivent dans des camisoles de force qui entravent leurs libertés"），Public Sénat，2020 年 5 月 28 日，www.publicsenat.fr〕。

人的事情，不做那些让人生疑的事情……几乎每个人都认为有的人的性别身份比自己的更真实；几乎每个人都把自己和那些看起来更男性化或更女性化的人做比较。"因此，"成为一个男人"意味着扮演一个角色，扮演时必须遵循一个被普遍接受的表演理论——"为了自然逼真，一个演员在扮演一个角色时，必须演得好像这个角色做的一切都是完全正当合理的一样"，不管观众和其他角色怎么想。就算这个角色无恶不作，演员"必须为角色做好准备，建立一套信仰体系，在这个体系中，所有的举动在道德上都是合理的"。因此，在暴力男性的价值体系里，"某些行为被认为是'好'和'正确'的，因为它们有助于实现个人的男子气概"。诚然，在无限重复的家庭暴力循环中，有一个忏悔阶段（也称"蜜月期"）。在此期间，施暴者请求宽恕，保证不再犯，力图证明自己的爱意，等等。但这一阶段并不代表任何真正的悔恨：它只是为了不让受害者远离。"对那些努力实现男性性别认同的人来说，一个不断出现的关键问题，是如何以一种能够保留女性对他们尊敬和顺从的方式来打理自己的事务。"施托尔滕贝格分析道。这样的男性需要"一个女人来做能让他们充分表现自己男子气概的事情"，从而"在对比之下继续作为雄性存在"。[1]

---

[1] 约翰·施托尔滕贝格（John Stoltenberg），《拒绝做男人：终止男子气概》（ *Refuser d'être un homme. Pour en finir avec la virilité* ），法文版由马丁·迪弗雷纳（Martin Dufresne）、延·L.-Y（Yeun L.-Y）、米卡埃尔·梅莱（Mickaël Merlet）翻译，Syllepse/M Éditeur，巴黎/魁北克，2013年。

亚历山德拉·朗热的故事以令人震惊的方式证明了这样一种观点，即暴力的男性力图实现他们脑海中的男性气质；他们没有了这种身份认同，便会感到摇摆不定。在遇到三十多岁的马塞洛·吉耶曼（Marcelo Guillemin）时，亚历山德拉·朗热十七岁。他们生了四个孩子。在经历了十二年地狱般的生活、辱骂和殴打后，2009年6月的一个夜晚，当他试图掐死她时，她一刀捅死了他，在他们位于杜埃[1]的房子的厨房里。她在被无罪释放后出版的书里写道："我很久以后才明白，在我眼里，他跟西尔维（Sylvie，他的前妻）结婚，然后跟我结婚，过的都是一种'虚假的生活'。那不过是某种掩饰，一种社会层面的不在场证明，随便你怎么叫。因为——今天所有人都知道了——他最开始是被男性吸引的。他从来都没有接受过这件事。他不会的。一个吉卜赛人不会的。这是难以理喻的。如果要让我解释他的行为，原因就在这里，但我永远不会把这个解释当成某种借口。作为同性恋的深深的不自在感吞噬着他，更要命的是，他无法向身边人承认这件事。"在他们共同生活的前期，他想办法不留伤痕地打她。但有一天，他对她说："去你的。"[2]她不幸地回应道："不，你去……"他怒不可遏地向她扑去。"我丈夫从来没有如此暴力过。那天，他就像一头狂暴的野兽。我身上

1　Douai，法国北部城市，法国第五大城市里尔的卫星城。——译者注
2　法语原文为"Va te faire enculer"，字面意思为"让人肏你的屁眼去"。——译者注

第一次有了明显被殴打的痕迹：身上到处是淤青，脖子上有被勒过的痕迹，而且在眉骨上方有一处乒乓球大小的血肿。"[1] 激怒他的大概是她如数奉还给他的有关鸡奸的含沙射影。他憎恨女人（他用充满性别歧视的侮辱轰炸他的妻子），也憎恨他在自己身上发现的女性气质，于是他试图用拳头维护自己"真男人"的身份。

我们对男性情感的恭敬

作为一个暴力男性的女儿，韦罗妮克（Véronique）记得她父亲总是对她说"闭嘴，闭嘴"——"他受不了对话，受不了任何反对。"[2] 施虐者不仅试图象征性或物理性或二者皆有地消灭对方，而且当他们谋害对方时，这种消灭对方的举动也延伸到了媒体对案件的处理中。安尼卡·韦尔、帕特里夏·梅卡德尔和海尔加·索博塔分析了 1986 年至 1993 年刊登在两家地方报纸《审判报》（Le Progrès）和《多菲内自由报》（Le Dauphiné libéré）上的数百例婚内谋杀的审判记录后发现，受害者往往在标题中"被"消失了，例如：《巴哈班街谋杀案：勒内·×× 被判

<hr />

1 亚历山德拉·朗热（Alexandra Lange）、洛朗·布里奥（Laurent Briot），《无罪释放》（Acquittée），Michel Lafon，巴黎，2012 年。
2 安妮特·吕卡、简·伊夫琳·阿特伍德，《反击》，同前文所引。

十一年……》。[1] 安尼卡·韦尔发现，《摇滚怪客》2017年发表对贝特朗·康塔的采访时，采用了同样的策略："玛丽·特兰蒂尼昂被简化成了地名'维尔纽斯'。"[2]

当女人消失时，男人就占据了全部的空间。与主动抹杀受害者相对应的，是施暴者的自我膨胀，具体表现为自怜式的絮絮叨叨。约翰·施托尔滕贝格引用了一位女性的证词，她的丈夫经常对她说他打她时有多么内疚。[3] 在阿利萨·文茨的小说《爱过头》中，女主人公的丈夫冲她咆哮："为什么你不听我说话？我活得真他妈糟糕！"她的想法让自己都惊讶："我听啊，特里斯坦，我听，除了这个我什么也不干；我什么话也不说了，我的声音早就沉默了，是你自己打断自己，我只是倾听，我是一只巨大而怪异的耳朵，你很久没有问我的事情了，我甚至都不打算告诉你我的事情了，我只为了你活着，为了倾听你而活着。"[4]

贝特朗·康塔也表现出了这种过分的自我中心主义的所有特征。2003年7月26日晚至27日，在对玛丽·特兰蒂尼昂进行致命的击打后，他给受害者的前夫萨米

1　安尼卡·韦尔、帕特里夏·梅卡德尔、海尔加·索博塔，《激情犯罪，普通犯罪》（*Crime passionnel, crime ordinaire*），Presses universitaires de France，Sociologie d'aujourd'hui 丛书，巴黎，2003年。

2　《激情犯罪在法国法律中不存在》（Le crime passionnel n'existe pas en droit français），《世界时装之苑》，2017年11月3日。

3　约翰·施托尔滕贝格，《拒绝做男人》，同前文所引。

4　阿利萨·文茨（Alissa Wenz），《爱过头》（*À trop aimer*），Denoël，巴黎，2020年。

埃尔·本西特利特（Samuel Benchetrit）打了电话，玛丽·特兰蒂尼昂就是为了他才和前夫离婚。随后，他把她的弟弟文森特·特兰蒂尼昂（Vincent Trintignant）也叫到了酒店房间，后者当天正好也在维尔纽斯。贝特朗·康塔对两人推心置腹，聊了许久，提到了他的妒忌与折磨，占据了注意力的中心，而受害者被他摊在床上，早已不省人事。几天后的听证会上，面对法官，他说："我深感内疚，因为我杀死了那个我离开了就没法活下去的人。"这句话十分诡异，它在邀请我们为他的命运感动，仿佛他首先对自己有愧似的。那天早上他们抵达医院，文森特·特兰蒂尼昂明白自己的姐姐已经无力回天后，把贝特朗·康塔赶出了门。贝特朗·康塔在法庭上提及此事，开始当场抽泣。这一幕令人瞠目结舌：他哭，是因为自己被"排斥在外"，而不是因为他的罪行或者他声称深爱的女人已被宣告死亡。再者，他怎么会觉得别人会允许他留在被他杀害的人身边呢？无论如何，他完全沉浸在自己的情绪里，部分媒体对此进行了狂热的报道传播，尤其是《摇滚怪客》。2017年那篇采访之前，该杂志早在2013年就发布了一篇贝特朗·康塔的采访。2017年10月11日的封面可谓壮观：肇事者的照片占据了整个头版，上面有一则长达九行的引言（"情绪激动"四字打头）。很难找到比这更能体现男性如何卖弄自我和情感、入侵空间的例子了。

玛丽·特兰蒂尼昂死后，魁北克法学博士露西尔·西普里亚尼强调了全社会对暴力男性话语与情感的纵容态度，这种纵容导致了受害者被抹杀。她在自己的论文中研究的正是家庭暴力的司法化。她解释道，男性的主观性、幸福感和情感往往被置于首位：女性有责任"治愈伴侣的情绪、情感和心理创伤，抚慰他们的自尊，照顾他们的身心健康，确保情侣之间的和谐。这种情况只对男性有好处。要证实这一点，我们只需看看有多少针对女性的文章和书籍聊到婚姻幸福，而有多少针对男性的出版物中根本不提及这个主题。两者之间毫无对等性。"男性没有责任"治疗女性的灵魂伤痕。文化为施虐者的话语提供了空间"。[1]

1947 年，在一本婚姻指南中，一位美国医生向妻子们建议道："丈夫下班回家时，不要用你们的小问题和抱怨惹恼他，而是要倾听他。让他向你倾诉他的烦恼；你们的烦恼在对比之下会显得微不足道。请记住，你最重要的角色是建立和维护他的自我（他的自我在工作中是被打击的）。"[2] 这种所有男性——不只是暴力男性——情感的至高无上，这种认同男性、认同他们经历和兴趣的条件反射，这种"女性的角色是理解和宽恕一切"的想

1　露西尔·西普里亚尼（Lucile Cipriani），《玛丽·特兰蒂尼昂之死：没有人能绕过施虐者》(Mort de Marie Trintignant : nul n'a su contourner l'agresseur)，《义务报》(Le Devoir)，2003 年 9 月 3 日。

2　爱德华·波多尔斯基（Edward Podolsky），《现代婚姻生活中的性爱：一位医生的机密建议》(Sex Today in Wedded Life. A Doctor's Confidential advice)，Simon Publications，纽约，1947 年。由简·沃德引用，《异性恋的悲剧》，同前文所引。

法，已经被我们深深纳入自己脑海里。哲学家凯特·曼恩（Kate Manne）为这种现象创造了一个术语：himpathy〔由"他"（him）和"同理心"（sympathy）组成〕。三十多岁的巴黎女性塞西尔被自己的男友殴打，她当场决定分手并报案，但她的父亲劝阻她不要这么做，因为他认为"每个人都会做蠢事"。[1] 他立即把自己放到了施虐者的位置，而不是他女儿的位置，尽管他看到女儿已经被毁容。

女性被灌输要专注于男性的身心愉悦，这导致女性系统性地把自己放在了男性的位置上，甚至到了可以因此忘掉男性对自己造成的伤害，忽略自己的命运，对自己的感受缄默不言的地步。梅甘（Megan）是一位美国女大学生，被一位男同学强奸后，她在校心理医生的建议下举报了该男生。经查处，该男生被停课一年，并被取消了本学期的学分。"他说，他很抱歉我以这样的方式感受了这些事情，但他从未道过歉。"她说，"事实上，反倒是我差点忍不住向他道歉。我恨他，但很奇怪，我也很想给他一个拥抱，告诉他，我对我做的事很抱歉，我很抱歉毁了他的生活。"[2] 当韦罗妮克的丈夫第一次打她时，她说他似乎被自己的行为震惊到了，她却觉得自己"对不起他"，而不

---

1 马蒂厄·帕兰、塞西尔·拉封，《暴力的男人》，第 1 集，同前文所引。

2 佩姬·奥伦斯坦（Peggy Orenstein），《女孩与性爱：一项美国研究》（*Girls & Sex. Une étude américaine*），法文版由克莱尔·里夏尔（Claire Richard）翻译，HarperCollins，巴黎，2018 年（此处的法语翻译出自本书作者）。

是对不起她自己。[1] 同样，上文提到的玛丽 - 弗朗斯·伊里戈扬的病人迪亚娜以丈夫在职场上的难处来解释他的暴力行为。她在法官面前完美地替丈夫辩护，让他顺利获得了缓刑，避免了牢狱之灾。[2]

无法捍卫自己的利益

由于采取了本该毋庸置疑的态度——坚定地站在自己这边，拯救自己，捍卫自己最基本的利益，而不是维护那个试图摧毁我们的男人的利益——而良心不安，玛丽 - 克劳德（Marie-Claude）经历了三十年的虐待，终于在 20 世纪 90 年代离开她丈夫时，也有过这种感觉。她丈夫曾经手里举着一把镐子威胁说要杀了她，她却担心如果自己离开，丈夫会陷入抑郁，或者轻生（而实际上，他后来娶了一个比自己小二十岁的老婆，生了三个孩子）。准备出走时，玛丽 - 克劳德去了银行，鼓起勇气给自己开了一个户头。除了她当教师的工资和作为地方议员的津贴，她还有点钱，但她没敢把两人共同账户上自己的收入全部取出来："我在这个存款账户上有近九万法郎（约合一万八千欧元），但我只取了五千法郎！真的是傻才会这

1　克莱尔·弗勒里（Claire Fleury），《他第一次打我的时候……》（La première fois qu'il m'a frappée...），《新观察家》（Le Nouvel Observateur），2007 年 6 月 7 日至 13 日。
2　玛丽 - 弗朗斯·伊里戈扬，《被支配的女人》，同前文所引。

么做！"她丈夫发现她离开后，赶紧把共同账户里的钱都取了出来。"他对着银行柜员和经理大发脾气：'你们有什么权力替她开户？'"[1]

我们也看到，那些成功离开暴力伴侣的女性提起引发分手的导火线时，往往是出于对孩子的担心，或者是因为丈夫开始连孩子也打了。她们似乎已经内化了某种社会法律，那就是她们只能以母亲的身份替自己辩护。安尼卡·韦尔、帕特里夏·梅卡德尔和海尔加·索博塔在她们关于婚内谋杀案审判的研究中也注意到了这一点。例如利利亚纳·L.（Liliane L.），她被丈夫虐待多年，当他们的女儿们进入青春期，丈夫以一种她受不了的方式对待她们时，她爆发了。趁他熟睡的时候，她用一把猎枪杀死了他。这正是当天晚上他用来威胁她的那把猎枪，只不过后来他忘了照例把枪锁起来。陪审团表现得十分宽宏。而西蒙娜·B.（Simone B.）在"经过十五年的绝对屈从后"，也杀死了自己的丈夫。她受不了自己被他当成他的仆人，更何况她一辈子都在服侍别人：她十二岁开始在几个农民家当杂工，在一个医生家做过女佣，在养老院做过护工……然而，她却没有获得和利利亚纳·L.同等的宽宏。"利利亚纳·L.的行为符合她作为母亲的社会角色，而西蒙娜·B.只不过是在为自己辩护，她甚至不是一个母亲。"三位作者在书中评论道。在另一个案例中，她们

1 安妮特·吕卡、简·伊夫琳·阿特伍德，《反击》，同前文所引。

注意到了这样一个标题：《母亲遇害，四孤遗世》。只有母亲的身份才让这位受害者得以存在："该事件的戏剧性在于她留下了四个孤儿，而不是她遇害这一事实。"[1]异曲同工的是，在由亚历山德拉·朗热真人真事改编的电视电影《支配》（*L'Emprise*，2015 年）里，在审判过程中，她被要求证明她在被丈夫用双手掐着脖子时，用刀刺死他的行为是正当的，这时候这位被告惊呼："他可能会杀了我的孩子！"（这句话在她的书中没有出现。）仿佛她自己的生命在当下直接受到威胁还不够似的。简而言之，女性的行动可以为了整个地球，但就是不能为了她们自己。

另一方面，遭受暴力的女性也会为了她们认为的"为了孩子好"而逆来顺受：她们坚信，如果孩子父亲留在孩子的生活中，总是更好些，不管父亲多么具有破坏性。她们把维系家庭生活摆在首位，就算这种家庭生活只是表象。埃莱娜（Hélène）提到了她离开丈夫时的负罪感，她看着自己的宝宝自言自语："喏，我让你没爸爸了。"——尽管她打心底里知道，是他虐待孩子，才让他失去了这个孩子。[2]同样，为了"维护孩子们的生活"，瓦莱丽（Valérie）长期以来一直拒绝考虑离婚："我们当时有稳定的生活，日子还过得去。"除了某些细节，比如有一天，她身为一家大公司高管的丈夫，砸开了她藏身的浴室的

---

1 安尼卡·韦尔、帕特里夏·梅卡德尔、海尔加·索博塔，《激情犯罪，普通犯罪》，同前文所引。
2 安妮特·吕卡、简·伊夫琳·阿特伍德，《反击》，同前文所引。

门，以便继续打她。[1] 似乎也是出于保护孩子的原因，贝特朗·康塔的妻子克里斯蒂娜·拉迪（Krisztina Rády）竭尽全力为自己的丈夫辩护，发誓他在 2003 年 7 月的那个夜晚之前从来没跟任何人发生过暴力行为。他最后受到的判决可谓宽宏大量，她功不可没——他被判八年监禁，而他原本有可能坐十五年牢（2017 年 10 月，他于刑期中途获释）。2017 年，"黑色欲望"的一位前成员匿名向记者透露，玛丽·特兰蒂尼昂死后，克里斯蒂娜·拉迪要求乐队的其他成员不要提及她丈夫的暴力过往："她不想让她的孩子知道他们的父亲是个暴力的男人。"[2] 这一选择也使她被支持贝特朗·康塔的媒体利用。贝特朗·康塔受审后的第二天，以反女权主义立场闻名[3]的记者吕克·勒·瓦扬特在《解放报》上给了克里斯蒂娜·拉迪一篇肖像特写。在文中，谈到贝特朗·康塔的暴力时，他写道："反反复复的'暴力'，纳迪娜·T.[4] 如此声称。这个饱受摧残、一心想复仇的母亲，把自己塑造成了自由女性，而女儿是这场诉讼的殉道者（原文如此）。克里斯蒂娜·R.，这位稍显不那么恶毒的女权主义者，仅靠言语就与前者形

1　克莱尔·弗勒里，《他第一次打我的时候……》，同前文所引。

2　安妮－索菲·杨（Anne-Sophie Jahn），《贝特朗·康塔，一次对缄默法则的调查》（Bertrand Cantat, enquête sur une omerta），《观点》（Le Point），2017年 11 月 29 日。2020 年 1 月，贝特朗·康塔在起诉这篇文章的诉讼中败诉。

3　参考艾丽斯·柯芬，《〈解放报〉是性别歧视的帮凶吗？》（Libération est-il un allié contre le sexisme ?），2016 年 5 月 28 日，https://alicecoffin.wordpress.com。

4　Nadine T.，玛丽·特兰蒂尼昂的母亲。——译者注

成了对比。"[1]

众所周知，克里斯蒂娜·拉迪在2010年1月10日自杀身亡。她死在贝特朗·康塔卧室隔壁的房间，他出狱后回来和她一起生活。六个月前，她给住在匈牙利的父母的语音信箱留了一条消息，说："贝特朗疯了。昨天，我差点丢了一颗牙。我的手肘全肿了。运气好的话，如果我还有那个力气，如果还不算太晚，我要搬到另一个国家去。然后我会消失，因为我必须消失。"尽管她的父母很想联系法国领事馆，但她禁止他们这么做。[2] 玛丽·特兰蒂尼昂谋杀案过后，我们多次在报刊上看到过一张照片。照片里，她庄重优雅，一只手放在丈夫的头上，带着安抚和保护意味，他则一头乱发，夹在两个警察中间，仿佛正在被天大的酷刑折磨。这张照片助长了一位聪慧过人的女性的媒体传说，她无比慷慨，慷慨到救那个抛弃她的人于水火之中。背后的真相十有八九要悲惨得多。而这一切，都是以保护孩子之名，以及以不惜一切代价保护父亲形象之名。

当周围人打破暴力，或进行二次施暴

在女性被孤立、感到困惑、心理状况极度脆弱的情况下，她们周围人和权威机构的反应——后者取决于代表后

---

1 吕克·勒·瓦扬特（Luc Le Vaillant），《不暴力的女人》（Non violente），《解放报》（Libération），2004年3月30日。

2 《贝特朗·康塔案：从未发表的文件》，同前文所引。

者的人的教育程度、智识和反应能力——具有极大的重要性。"当我们习惯了不被人理解时，最轻微的关注也是一种强烈的情感冲击。"亚历山德拉·朗热说道。[1] 一名曾被指责、被操纵、被指使不断怀疑自己的女性，为了不再成为受害者，首先必须有人清楚地告诉她，她是受害者。外部机构必须坐实施暴者的过错。那些提起诉讼并获得对自己有利的法院判决的女性表示，看见白纸黑字写着的"前夫有罪"是多么重要。这一点尤为重要，因为有的施暴者会立即引起伴侣身边人的不信任和排斥，但也有施暴者能完美地骗过他们。纳塔莉的家人和朋友都很崇拜她的丈夫，并告诉她能拥有他她是"多么幸运"。一天，在经历了无数次的殴打之后，她想就此打住，逃到了姐姐家，她姐姐听说事情缘由后，如"五雷轰顶"。[2]

许多受害者提到，外部干预，哪怕是一次谨慎的干预，对帮助她们摆脱困境都有决定性意义。正是一位急诊护士悄悄对塞西尔说："您要是想，就再来一趟，我们给您开医疗证明。"他没有直接质疑她的说辞（她说她不小心跌倒，摔裂了下巴）。随后，一位宪警对她说："您不能再这么过下去了，他会杀了您的。"[3] 但我们很难想象比 2012 年 3 月 23 日杜埃检察官吕克·弗雷米奥在亚历山德拉·朗热谋杀亲夫一案的审判中做的陈述更具象征意

---

1 亚历山德拉·朗热、洛朗·布里奥，《无罪释放》，同前文所引。
2 安妮特·吕卡、简·伊夫琳·阿特伍德，《反击》，同前文所引。
3 同上。

义的干预了。检察官认为，在亚历山德拉·朗热过去多舛的十二年里，社会中存在多处失灵，她陷入了无止境的孤立，导致了今天的结果。他宣布："我今天不会让她再次孤立无援。我以社会的律师的名义向您宣布：女士，您没有出现在重罪法庭的理由。无罪释放！"

一位暴力男性的前伴侣也可以为继任伴侣做很多事情。理想情况下，如果早早介入，前伴侣可以阻止新恋情的开始，从而避免另一位女性遭受毁灭性的经历。然而，她有可能不这么做，这完全情有可原，因为她有心理创伤，或者害怕被报复打击。但这种介入也可以由一个局外人来完成。有一天，我认识的一位女性通过一位我和她的共同女友给我递了个话：她遇到了一个很喜欢的男人，他们调过情，她也知道我原来跟他认识，所以想问问我对他的看法。而我知道他在之前的一段恋情中非常暴力。我给的回答，总的来说就是："快跑！"她听取了我的建议，我松了一口气。不过，局外人必须在恋情确立之前介入，这样意见才有可能被听取。暴力男性通常会想办法让前伴侣在现伴侣眼中失去可信度，声称前任"疯了"。索菲·朗布达长袖善舞的前任就是这么做的。她相信了他，直到两人分手后，她才跟他的前女友说话。这次谈话向她证实了，她没有在做梦——她俩谁都没有"疯"。当这个男人有了新女友后，索菲·朗布达成了同样的"疯女人"

角色。[1]

另一方面，对虐待的不充分反应会产生灾难性的后果，因为这种不充分回应会加深受害者已经在极力反抗的疑惑感。当纳塔莉给警察听她在手机上收到的一连串辱骂和威胁时，警察嘲笑道："您到底干啥了，让他骂您是臭婊子？"[2]在亚历山德拉·朗热结婚的头几年，当她鼓起勇气打电话给宪兵时，对方甚至懒得下警车。他们看着她脸上被殴打的痕迹，对她说："如果只有这个，我们什么也做不了，女士。没有血痕。"随即离开。她回忆道："我绝望了。可能比他们来之前更绝望。"[3]许多专业人士还指出，调解尤其不应当，因为这种手段默认了双方都有错。始于 2011 年的《伊斯坦布尔公约》明令禁止在存在家庭暴力的情况下进行调停调解，尽管某些处理家庭纠纷的法官持续忽视这一点。"#NousToutes"团体强调，该公约在法国具有法律效力。[4]受害者身边的人继续把施暴者当作普通丈夫看待，会酿成可怕的错误。某次，亚历山德拉·朗热试图逃跑，马塞洛·吉耶曼的侄女看到自己叔叔"心如死灰"，出于对他的同情，向他透露了她藏身之处

1　索菲·朗布达，《算了，爱情》，同前文所引。

2　安妮特·吕卡、简·伊夫琳·阿特伍德，《反击》，同前文所引。

3　亚历山德拉·朗热、洛朗·布里奥，《无罪释放》，同前文所引。

4　#NousToutes，《关于女性遭受暴力的在线培训》(formation en ligne sur les violences faites aux femmes)，2020 年 5 月 30 日，www.noustoutes.org。（ #NousToutes 是法国女性主义团体，旨在帮助法国受到家庭暴力虐待的人群，尤其是妇女与儿童。——译者注 ）

的地址。另一天，亚历山德拉·朗热鼓足勇气，向一位社工敞开心扉，袒露自己遭受的暴力，令她恐惧的是，社工打开了门，把一直等在走廊里的马塞洛·吉耶曼迎进门，让他做出解释。那时，她别无选择，只能把说出口的话再咽回肚子里。[1]

上文提到过的三十多岁的巴黎女人塞西尔，她的经历最能说明来自权威机构的错误决定是多么地有破坏性。当男友的羞辱像暴风雨一样向她袭来时，她忍不住给了他两耳光。她立即后悔了。果然，这个男人仿佛从中看到了某种信号一般，狠狠殴打了她四十五分钟。在塞西尔周围人的身上也出现了我们说的对男方的同情。不仅她父亲劝她不要报案，她向一位男性朋友讨主意，后者也表现得犹豫不决："万一他被判缓刑，那就不好了，到时候他只要一做傻事就会进监狱。"在母亲的支持下，塞西尔没有打消自己的念头，但是报案时，她还是把事情往小了说："我没提到有天晚上我和我闺蜜在一起，结果他跑来打碎一切。我没提到他曾拽着我的头发，拖着我在地上走。我也没提到他踩过我的脸。"事后的医疗证明显示，她的一只眼睛被打青，身上多处被打肿，有五天出于身体原因的完全丧失工作能力[2]和十天出于心理原因的完全丧失工作能力。三个月后，她得知前任也针对她报了案，就因为那两

1　亚历山德拉·朗热、洛朗·布里奥，《无罪释放》，同前文所引。
2　ITT，全称为 Incapacité totale de travail，法国法律中指一个人在医学意义上无法工作或从事任何活动。——译者注

耳光。他声称受到了她的殴打。两人对质后，她被判处了和他相同的罪名，并且和他一样，必须参加为期一天的培训，以提高对家庭暴力的认知。对她来说，这样的结果就好比把她的另一只眼睛也"打肿"了。她请求自己至少不用和前任一起参加培训，因为她害怕"和一群打女朋友的男人"关在同一间屋子里。

　　培训后的第二天，塞西尔做客《法国文化》电台马蒂厄·帕兰的节目。她向主持人解释道，培训当天，她一开始做了自我介绍，阐述了事实，并肯定当时自己的行为仅出于自卫。"但问题是，"她接着说道，"我的说法跟其余二十一人的说法太类似了。我脑子都炸了。我对自己说：'我也说我只不过打了人两耳光。我跟他们一样！'"她哭成了一个泪人："我其实崩溃了。我一整天都在对自己说：'我打了他两耳光，这的确是一种暴力。'……这些男人，在他们脑海里，他们是受害者，他们是那个阻止他们酗酒的女孩的受害者……我对自己说：'到头来，只有我一个人感到自责。只有我在对自己说，如果真的是这样，我有暴力的问题。'"她总结道："如果司法惩罚我做这次培训，那这本应是有意义的，我正在寻找这个意义，但却没有意义。我疯了。"[1]把一群暴力男性和一位女性受害者集中在同一间屋子同等待之，前者一贯认为自己是无辜的，而后者总是习惯性地质疑自己、责备自己：这番情景

1　马蒂厄·帕兰、塞西尔·拉封，《暴力的男人》，第 1 集，同前文所引。

着实叫人"脑子爆炸"。

曼尼福德·麦克莱恩抛物线

"这是我没能得到的男人。我一生中最大的情伤，不是跟我的丈夫、我孩子的父亲分开，而是永远没能吸引到曼尼福德·麦克莱恩（Manniford McClaine）……"在《了不起的麦瑟尔夫人》第一季的一幕中，正在打磨自己作为脱口秀演员魅力的女主人公，在一次派对上把一群朋友的胃口吊得高高的。"没错，这是他的真名！他英俊极了，是高中橄榄球队的队长，领头羊。他的下巴尖到可以拿来刺伤你的妹妹。他是那么帅，以至于当我邀请他来我父母家吃晚饭时，我那总对我说'你的贞操是一座花园。好好保护它，把它护在栅栏后边'的母亲，一看到他，就对我说：'你知道吗？花园的栅栏也没那么高。来，跳过去！等等，我给你搭个梯子……'我和他最后差点一起去了那年的舞会。然后，他的女朋友，撒旦，从罗得岛（Rhode Island）回来了。他们结了婚，生了四个孩子，在奥伊斯特贝（Oyster Bay）买了一处临海的房产。话说回来，前几天我打开报纸，看到了几行大字：'华尔街金童曼尼福德·麦克莱恩被捕，妻子头颅惊现汽车后备厢。'是的！他杀了他的妻子，然后把她的头放在后备厢里继续开车，直到被捕！我简直不敢相信，一定是跟他重名的另一个人……但不是，他就在那儿，在报纸上，戴着手铐。

我唯一能想到的却是：'啊，天啊！他还是那么帅……'对，对，我知道！我应该说我侥幸躲过一劫。但我没有这么想，我对自己说：'嗯！他单身……我也单身……'"

这一幕很有趣，但它触及的现实却完全没那么有趣：这一现实就是杀人凶手和被他们深深吸引的女人之间的爱情故事。在我看来，触发这种现象的机制跟我们在家庭暴力情景中看到的机制有许多共同之处。在监狱，罪行被媒体公开报道过的男性均有女性仰慕者，有时他们还会挑选其中一名与之成婚，让她的竞争对手感到万分懊恼。有的男性因为他们悦人的特征尤其受欢迎，因为这些特征被视为一种内在的纯真的标志，他们像摇滚明星般收到各种粉丝信件；即便是那些并不貌似阿波罗的男性罪犯，也有自己的粉丝。"20 世纪的法律编年史作家早已为亨利·德西雷·朗德吕（Henri Désiré Landru）著书立传。此人在 1922 年因谋杀十一人（十名女性和一名男性）而被送上了断头台。在拘留期间，他收到了约四千封热情如火的情书，其中有八百封是求婚信。"记者伊莎贝尔·奥朗写道。[1] 查尔斯·曼森（Charles Manson），这位于 1969 年指使杀害了罗曼·波兰斯基（Roman Polanski）当时已怀胎八月的妻子莎朗·塔特（Sharon Tate）和她四位朋友的邪教领袖，于 2017 年去世，时年八十三岁。就在三年前，

1　伊莎贝尔·奥朗（Isabelle Horlans），《狂恋犯人》〔*L'Amour (fou) pour un criminel*〕，Le Cherche-Midi，巴黎，2015 年。

他差点娶了一位二十六岁的女粉丝。尽管如此，在他去世时，他"世界上最受人追捧的杀人犯"的头衔已经被让给了有"蒙特利尔碎尸狂"之称的卢卡·罗科·马尼奥塔（Luka Rocco Magnotta）。在比利时，一群十五岁的女孩给恋童癖罪犯及连环杀手马克·迪特鲁（Marc Dutroux）写信。在法国，"东巴黎杀手"居伊·乔治（Guy Georges）于 1998 年因强奸及谋杀七名女性被捕，"收到了几十封女性的来信，她们想要取代他的母亲，或是征服他的心"。一位学法律的女大学生在电视上看到他之后被他的魅力吸引，在长达好几年的时间里到监狱里探望他。

所有这一切都可以用名人崇拜来解释，这种崇拜的力量足以让人无视善恶之分。但我们看不到相反的情况：伊莎贝尔·奥朗指出，被媒体报道的女性杀人犯，男性通常不为之所动。例如，在加拿大，连环杀手保罗·伯纳多（Paul Bernardo）和女同伙卡拉·霍穆尔卡（Karla Homolka）（两人绰号"肯和芭比"）于 1993 年双双落网。卡拉·霍穆尔卡从来都没有过粉丝，但是被判犯下四十三起强奸案和三起谋杀案的保罗·伯纳多"是个名人，在安大略省金斯顿监狱受到了无数殷勤对待"。换句话说，大多数男性在一个女杀人犯身上看到的是一个犯下可怕罪行的人，最好避而远之。她引发的是反感和冷漠。相反，在一个男杀人犯身上，某些女性看到的是一个令人无法抗拒的白马王子。美国作家希拉·伊森伯格在 1991 年发表了有关该主题的第一项研究，她说，一旦身陷囹圄，一个男杀人犯就会化身一块"吸引女性的磁铁"。内布拉斯加州某市的警察局局长还记得一名朝妻子开了八枪的男子："在被监禁的第一个星期，就有七名女性前来探望他。"[1]

人们往往用疯狂来解释这种令人不安的现象。"疯子吸引疯子，就这么简单。"律师埃里奇·迪蓬－莫雷蒂（Éric Dupond-Moretti）斩钉截铁地说道。[2]但我们也可以琢磨一下，这些杀手和他们的"骨肉皮"[3]是否将性别角色推至了极限。这些性别角色，剂量虽小，但是构成了我们的常态。如果说男子气概跟力量、统治和暴力的使用联系在一起，那么谁还能比一个杀人犯更有男子气概呢？米琪·麦瑟尔对曼尼福德·麦克莱恩的描述很好地说明了这一点。同理，给马克·迪特鲁写信的年轻女孩似乎过好地吸收理解了她们周遭世界的规则，她们还没有学会保持距离和自我审查，这两者往往在成年后才会出现。"这些少女身上的不成熟，部分地解释了杀手对她们的吸引，在她们眼里，杀手象征着男子气概的巅峰。"心理学家菲利普·雅费（Philip Jaffé）说道。[4]"在我们的父权制文化中，男性杀人犯通常被视为极具男子气概的人，他们是男人中最大男子主义、最强悍、最暴力、最凶残的人。"这是希

1　希拉·伊森伯格（Sheila Isenberg），《我爱他杀》（*Women Who Love Men Who Kill*），Simon & Schuster，纽约，1991年。

2　伊莎贝尔·奥朗，《狂恋犯人》，同前文所引。

3　"groupies"，原指跟摇滚明星发生性关系的粉丝，此处指杀人犯的粉丝。——译者注

4　伊莎贝尔·奥朗，《狂恋犯人》，同前文所引。

157

拉·伊森伯格的观察，"在许多电影和电视剧中，男性凶手，或警察、间谍、特工等对暴力的笃信，是他们性诱惑力的主要来源。暴力本身被色情化了。"并且，"如果一个男性的男子气概或大男子主义被放大，女人相比之下会显得更女性化"。[1] "他让我觉得自己像个女人。"桑德拉·伦敦（Sondra London）如此说道。她是丹尼·罗林（Danny Rolling）的未婚妻，该男子有"盖恩斯维尔（Gainesville，位于佛罗里达州）开膛手"之称，曾供认犯下了八起谋杀案。[2]

大多数男性杀人犯的"骨肉皮"或女友都带着一种不理性的偏执宣称她们所爱的男人是无辜的，即使有时当事人自己振臂高呼自己有罪，于是诞生了无数荒诞的场景。1989年，雪莉·布克（Shirlee Book）嫁给了肯尼思·比安基（Kenneth Bianchi），他曾在20世纪70年代末在洛杉矶山区强奸、折磨并勒死了十二名年轻女性。在他们一起做客的一档电视节目中，雪莉·布克把丈夫描述为一个"深情、充满爱心"的人，而他则吹嘘自己"杀了那些婆子"的暴行。[3] 希拉·伊森伯格提到，她为了写自己的书采访了一些迷恋杀人凶手的女性，这些凶手或有名或无名，但这些女性中"没有一个人会承认自己的丈夫、男友曾经杀过人"。这些男性也是普通人，他们也会说话，会

1　希拉·伊森伯格，《我爱他杀》，同前文所引。
2　伊莎贝尔·奥朗，《狂恋犯人》，同前文所引。
3　同上。

走路，会微笑，会打趣。她们在其中看到了某种证据，那就是他们不会真正犯下人们指控他们犯下的恐怖行为。尽管如此，根据希拉·伊森伯格的说法，这些女性在内心深处都知道他们杀了人，但这一事实对她们而言"极度色情"。

我们可以认为这些女性迷恋杀人犯，不是"尽管"他们杀过人，而正是"因为"他们杀过人。1979 年在迈阿密，特德·邦迪（Ted Bundy）接受了第三次审判，他被判犯下三十七起强奸案和谋杀案（他真正犯下的罪行可能更多）。审判期间，每天都有数十名年轻女性为了抢夺法庭前排的座位而争吵。"她们知道自己看起来多么像被告的潜在受害者吗？她们目不转睛地盯着他看，每当他朝她们转过身，冲她们粲然一笑时，她们都会脸红，并发出欣喜的笑声。"安·鲁尔回忆道。她曾是特德·邦迪多年的同事和好友，从未对他起过疑心。她以旁听身份出席了审判。[1] 我们很难相信，部分女性竟然能把厌女内化到为之陶醉的地步，中毒之深，已经不仅可以原谅一个杀害其他女性的男性，甚至认为此举充满诱惑力，并且幻想自己也被该男子杀害。仿佛她们身处的环境中无处不在、无孔不入的厌女情结已经让她们失去了最基本的自我保护本能，让她们充满激情地赞同本会摧毁她们的人和事。又或者，她们似乎想要碰碰运气，相信那个男人会独独放自己一条

1　安·鲁尔（Ann Rule），《杀手如此近》（*Un tueur si proche*），Michel Lafon，巴黎，2020 年（此处翻译出自本书作者）。

生路。

当大家普遍怀疑凶手被误判时，情况自然完全不同了。汉克·斯金纳（Hank Skinner）案即为一例。该男子于1995年在得克萨斯州被判处死刑，不仅他的法国妻子桑德里娜·阿乔治－斯金纳（Sandrine Ageorges-Skinner）替他辩护，他还得到了国际特赦组织（Amnesty International）的支持，后者支持他的重审请求。那些真正犯下罪行但没有杀人的男性，比如法国抢劫犯帕特里克·布里斯（Patrick Brice）和米歇尔·沃茹尔（Michel Vaujour），他们的吸引力更容易理解。在各种情况下，我们都能看到女性的献身精神：1986年，米歇尔·沃茹尔的配偶纳迪娜（Nadine）帮助他用直升机从巴黎拉桑特监狱（la prison de la Santé）中逃脱。他之后的伴侣贾米拉·哈米迪（Jamila Hamidi）也在1993年因试图故伎重施而被判刑。不过，同样的魅力却不会产生在那些杀过人——通常是女人——的男性身上。对这类罪犯，我们当然可以认为他们也有赎罪和重返社会的权利（就像在美国，人们可以为了废除死刑而抗争），但或许不该以盲目的方式，不该以牺牲自己为代价。

"我觉得自己就像他的母亲"

男性杀人犯的崇拜者们以极端形式展示出的女性同理心和自我牺牲心理，我们在许多婚内暴力的情景中也能看到，这种心理掩盖了一个男性对别人或对自己，已经犯下或者即将犯下的恶。在这些杀人凶手身上，女性崇拜者们只看到了"苦难"和"人性"。如果是主要甚至仅仅针对女性的犯罪，她们的这种宽宏便更让人不适。同为女性，她们跟罪犯，而不是跟女性受害者有联结感。"他知道如何让我忘记他可怕的过去。"被居伊·乔治吸引的女大学生如此说道。[1]当玛丽·贝恩在1987年爱上她女儿在曼哈顿学校的一位同学的父亲时，她记住的并不是该男子涉嫌谋杀妻子一事，而是"他的精神、他的魅力、他的智慧"。同样，雪莉·布克之所以爱上肯尼思·比安基，是因为她看到了他审判时的一张照片，照片上"他看起来很孤独"。[2]罗莎莉·博林（Rosalie Bolin）在回忆自己1995年与奥斯卡·雷·博林（Oscar Ray Bolin）的相遇时，说："我感受到了他的隔绝，他的孤独。他感动了我。"[3]而他当时因谋杀三名女性，在佛罗里达州被判处死刑。

入狱的男性杀人犯有力地吸引了女性被鼓励培养的"救世主情结"。位于匹兹堡附近一所医院的护士希拉里（Hilary）的故事典型地展示了这一点。她当时四十多岁，离异，遇到了卢卡斯（Lucas），后者因心脏病发作而被带离监狱。她被这个被锁在病床上的患者感动了。随后她得知，他因和三名同犯在一次入室抢劫中殴打一名老人致死

1　伊莎贝尔·奥朗，《狂恋犯人》，同前文所引。
2　希拉·伊森伯格，《我爱他杀》，同前文所引。
3　伊莎贝尔·奥朗，《狂恋犯人》，同前文所引。

而被定罪。他在出院前要了她的电话号码，她拒绝了，但是紧接着，她责备自己"太狠心"。几个月后，该男子再度住院，给了她第二次机会。他们开始交流，她发现自己"挺喜欢他"。自此之后，她决定"无论发生什么，她都会在他身边"。"我会带你出去。"她对他承诺。她向希拉·伊森伯格解释道，她一直想成为一名护士，因为她"喜欢帮助别人"。她被母亲极大地影响了："她是个圣人，现在应当在天堂。""她在世时总是照顾每一个人。"希拉里的第一任丈夫酗酒，她在嫁给他时知道此事，但她确信自己能够拯救他。这场婚姻成了她和他们四个孩子的地狱，直到有一天，她用一把猎枪指着他，将他扫地出门。当卢卡斯自杀未遂，被送入精神病院时，她支持他，探望他。"我觉得自己就像他的母亲，我要让他洗心革面。"在等待他出狱期间，她没有为自己将来的日子攒一分钱：她每周工作六十小时，只要能存下一个子儿，她都用来给狱中的卢卡斯提供舒适。"我给他买了电视、收音机、衣服、圣诞礼物。我帮他付话费。我最近想给他买一台新洗衣机，但是他给我打电话说'天冷了，我只有一床被子'……"无独有偶，另一位女性也表示自己从母亲那里学会了"彻底接受男人本来的样子，学会了渴望牺牲自己"。[1] 我们可以同意以下观点，即这种不由自主想要照顾人的冲动，体现的是一种想要控制的意愿：对有这种心理

---

[1]　希拉·伊森伯格，《我爱他杀》，同前文所引。

特征的女性而言，囚犯是满足她们情感需求的完美对象。但同时，她们的牺牲有非常具体的物质上的影响：它使一方收益，让另一方受损。尽管卢卡斯让希拉里实现了她完全的母亲式照管的幻想，但他享受了她提供的舒适，而她却为了他起早贪黑，让自己陷入贫穷的未来。

在极少数情况下，女性会承认自己爱的男性有罪，但她们在他身上看到的是一次挑战。他不仅代表了典型男子气概的最高峰，还代表了典型受折磨、难以捉摸、自我封闭的男性。他长年累月地过着双重生活，暗中犯下残暴的罪行，以此回应只有他自己明了的内心需求。她们的幻想，或者说志向，是成为那个与该男子缔结强烈的关系，使之卸下铠甲的女人。对她们来说，他代表着一次展示至高无上的女性特质的机会。她们希望凭借理解、睿智、耐心和慷慨，触动受困于自己创伤与罪行的那个敏感的男人。整个社会似乎都认为这就是女性的角色。我很晚才意识到，我青少年时期最常听、最喜爱的一首歌里藏有大问题。这首歌是挪威乐队 A-ha 的《我一直在失去你》（*I've Been Losing You*，1986 年），整首歌是一个男人的独白，他在殴打自己所爱的女人之后，祈求她来拯救他："啊，来吧，求求你，就现在/跟我说说话/对我说些可以帮助我的话……"[1]

女性的同情、温柔和睿智被认为具有近乎神奇的美德，人们对此怀有信仰。2001 年，在居伊·乔治审判期间，

---

1 原歌词为："Oh c'mon please now / Talk to me / Tell me things I could find helpful…"

这种信仰有目共睹。在听证会的前六天，被告先是否认了所有的强奸和谋杀罪行，最终崩溃认罪，哭求宽恕。当然，这几天里受害人母亲、姐妹、朋友以及律师的轮番出席对此起到了推动作用，媒体的报道却强调了这件事的戏剧性。《世界时装之苑》（2001 年 4 月 2 日）给出了这样的标题：《对女性的忏悔》。法庭庭长向居伊·乔治问话时，"慢条斯理，从不催促"，他的态度被描述为"女性化"。[1] 主辩律师亚历克斯·于尔叙勒（Alex Ursulet）的助手是弗雷德里克·庞斯（Frédérique Pons）。亚历克斯·于尔叙勒跟居伊·乔治同为黑人，他雇用弗雷德里克·庞斯很有可能（至少在部分程度上）是出于形象考虑，好让他的客户同时也被一位白人女性辩护。这一举措获得了极大成功，以至于弗雷德里克·庞斯的光芒完全盖过了亚历克斯·于尔叙勒。当她出现在居伊·乔治身旁时，她圣母般的脸庞、湛蓝的眼睛和如瓷的白肤与"怪兽"的深色皮肤形成了鲜明的对比。两者的同框唤醒了古老的种族歧视想象，即白皮肤代表"善"，黑皮肤代表"恶"，形成了"美女与野兽"般的视觉对比。最重要的是，女性的感性战胜野蛮的叙事套路似乎让人无法抗拒。在某个特别紧张的瞬间，弗雷德里克·庞斯的两行清泪引起了轰动。《巴黎人报》（Le Parisien）随后为她奉上了一份新闻特写：

1　安妮－塞西尔·萨尔法蒂（Anne-Cécile Sarfati），《居伊·乔治，对女性的忏悔》（Guy Georges, l'aveu fait aux femmes），《世界时装之苑》，2001 年 4 月 2 日。

"让居伊·乔治伏法认罪的女人"（2001 年 4 月 1 日）。"当时我感觉他身体里有另一个人要挣脱出来。"她在判决后如此说道。[1]

尽管如此，如果我们取信于法庭记录的话，居伊·乔治是在回应亚历克斯·于尔叙勒对其罪行不间断的质问时才改口，从说"不"改为说"是"的。尽管此前几日，证人的出席为此做好了铺垫，亚历克斯·于尔叙勒提出的论点最终起到了决定作用。"您的家庭，您的父亲，无论他在何方，为了让他们原谅您，如果您跟罪行有任何干系，务必说出来。"主辩律师对被告恳求道，"您是否袭击了 O 小姐？"凶手第一次松了口："是。"接着在律师念出的每一个受害人名字后都如数重复了"是"。[2] 一位受害人的母亲为此向于尔叙勒先生致敬："通过让居伊·乔治认罪，他诠释了高尚二字。"[3] 凶手本人也提到，有三位女性的证词让他内心产生了动摇，随后总结道："我的律师再接再厉，把我完全说服了。"[4] 然而，一位（黑人）男性唤醒另一位男性的人性的剧情，无法满足我们的偏见。在弗雷德里克·泰利耶（Frédéric Tellier）根据"东巴黎杀手"调查改编的（相当糟糕的）电影《杀手一号》（L'Affaire SK1，

1 安妮－塞西尔·萨尔法蒂，《居伊·乔治，对女性的忏悔》，同前文所引。

2 帕特里夏·图朗绍（Patricia Tourancheau），《"您是否杀害……？""是"》（"Avez-vous tué… ?""Oui"），《解放报》，2001 年 3 月 28 日。

3 纳塔莉·马莱（Nathalie Malet）引用，《"还缺回答"》（"Il manque encore des réponses"），《解放报》，2001 年 3 月 28 日。

4 帕特里夏·图朗绍，《"您是否杀害……？""是"》，同上文所引。

2014年）中，亚历克斯·于尔叙勒甚至没有姓名：饰演他的演员在演职员表中被称为"居伊·乔治的律师"。与之相反的，是纳塔莉·贝（Nathalie Baye）饰演的弗雷德里克·庞斯成了全片的主角，以显著的方式体现了人们对女性"奇术"的幻想——她们能够创造奇迹。我们在片中看到她如此说服自己的同事让被告认罪："没有人对他好过，他的父母没有，Ddass[1] 也没有。"她对同事说，"在监狱里，他在头几回入狱时要求看心理医生，却被拒绝了。这个即将在监狱中度过他生命尽头的男人，我希望他能够在这儿或那儿看到一丝光芒。我们要用另一种方式来解决这个案子。我们所有人都需要听他解释。我不想他被视作一个怪物，被所有人憎恶、误解。这就是我的任务。"当一名警察说"我就是那个追捕了怪物七年的人"，她回应道："那我就是追寻怪物背后的男人的那个人。"

审判结束后，一位女精神病医生解释道，由于居伊·乔治曾被母亲抛弃，他认为自己没有办法吸引女性的关注，"因此犯下了强奸和谋杀"。因此，只有女性在审判期间逼他认罪的诉求才会在他心中产生特别的共鸣："男性的干预只会加深他的缄默。"[2] 我不知道这样的假设有何价值，但在我看来，我们在给予女性这样的权力的同

---

1 法国卫生和社会事务部（La Direction départementale des affaires sanitaires et sociales）的缩写，该部长期照顾寄养家庭的儿童。
2 安妮－塞西尔·萨尔法蒂引用，《居伊·乔治，对女性的忏悔》，同前文所引。

166

时，似乎把她们送入了战场。伊莎贝尔·奥朗在提到为了卢卡·罗科·马尼奥塔争先恐后献身的"骨肉皮"时写道："她们都想成为那个帮助他痊愈的人。"[1]这是一个冒险的赌注。当凶手再也无法重获自由时，他杀人倾向能带来的后果是有限的。但事实并非总是如此。卡罗尔·斯帕多尼（Carol Spadoni）在菲利普·卡尔·雅布隆斯基（Phillip Carl Jablonski）因杀妻入狱时嫁给了他。1990年，他被释放的日子临近，她向缓刑官袒露了她的恐惧，但没有人听她的话。[2]她的丈夫被释放，和她在加利福尼亚的一个小城里安顿下来。1991年，他刺死了她，强奸了他的岳母并将其杀害。他还奸杀了另外两名妇女。回到监狱后，他发布了一则征婚启事，在其中把自己描述为一个"温柔的大个子"，梦想着"烛光晚餐、海滩上的漫步、壁炉前的温存"。[3]

"完美男友"

还有其他因素能解释杀手身上的吸引力，它们间接解释了是什么构成了无数女性的普通命运。在希拉·伊森伯格采访的所有女性的生活中，都有经历过虐待、性侵犯、家庭暴力和随后在婚姻期间遭受婚内暴力的印记。在她们

1　伊莎贝尔·奥朗，《狂恋犯人》，同前文所引。

2　RJ·帕克（RJ Parker），《连环杀手的"骨肉皮"》（*Serial Killer Groupies*），CreateSpace，2013年。

3　伊莎贝尔·奥朗，《狂恋犯人》，同前文所引。

的故事里，爱情和暴力紧紧交织在一起。某些仰慕犯下杀人罪行男性的女性，考虑到她们生活中的遭遇，她们自己很有可能也怀有杀人的幻想。此外，矛盾的是，跟一个罪犯产生关系让她们感到心安，因为一个被囚禁、被时刻监视的男人不可能对她们造成伤害。由于这种关系通常是柏拉图式的，某些女性坦言自己如释重负，因为这让她们从强制性行为中解脱了出来。她们也很喜欢摆脱外貌压力的感觉："一个死刑犯完全不在乎自己仰慕者的腰围。"一位法国女性如此总结道，她是一个专注于与囚犯约会的美国网站的注册会员。[1] 她们确定自己在未婚夫或丈夫的生活中占据中心位置，是他们的救命稻草，完全应当被他们珍惜。跟一个自由身的男性比起来，和一个囚犯在一起，女性无端被出轨、被背叛的概率要小得多。她永远知道他此刻在哪儿，自己则行动自由，无须向对方汇报，也不需要承担家务劳动。总而言之，囚犯是"完美男友"。[2]

这些女性都表现出了对爱情的无比渴望。我们必须重谈这种随时准备坠入爱河的体质，它是如此之强，以至于在电视荧幕上看到一个陌生男子的画面就能燃起爱火，更何况这个陌生男子是个杀人凶手。这种体质展示了女性是如何在规训下痴迷地幻想爱情，把爱情作为自己身份认

1　伊莎贝尔·奥朗，《狂恋犯人》，同前文所引。
2　RJ·帕克，《连环杀手的"骨肉皮"》，同前文所引。此处显然是对囚犯女伴侣这一角色一种非常片面和自相矛盾的观点，与经历这种情况的女性所遭遇的困难和污名化相去甚远。

168

同和人生追求的中心，从而让她们看中的男性获益。大多数杀手的女朋友一生中都缺少爱与关注，然而突然间，一个男人出现了，他每天除了爱她、想她之外，没有别的事情可干。当罗莎莉·博林——当时她还叫罗莎莉·马蒂内（Rosalie Martinez）——遇到奥斯卡·雷·博林时，她已经嫁给了一位有名的律师，并和他以及两人的四个孩子一起住在一栋大房子里。她放弃了一切，于 1996 年嫁给了奥斯卡·雷·博林（他在 2016 年被处以死刑）。[1] 她带着爱慕与欣喜展示了他写给她的信，说这些信在她眼里比她为他放弃的财富和物质享受都要珍贵。[2] 还有令人震惊的一幕（此视频可以在网络上搜索到），当法官问审判进行到中途的杀手丹尼·罗林，他还有什么想要补充时，他转向未婚妻桑德拉·伦敦，接着，身穿橙色连体衣、双手戴铐的他唱起了一首小夜曲。听众们目瞪口呆。这个曾潜入数名女大学生家中，强奸、捅死了她们，将她们斩首，将尸体以淫秽的方式摆放好后离开的男人，开始唱道："我记得我见到你的那一天，我对你说爱你的那一天……"这几乎可以说是一次对我们社会毛骨悚然的讽刺。我们为浪漫爱情喜剧着迷，而死者的骸骨在父权制的柜子中咯咯作响。

除此之外，希拉·伊森伯格强调，这些杀人犯为了生

1　伊莎贝尔·奥朗，《狂恋犯人》，同前文所引。

2　格温·高恩（Gwen Gowen）、亚历克萨·瓦利安特（Alexa Valiente），《佛罗里达女子和连环杀手死囚如何相遇并坠入爱河》（How a Florida woman and convicted serial killer on death row met and fell in love），ABC News，2015 年 8 月 21 日。

存，无论在犯罪生涯还是坐牢期间都培养了强大的观察和操纵能力；他们是"世上最好的心理学家"。自此，他们知道如何准确地向一位女性说出她最想听的话。这或许可以解释为什么"敏感"一词在受访者对他们的描述中如此频繁地出现。除了否认自己犯下的罪行之外，这种"敏感"也让他们在女友或妻子眼中成了一张可以在上面投射她们幻想的白纸。德尼·德·鲁热蒙以特里斯坦和伊索尔德的神话为基础描述的浪漫爱情，正是这些女性经历的：一段不断被阻止的爱情，如希拉·伊森伯格所言，它充满了"未被满足的愿望"。在这种爱情里，对方是海市蜃楼，是一个理想的形象，而不是一个真实的存在。她们沉迷于与囚犯的关系带来的种种冒险、曲折，以及希望与失望的交替。就像特里斯坦和伊索尔德，她们在寻找一种不属于尘世的爱情。她们想要一个比生活更伟大（bigger than life）的男人，希拉·伊森伯格如此说道，并强调了一位采访者的原话，这句话很能说明问题："也许在现实生活中，我们甚至不会喜欢彼此。"

"当时的我无法拒绝爱情。"玛丽·贝恩说。她离开了丈夫，放弃了女儿，抛弃了她曾拥有的一切，嫁给了被指控谋杀妻子的约瑟夫·皮库尔（Joseph Pikul）。她在审判前后与他生活了几个月，然后发现，事情并不是她想的那样，他不仅真的杀害了前妻，她自己的性命也处于危险之中。他追着她穿过家附近的森林，说他已经为她掘好了坟墓。她不得不多次报警。最终，他在宣判前死于艾滋病。

他是同性恋，却从来没有告诉过她。"我觉得他干得我爽极了。"她总结道。但她也补充道，"我爱上了他……我还是认为，我没有做出错误的选择。"为了一个彻头彻尾的幻想而牺牲自己的一生：在我们的社会里，对浪漫爱情的信念是如此强烈，以至于它可以导致如此极端的举动，尤其是在女性中。希拉·伊森伯格指出："我们的文化创造了一种对爱情上瘾的态度。"[1]

舆论普遍为杀人犯"骨肉皮"的存在感到震惊，尤其当犯人的罪行已被广为宣传时。异曲同工但程度较轻的，是人们通常带着怜悯俯视家庭暴力的受害者。她们被视为容易上当受骗的可怜生物，因缺乏判断力而吃苦。然而，不是她们发明了父权制，不是她们发明了男性吸引力和暴力之间的联系。尽管如此，她们却乐于抬高崇高而波折的爱情，我们所有人也都如此。但是，我们不断赞美女性，强调她们的无私奉献和关心他人——间接强调了她们的忘我："永远面带微笑""善良慷慨""总是为孩子奉献"……所有这些品质都深深存在于我们对女性的概念中，我们甚至不假思索便能说出这些陈词滥调。相反，如果女性对自己的慷慨加以斟酌，倾听自己的需求，并且不觉得自己对四分之三的人类的福祉有直接责任，人们马上会把她们视为冷漠自私之人。由此可见，我们在不知不觉中培养出了符合上述期望的女性。

1　希拉·伊森伯格，《我爱他杀》，同前文所引。

世界的运转过度依赖女性的奉献精神，且太多人对此加以滥用。是时候将奉献精神变为一种均匀分配的品质了。为了达到此目的，或许应当从培养男童的善良和乐于助人精神开始，从鼓励女孩关注且捍卫自己的幸福开始——教她们成为礼貌的人，合理地关注他人，而不是成为一个小天使。在由亚历山德拉·朗热真人真事改编的电视电影《支配》中，当青春期的女主人公遇见马塞洛·吉耶曼并告诉他自己的姓名时，他答道："现在我生命中正好需要一个天使。"当罗莎莉·马蒂内第一次遇见奥斯卡·雷·博林时，她对他说："我是您的天使，我想拯救您的生命。"[1]索菲·朗布达在她讲述自己从一段和一个控制狂的感情中抽身后进行自我反省的漫画中，用了好几页的篇幅发问："说真的，我把自己当成什么人了？就这样想拯救弱者，接受别人的所有过错并不考虑后果吗？这不过是自我感觉良好和自恋的一种方式。在内心深处，我很欣赏自己这种无条件拯救路边受伤小鸟的心态。"为了自嘲，她画了一座纪念碑，碑上的她是一个天使。[2]在这里，我认为她再一次犯了错，她把这种救世主态度归咎于她的"自恋"，而不是归咎于她作为一个女人受到的社会化。

心理学家菲利普·雅费在解释杀人犯女性仰慕者的心理动机时说道："这些善良慷慨的女性通常接受了基督教

———————

1　伊莎贝尔·奥朗，《狂恋犯人》，同前文所引。
2　索菲·朗布达，《算了，爱情》，同前文所引。

教育：犯下严重罪行的人可以被宽恕。"[1]希拉·伊森伯格采访的大部分女性也是在天主教环境中成长的。同样，前文中提到的家庭暴力的前受害者玛丽－克劳德（她在离开丈夫时狠不下心带走自己的钱财）讲述道，她的父母曾出于担心劝她不要嫁给这个男人。她没听他们的："作为一名虔诚的天主教徒，我对自己说：'我会拯救这个男人。'"[2]尽管如此，我们不禁反思在上述所有情况中，天主教教义是否加强了女性教育的某种普遍倾向，且这种倾向也以非宗教的形式大量存在。在阿利萨·文茨的小说中，当女主人公终于从地狱般的情侣生活中走出来时，她开始反思自己的经历："那个女人留了下来。不为什么。不是因为她没有武器。她有。她阅读过了，反思过了。但是也许她依旧认为，爱是她的责任和能力，比什么都重要。她以为爱能救赎罪恶。她读了佩内洛普等待尤利西斯归来的故事、阿里阿德涅给忒修斯一个线团帮助他走出迷宫的故事。她以为耐心、温柔、助人是亘古不变的美德。她以为，尽管她不承认，女人对此很擅长——也许她甚至以为女人为此而生。她错了。她看不到她陷入了古老的架构中，这一架构削弱她，甚至可能摧毁她。她在自我瓦解中沉沦。"[3]

通常，在一个温柔、忠诚、善解人意的女人和一个受尽折磨或暴力（或二者皆有）的男人的关系里，或多

1　伊莎贝尔·奥朗，《狂恋犯人》，同前文所引。

2　安妮特·吕卡、简·伊夫琳·阿特伍德，《反击》，同前文所引。

3　阿利萨·文茨，《爱过头》，同前文所引。

或少地存在着"美女与野兽"的模式——她试图拯救这个男人。女心理治疗师罗宾·诺伍德观察到，这则童话已经成为"一种工具，让人们持续相信女人可以改变男人，只要她全心全意地爱他"。但这是自相矛盾的。在童话中，贝儿完全不想改变野兽："她没有试图把野兽变成王子。她没说'如果他不是动物我就开心了'，她已经很幸福了。他温柔善良，拥有许多优点，她爱的就是他本来的样子。她毫无控制他的想法，这也恰恰给了野兽进化和化身王子的自由。总而言之，《美女与野兽》更应该被看作一个提醒，提醒我们没有能力改变（至少故意改变）任何人：'想要幸福更没有错，但把幸福的源头置于自己之外，交到他人手中，这就意味着逃避改善自己生活的责任和能力。'"罗宾·诺伍德如此总结道。[1] 某个 Instagram 账号收集了柏林各大夜店女洗手间涂鸦的照片，其中一张照片上，有人用荧光粉的笔在蓝色的墙上写了"别试着治愈他"（Don't try to fix him）。[2] 荧光粉很少被用得这么好。

爱与死，刻板印象之泛滥

但尤为重要的是，如果我们对家庭暴力的受害者或者

---

1 罗宾·诺伍德（Robin Norwood），《爱得太过的女人》（*Ces femmes qui aiment trop*），法文版由弗朗索瓦·彭布里昂（François Pontbriand）、勒妮·当茹（Renée d'Anjou）翻译，J'ai lu，巴黎，2013 年（此处由作者本人翻译）。
2 @ toilets_queens_berlin，Instagram，2017 年 12 月 3 日。

杀人犯的"骨肉皮"的行为感到愤慨，这是相当虚伪的，因为我们的文化不断地把男性能够对女性造成的伤害当作他们爱的证明，我们的爱情观渗透着一种死亡文化。这正是德尼·德·鲁热蒙分析过的，我们对不可能的悲剧性激情的爱好带来的影响之一：这种爱好掩盖了厌女情结的暴力程度，使之合法化，如同商品走私。多亏了女权主义者的斗争，"女性杀戮"一词走入大众视野，"激情犯罪"这一说法退出了媒体。这里提到的"激情犯罪"仅为媒体用语，不是法律意义上的。帕特里夏·梅卡德尔、安尼卡·韦尔和海尔加·索博塔强调了这一悖论："直到1791年，爱情一直被公认为是一个可以减轻罪责的理由，但是当激情犯罪的概念出现在舆论中时，爱情从各类文本中消失了。"媒体界拒绝跟随法律与时俱进，实则延续了往日立法者的纵容。在整个19世纪，媒体构建并确立了"激情犯罪"的概念，这否认了家庭之于妇女的危险，而当时有关美满家庭的政治宣传正开展得如火如荼。帕特里夏·梅卡德尔、安尼卡·韦尔和海尔加·索博塔解释道，无论我们赋予"激情"一词积极或消极的意味，它都被视作一种我们无法抵御的力量。这使得我们认为激情犯罪是一种宿命。记者们把暴力粉饰为爱情的证据，这有时充满了讽刺意味：一位男编辑在提到一男子因为离婚不可避免而杀害妻子随后自杀的惨剧时强调，这次谋杀发生在"情人节的前十一天"，离案发地点不远处有一家商店，"橱窗里展示着写着'我爱你'的心形红色气球"。除此之外，先谋杀后自杀被说成了双双殉情。一家报纸给出了这样的标题：《终极爱之夜》，并在报道中写道："就像小说《魂断日内瓦》一样，两人都知道，黎明时分，一切都会结束。"[1]

2003 年，在玛丽·特兰蒂尼昂去世后，媒体上充斥着"爱"和"激情"字眼。《巴黎竞赛》（2003 年 8 月 7 日）给报道起名为《怪兽之爱》。在《摇滚怪客》（2003 年 8 月 6 日）中，记者阿诺·维维昂（Arnaud Viviant）满口"激情误杀"，并写道："Les Rita Mitsouko[2] 早已警告过我们：'爱情故事往往没有好下场。'"该报道的标题甚至为《A 的故事》。[3]该记者声称玛丽·特兰蒂尼昂和贝特朗·康塔"常常互施拳脚"，因为"如今谈恋爱比过去难得多"，而这很有可能是"资本主义"惹的祸。安托万·德巴克（Antoine de Baecque）在《解放报》（2003 年 8 月 1 日）中引用了歌手让-路易·缪拉（Jean-Louis Murat）的歌词："哦，爱情来了又走，吞噬我们。"并写道，"这些情痴，以无与伦比的烈度体验着自己的情感"，"爱与死之间的联系"。他引用了弗朗索瓦·特吕弗（François Truffaut）的电影《隔墙花》（La Femme d'à côté）中女演员芬妮·阿尔丹（Fanny Ardant）在杀害情人并自杀前的一句台词："既

---

1 帕特里夏·梅卡德尔、安尼卡·韦尔、海尔加·索博塔，《恋爱行为中的不对称：所谓激情犯罪中的暴力与激情》，同前文所引。

2 法国乐队，代表作为《Marcia Baila》，在 20 世纪 80 年代流行一时。——译者注

3 此处应为文字游戏，因为法语中"爱"一词"amour"的首字母为"A"。——译者注

176

没有和你在一起，也没有离开你。"（他最后总结道："这是玛丽·特兰蒂尼昂最最喜爱的电影，一部有关不可能的爱情、过于强烈的爱情的电影。"用遇害者的电影品味来为谋杀正名，着实"优雅"。玛丽·特兰蒂尼昂再一次被剥夺了自己的身份和意愿，这些处理手法让人觉得贝特朗·康塔仿佛不过执行了两人共同制定的计划。一个细节，在由无政府主义剧作家阿尔芒·加蒂、导演埃莱娜·夏特兰和作家克洛德·法贝尔共同署名的专栏中，人们可以读到："自此，历史会铭记，玛丽和贝特朗比以往任何时候都紧紧联系在一起，融为一体，无法分离。只不过她死了，他还活着。"[1]

时任《摇滚怪客》记者的内莉·卡普里耶利安被同事们不痛不痒的态度激怒了，她表达了自己的愤怒："在法国，浪漫主义可以让人饶恕一切，甚至包括这种只要对方给自己带来痛苦，就要在肉体上消灭对方以及对方话语的无意识的欲望——这一点也不浪漫，且跟爱情毫无关系。"[2]无独有偶，《世界时装之苑》记者瓦莱尼·托拉尼安一语中的："玛丽·特兰蒂尼昂不是爱与激情的受害者。这种粉饰太平令人难以忍受……这个女人被一个男人，一个被自己心魔纠缠、只能靠暴力解决自己痛苦的男人毒

---

1 阿尔芒·加蒂（Armand Gatti）、埃莱娜·夏特兰（Hélène Châtelain）、克洛德·法贝尔（Claude Faber），《贝特朗·康塔与我们同在》（Bertrand Cantat reste des nôtres），《世界报》，2003 年 8 月 16 日。

2 内莉·卡普里耶利安（Nelly Kaprièlian），《康塔，浪漫英雄?!》（Cantat, un héros romantique ?!），《摇滚怪客》，2003 年 9 月 3 日。

打。这是一次惨绝人寰的事故，一起罪行。在法国，每年有数十起类似的罪行，就算悲剧的主角是著名的艺术家也无济于事……施暴者不能以爱之专利、之名义施暴。爱情升华生命，颠覆生命。爱情有时伤人心，却不该伤人身。爱是我们能提供的最好而不是最坏的事物。"[1]（"这场噩梦，名叫爱情。"七年后，贝特朗·康塔的继任女友克里斯蒂娜·拉迪在电话上给父母留言道。）诚然，右翼的瓦莱丽·托拉尼安[2]不应该心疼贝特朗·康塔。但类似她这样的言论，在当时左翼人物和记者的笔下却难寻踪迹，因为他们正忙着为自己兰波式[3]的另类全球化友人编制桂冠。《法国文化》电台时任虚构类栏目总监、作家贝尔纳·科芒自己的文章中（该文章又是发表在《摇滚怪客》上）对玛丽·特兰蒂尼昂浅着笔墨后，用了两栏的篇幅大肆赞扬贝特朗·康塔，称他是一个"温柔、时刻想着控制自己能量的人"。他顺带感叹"一个善良的社论灵魂（指上文提到的记者瓦莱丽·托拉尼安）以分析之名煽动妇女受虐的

---

1 瓦莱丽·托拉尼安（Valérie Toranian），《玛丽之死》（*La mort de Marie*），《世界时装之苑》，2003 年 8 月 11 日。

2 参考塞巴斯蒂安·丰特内勒（Sébastien Fontenelle）、莫娜·肖莱，奥利弗·齐兰（Oliver Cyran）、洛朗斯·德罗克（Laurence De Cock），《噩梦继续……》（*Les Éditocrates 2. Le cauchemar continue...*），Ła Découverte，巴黎，2018。

3 阿蒂尔·兰波（Arthur Rimbaud），法国 19 世纪著名的英年早逝的诗人。——译者注

悲剧……"[1]啊，这些善良的女人，永远这么粗俗，竟然敢把"巨星"跟没文化的无产者相提并论。[2]

帕特里夏·梅卡德尔、安尼卡·韦尔、海尔加·索博塔以一种非常简单的方式解释了记者们对女性杀戮者的纵容：这些文章是从"男性自我的角度"书写的。男编辑们想象自己是那个嫉妒、被背叛和抛弃的人。因此，当一位名为内莉（Nelly）的女性被前男友绑架至乡下一处人迹罕至的地方，被他强奸并试图勒死时，一家报纸竟可以给出这样的报道标题：《难以掌握的内莉》。[1]康塔案东窗事发之时，女性主义思想正逐渐消退，失去影响力。我们沉浸在被男性统治塑造的文化之中（有的女性认同此文化，有的不），该文化在当时可以不受约束地表达自我，且不会受到任何严肃的抗议。当时，伪浪漫主义无处不在，"情痴"们——这是安托万·德巴克的说法——通过相互摧毁（而我们知道两人之中通常是谁摧毁了谁）来展示自己灵魂的广阔。没有相互摧毁的爱情不过是可怜的资产阶级夫妇故事，丝毫不值得关注。在这样一种观点

1　贝尔纳·科芒（Bernard Comment），《我忘不了贝特朗·康塔是何许人也》（Je n'oublie pas qui est Bertrand Cantat），《摇滚怪客》，2003 年 8 月 27 日。

2　参考法兰西·迪普伊－德里（Francais Dupui-Déri），《男性之平庸：路易·阿尔蒂塞杀害了想要离开自己的配偶埃莱娜·里特曼－列高田》（La banalité du mâle. Louis Althusser a tué sa conjointe, Hélène Rytmann-Legotien, qui voulait le quitter），《新女性主义问题》（*Nouvelles Questions féministes*），2015 年第 34 卷，第 1 期。

1　帕特里夏·梅卡德尔、安尼卡·韦尔、海尔加·索博塔，《激情犯罪，普通犯罪》，同前文所引。

里，我们能看到我在前言中提到过的拔高夭折、不可能或以悲剧收场的爱情的价值。当时，大众的不成熟、厌女情结和对人性阴暗面的口味，让米歇尔·韦尔贝克（Michel Houellebecq）这样的作家被捧上了天。而在写作生涯刚开始的时候，他就受到了《摇滚怪客》的积极推广。[1]

"被折磨的艺术家"滥用之特权

这种男性统治文化除了以爱的名义对女性施暴之外，还将男性艺术家或作家的形象上升为我们应该无条件崇拜的天才，他们对身边亲友，乃至擦身而过的无名小辈犯下的劣行皆因他们的创作而得以正名。丽芙·斯托姆基斯特在自己书中描述了诸多虐待、剥削配偶的著名艺术家：蒙克（Edvard Munch）、毕加索（Pablo Picasso）、波洛克（Jackson Pollock）、伯格曼（Ingmar Bergman）……[2] 在法国，导演波兰斯基收获的致敬遭到了诸多争议，尤其是于2020年2月颁给他的恺撒最佳导演奖。尽管波兰斯基身上有多项强奸指控，我们却听到很多人说要"把艺术和艺术家分开看待"。我们不仅要质疑该做法的可行性，并且有必要强调这种提议的虚伪之处：在我们的社会中，艺术

1　参考《韦尔贝克和〈摇滚怪客〉：全系列》（Houellebecq et *Les Inrocks* : l'intégralité des épisodes de la série），《摇滚怪客》，2019年1月4日，www.lesinrocks.com。

2　丽芙·斯托姆基斯特，《查尔斯王子的情感》《我是每个女人》，同前文所引。

家的地位带来特权，并使其最具压迫性的行为变得合理。内莉·卡普里耶利安在她的文章中说贝特朗·康塔在审讯过程中"幼稚得可悲"。[1]事实上，上述例子的确揭示了长期隐藏在艺术家光环和声望之下的现实。

针对"受折磨的艺术家"这一恶象，美国作家伊丽莎白·吉尔伯特妙笔生花，写下了如下文字："如果你是一个受折磨的艺术家，你就有了虐待伴侣、孩子以及所有人的借口。你可以因此苛待他人、傲慢无礼、残酷无情、反社会、虚荣暴躁、性格孤僻、操纵别人、不负责任、自私自利。如果你只是一个守门的，或者在药房工作，这么做只会让人觉得你是个可怜的蠢货。但是作为受折磨的艺术家，你就有了一张通行证，因为你和别人不一样。因为你敏感、充满创造力。因为你能够创造出美丽的小玩意儿。"[2]在小说《爱过头》中，女主人公的摄影师丈夫在巴黎沙特莱剧院出了大洋相，她劝自己不要因此害怕："我对自己说，阿波利奈尔（Apollinaire）和波德莱尔（Baudelaire）

---

[1] 内莉·卡普里耶利安，《康塔，浪漫英雄?!》，同前文所引。

[2] 伊丽莎白·吉尔伯特（Elizabeth Gilbert），《去当你想当的任何人吧：寻找自我的魔法》（*Comme par magie. Vivre sa créativité sans la craindre*），法文版由帕斯卡尔·卢贝（Pascal Loubet）翻译，Le Livre de Poche，巴黎，2017年。如果你对此书嗤之以鼻〔伊丽莎白·吉尔伯特最出名的作品是畅销书《美食、祈祷，恋爱》（*Mange, prie, aime*）〕，我推荐她另外两本精彩的小说《万物的签名》（*L'Empreinte de toute chose*）、《女孩之城》（*Au bonheur des filles*），Calmann-Lévy，巴黎，分别于2013年、2020年出版。（上述书名皆为法文版译名，英文原名分别为 *Big Magic. Creative Living beyond Fear*、*Eat, Pray, Love*、*The Signature of Everything*、*City of Girls*。——译者注）

在公众场合是不是也有过奇怪的举止？偶尔的疯狂举动难道不恰好证明了人格的与众不同？我想象着梵高手挽未婚妻坐在沙特莱剧院里，他会不会也突然爆发？"[1]

在伊丽莎白·吉尔伯特看来，恰恰相反，我们可以"在葆有创造力的同时，努力当一个善良的人"。她引用了英国心理分析师亚当·菲利普斯（Adam Philips）的话："如果艺术可以为残酷正名，那么我认为艺术一文不值。"拒绝治疗并解决自己问题的艺术家是如此之多，这令伊丽莎白·吉尔伯特震惊。这些艺术家已经到了把痛苦和创作混为一谈的地步，令身边亲友苦不堪言。伊丽莎白·吉尔伯特提醒我们，作家雷蒙德·卡佛（Raymond Carver）曾现身说法："一个作家酗酒，是因为他有酒瘾，而不是酒精成就了他。"伊丽莎白·吉尔伯特本人也曾经历并持续经历着焦虑和抑郁，但是她没有从中感到愉悦，因为焦虑和抑郁让她无法写作："情绪上的痛苦让我失去了深度：我的生活变得狭窄、贫瘠、孤立。我的痛苦占据了这个巨大、充满激情的宇宙，将它塞进我小小、不幸的脑海里。"[2]她把自己的生活和作品摆在爱而不是痛苦的坐标中。面对这样一种观点，我们不得不怀疑，我们习以为常的统治文化是否让我们沉溺在了一种玫瑰色滤镜或者道德主义之中。这种统治文化乐于将自己标榜为某种文化，让我们认为除了它万般皆下品。然而这大错特错。还有其他作品

1　阿利萨·文茨，《爱过头》，同前文所引。

2　伊丽莎白·吉尔伯特，《去当你想当的任何人吧》，同前文所引。

可以展现人类情绪和现实的整个光谱，它们丰富而强烈，复杂而细腻，诙谐且发人深省，我们完全可以在其他基础上开展这类作品的创作。

当我十五年前第一次研究家庭暴力时[1]，塔丽塔·特里帕亚讲述自己和马龙·白兰度生活的回忆录刚刚出版。她在书中描述了他如何前脚刚坚持跟她要一个"大溪地孩子"，后脚便逼她在怀孕后堕胎，因为他突然不方便要孩子了；他如何两次殴打她直到见血。他甚至到了用猎枪指着她的地步，并差一点就扣动了扳机。《巴黎竞赛》（2005年1月27日）以《怪兽之爱》的标题——跟玛丽·特兰蒂尼昂谋杀案报道的标题一模一样——对此发表了长达几页的报道，《世界时装之苑》则给报道起名为《"我和白兰度的狂恋"》（2005年1月31日）。三十五年来，我如饥似渴地阅读杂志，吸收了数不胜数令人印象深刻的文章，在这类文字里，"爱"和殴打、霸凌、压迫并行。2020年春天，当我在写这一章时，《世界时装之苑》向我推荐了"传奇情侣"系列文章。在这些传奇情侣里，有两对情侣的故事不幸广为流传。首先是好莱坞演员情侣艾丽·麦古奥（Ali MacGraw）和史蒂夫·麦奎因（Steve McQueen），两人经历了"摧枯拉朽的疯狂激情"（谁摧毁了谁？猜猜看）。重点是艾丽·麦古奥的这句话："我喜欢他身上散发的危险气息。"两人相识于一次拍摄，她为他离了婚。

---

1 莫娜·肖莱，《无（阶级）界限机制》〔Machisme sans frontière (de classe)〕，《世界外交报》，2005年5月。

他把她关在家里，禁止她拍电影，殴打她。"很快，没人进得了麦奎因的家门，艾丽只能买菜、做家务。她娘家人看到她身上遍布的血痕，惊恐无比。"四年后，她逃走了，再也没回去。

第二对"传奇情侣"是迈尔斯·戴维斯（Miles Davis）和舞者弗朗西丝·泰勒（Frances Taylor）：这段故事确实更加光芒耀眼，然而它对年轻的弗朗西丝·泰勒来说是一次严峻的考验。迈尔斯·戴维斯有被害妄想症，他"在公寓楼里跑来跑去，手里拿着屠刀，看见衣柜就翻，看到床底就钻，就为了找到他想象中的那个入侵者"。他不打她，他倾慕她，但是他也葬送了她的舞者生涯。为了他，弗朗西丝·泰勒甚至推掉了百老汇歌剧《西区故事》（West Side Story）的女一号。"最后她的才华只能用在厨房里。"两人分开后，她成了加利福尼亚一家餐馆的女招待。这两篇杂志文章都以错付女性的爱的声明结尾。艾丽·麦古奥后悔没能在史蒂夫·麦奎因死前见他最后一面，"虽然有过去发生的一切，但她仍旧把他当成自己一生中唯一的男人"。[1]弗朗西丝·泰勒则在谈到迈尔斯·戴维斯时说："他永远是我的王子。"[2]尽管如此，"传奇情侣"

---

1 扬·佩罗（Yann Perreau），《艾丽·麦古奥和史蒂夫·麦奎因的失落故事》（Ali MacGraw & Steve McQueen lost story），《世界时装之苑》，2020年4月3日。

2 马努·法里纳（Manou Farine），《迈尔斯·戴维斯和弗朗西丝·泰勒，酷王》（Miles Davis & Frances Taylor, kings of cool），《世界时装之苑》，2020年5月7日。

系列中的其他文章介绍了那些至少表面上看起来相爱，并且不向对方施加除了情绪波动之外任何其他伤害的情侣：演员情侣鲁尼·玛拉（Rooney Mara）和华金·菲尼克斯（Joaquin Phoenix），艺术家情侣妮基·桑法勒（Niki de Saint Phalle）和让·丁格利（Jean Tinguely），画家情侣大卫·霍克尼（David Hockney）和彼得·施莱辛格（Peter Schlesinger）。信不信由你，有关这些情侣，也有很多事情可以讲。但这有点好笑。我们不习惯。

为了让"传奇情侣"和未来几十年的普通情侣不再重蹈覆辙，我们或许应该听从贝尔·胡克斯的建议：不要认为爱是一种允许一切行为的单纯感情，爱是一系列行为。个人发展类读物作家斯科特·佩克（Scotte Peck）灵光一现，提议将爱定义为"为了自己和对方的精神成长而拓展自我的意愿"，为了自己和对方的盛放而努力。自此，贝尔·胡克斯注意到，"如果我们暴力、对他人有害，那么我们就不能假装自己会爱"。她说，我们不能尊重一个殴打妻儿，但在街角酒吧里声称自己有多么爱他们的男人。我们不能像接下来这位母亲一样对自己和一个暴力男性在一起的女儿说："没错，他性子难搞，但习惯就好了。最重要的是他爱你。"[1]同样，这种对爱情的新定义足以扫除"激情犯罪"的神话。德尼·德·鲁热蒙在分析西方人对激情的病态嗜好时，亦执此言："恋爱不一定是在爱。恋

1　由玛丽－弗朗斯·伊里戈扬引用，《被支配的女人》，同前文所引。

爱是一种状态；爱则是一种行动。"[1] 这位瑞士哲学家把激情摆在了爱的对立面，在激情中，对方不过是一个借口、一种幻觉；爱则是接受对方本来的样子，并愿意为了对方好而努力。

然而，这意味着当父母在身体或心理上虐待孩子，告诉他们爱和暴力是并存的，或暴力是表达爱的一种形式时，我们必须早早打破该局面。贝尔·胡克斯回忆道，她和兄弟姐妹曾陷入困惑，因为父亲在打他们时，说自己这么做是"为了他们好"，"打是亲骂是爱"。她知道自己提出的对爱的定义很难接受，因为它让我们直面自己的缺点和匮乏，迫使我们面对这样一个事实，即我们并不知道如何去爱，或他人并不知道如何爱我们，这两种情况可能同时出现。但是她坚信我们必须有勇气采纳并坚持这一定义。"定义是想象力的重要起点。我们想象不到的永远不会成为现实。"[2] 这个定义听起来十分简单，但如果我们将它付诸实践，它会促使我们中的大多数——不只是那些陷入有毒关系的人——彻底重组我们的生活。

1　德尼·德·鲁热蒙，《爱情与西方世界》，同前文所引。
2　贝尔·胡克斯，《关于爱的一切》，同前文所引。

3

—

神庙的女守护者

爱情只是女人的事吗?

"我不再戴手表，他仍戴着他的。"

对我来说，安妮·埃尔诺在讲述她和情人"A"约会的小说《简单的激情》中的这一细节已经说明了一切。所有的不对称都体现在男女学会对待爱情的方式、对爱情的期待、爱情对他们而言是什么、他们对爱情准备投入的时间和注意力上。在《简单的激情》一书中，如果"A"不能放任自己忘记时间，是因为他已婚，因此要对自己的时间安排负责任。然而女主人公除了两人的恋情之外，也有自己的义务：她写作、教书、育有二子……只是在她那里，激情转化为偏执，引发了不合常理的想要一切重来、逃离世界的渴望。她说，在整整一年的时间里，任何活动对她来说只是"在两次约会之间打发时间的手段"。"我渴望无所事事。我在电话里粗暴地拒绝了领导给我增加的工作量，几乎羞辱了他。在我看来，只要是阻止我无止境沉溺于激情带来的感受和想象的事物，我都有权反对。"在遇到"A"之前，她生活中的一切都显得那么乏味、贫瘠、悲伤。当电话响起，却不是他的时候，她"憎恶"电话另一头的那个人。如果他告诉她要晚三四天才能到，她会沮丧地想起把她与他重聚那一刻分开的所有事物，无论是工作还是朋友聚餐。当她一时兴起想要独立，逼自己独自前往佛罗伦萨度假时，整个旅途期间想的都是自己"八天后坐同一趟火车回巴黎"。她猜想 A 没有以同样的方式体验他们的感情："如果他知道他从早到晚都没有离开过我的脑海，一定会很惊讶。"两人分手后，她同意前往哥本哈根参加一次学术研讨，只因为这趟出行能让她给他寄一张明信片。[1]

安妮·埃尔诺在书中顺带提到了文化环境如何塑造了她与爱情之间的关系。她注意到充斥她周遭的描述，无论是在电视、杂志还是"香水或微波炉"广告里，"都只展示了一件事：女人在等待男人"。她回忆起影响了她的"情感文化模式"，它们对人格的形成具有决定性意义，她说："就像'俄狄浦斯情结'一样。"：《淮德拉》[2]、《乱世佳人》、埃迪特·皮亚夫[3]的歌曲……对我来说，如果我要进行同样的回忆，尽管我肯定会忘掉一些，我会提到《淮德拉》、《乱世佳人》、《魂断日内瓦》、朱利安·格林（Julien Green）的小说《远方之国》（*Les Pays lointains*）、达丽达[4]的众多歌曲〔《我病了》（*Je suis malade*）、《我会等》（*J'attendrai*）、《跟我说说他》（*Parlez-moi de lui*）、《为了一个男人》（*Pour un homme*）……〕以及《简单的激情》。该书在 1991 年出版时，我便读了。我当时十八岁，整天读小说、看电影，满脑袋幻想着爱情。在我青少年时期房

1　安妮·埃尔诺，《简单的激情》，同前文所引。
2　Phèdre，古希腊神话人物，拉辛著有同名剧作。——译者注
3　Édith Piaf，法国传奇女歌手，代表作《玫瑰人生》（*La vie en rose*）。
4　Dalida，法国著名女歌手。——译者注

间的墙壁上挂着悉尼·波拉克（Sydney Pollack）1985 年
的电影《走出非洲》（*Out of Africa*）的海报〔该电影改
编自丹麦作家卡伦·布利克森（Karen Blixen）的同名小
说〕。海报上，梅丽尔·斯特里普（Meryl Streep）和罗伯
特·雷德福（Robert Redford）并坐在肯尼亚大草原上互
送秋波。

在感情生活中，我笨拙得惊人，但这是另外一回事
了。或者也许不是，确切地说，不是另外一回事，或者不
完全是。我有一大堆令人眼花缭乱的理由来解释我史诗级
灾难般的感情生活，其中一条便是：我绝对主义的爱情观
足以吓跑任何理智的男性。以我略微狂热的性情，过度、
过好地吸收消化身边文化信息的倾向，我期待着……一
切。我的个例，就跟安妮·埃尔诺一样，很好地体现了社
会学家索尼娅·达扬 - 赫茨布伦在 1982 年写到的："大
多数女性从小接受的教育、听到或读到的言论、看过的影
像，都使得她们在等待一个爱自己的人（真爱、白马王
子），这种期待给予她们生命以律动，她们（总是）期待
那个奇迹般的男人的爱情能赋予她们身份认同，作为一个
人的身份认同和作为一个女人的身份认同。"[1]也难怪福楼
拜笔下的爱玛·包法利（Emma Bovary）对我影响如此之

---

1 索尼娅·达扬 - 赫茨布伦（Sonia Dayan-Herzbrun），《恋爱感的产生和女
性工作》（Production du sentiment amoureux et travail des femmes），《国际社
会学手册》（*Cahiers internationaux de sociologue*），第 72 卷，1982 年 1 月—
7 月刊。

深：我当年就是一个小包法利夫人，只不过我的郁闷、不耐和浪漫幻想并非诞生于一个外省城市医生妻子的生活，而是诞生于我的中学岁月。[1]

《简单的激情》中诠释的女性爱人的方式，我已了然于心。这种方式让现在的我害怕，但是年少的我在这种方式中发现了某种崇高的东西。安妮·埃尔诺很好地描述了那种对除却所爱之人之外所有事物都淡漠、厌弃的心态，而当时的我却没有发现此中的问题。在当年的我看来，爱一个男人并憎恨所有跟他无关的、没有被他的恩宠触及过的一切，是自然的，甚至是令人羡慕的。当时的我并不明白，是该我自己来给我生活的方方面面增添色彩，是该我自己来思考、培养、照顾、驯服并且热爱我生活的各个方面，而不是等待某个不可能的救星来让我沉闷普通的现实消失不见。那时的我还不明白，是该我自己来建立我自己。没有一部电影或小说告诉过我这个道理——又或者，我没有听从。

如今重读《魂断日内瓦》，我感受到了女性主义给我带来的清醒。我很惊讶，索拉尔的大男子主义和他控制人的施虐行为、阿里亚纳异常愚蠢的一面和明显出于宗教原因的服从（书名昭然若揭：他是她的情人，也是她的"主"[2]），当时竟然都没让我恼怒。书中这些无所事事的有

1　参考莫娜·肖莱《真实暴政》（*La Tyrannie de la réalité*），Gallimard，Folio Essais 丛书，巴黎，2005 年。

2　《魂断日内瓦》法语原名 *Belle du Seigneur* 直译为"主的美人"。——编者注

钱人让我反感，他们一辈子只谈恋爱，别的什么也不干：在漫长岁月里，索拉尔的前情人伊索尔德每天都为了见他做准备，尽管她也不知道他会不会来看他。为了让他更舒服，她去上按摩课。当他不再想要她时——因为四十五岁的她已经无可挽回地"枯萎"了——她就只能等死。[1]

索尼娅·达扬－赫茨布伦详细描述了灌输给女性的有毒爱情观，她们沉浸在一种痛苦有益论和幻想的混合体中，这使她们消沉："女性被逼着歌颂爱情，她们在歌颂时往往采取被动、埋怨、期待（'我会等，日夜等，我会一直等，等你的归期……'）甚至'从受虐中获得乐趣'的形式。因此，一方面，爱情中的等待和痛苦作为女性的共同命运被呈现给她们，另一方面，她们又沉浸在美梦之中，梦想着自给自足、白头偕老的美满爱情。这两者看似矛盾，但只是表面上的，因为只有对幸福的期许才能让人忍受当下的痛苦。"[2]

少女时期的我，梦想着的并不只是爱情。我是个好学生，固执，心怀一个具体的理想：成为一名记者。不言而喻，我之后将工作，不在经济上依赖任何一个男人。因为在优渥的环境中成长，所以我很容易便接受了这种独立的模式。随后，我逐渐发现了一种更健康的爱人方式。但是

1　阿尔贝尔·柯昂，《魂断日内瓦》，同前文所引。

2　索尼娅·达扬－赫茨布伦，《恋爱感的产生和女性工作》，同前文所引。《我会等》是里娜·凯蒂（Rina Ketty）1938 年的歌曲，1975 年被达丽达翻唱。

浪漫和激情的遗毒犹在——我想这一点在前言中可见一斑。我承认并重拾了对爱情的嗜好，现在它已经摆脱了它过度和错误的部分（至少我希望是这样）。我知道它很大程度上来源于我作为女性经历的社会化过程，来自我对某类特定文学作品、电影、新闻、散文等的接触，但是我只能在一定程度上质疑我对爱的嗜好。它像一座小岛，我的生活跟这座小岛代表的传统女性气质背道而驰。这对我来说不是问题。

异化与睿智

在我的脑海中，爱情是值得的，它值得我们为它腾出位置，付出时间和关注，而这种看法在女性中似乎比在男性中更常见。凯文·迪泰（Kevin Diter）在自己的论文中研究了六到十岁的孩子对爱情的看法，2017 年，在维克图瓦·蒂阿永的节目中，他讲述了我们如何从小被教会爱情是"女孩的事情"，"跟男孩无关"。"当他们（男孩）对爱情过于感兴趣时——他们对此很有意识——他们作为'男孩'的名誉和自我定义便面临被质疑的风险。"研究者凯文·迪泰如此说道，"他们会因此失去支配者的地位。他们有可能被人当作'宝宝''娘娘腔'或'基佬'。"凯文·迪泰回忆，他在田野调查期间，有时会被部分学术机构的领导怀疑是恋童癖，因为一个大男人对爱情和情感抱有如此真挚的兴趣，这听起来几乎是不可能的……[1]对爱情的爱好和兴趣即使到了成年阶段还是不能被认可。我的朋友 F 记得，在一次社会心理学课上，他和同学被要求按照重要程度把一些普世价值排序："我是为数不多（十多名年轻男子中唯一一个？）毫不犹豫把爱情放在第一的男生之一。"他给我写信，"我还记得某个男同学惊讶的嗤笑——他性格外向，充满魅力，在我看来是一个值得追求的人——他认为友谊优先。"

对男性而言，这种对爱情的藐视可能会造成过往经历和思想之间的扭曲。安德烈·高兹在《致 D》中讲述的正是这一点，他和妻子多莉娜共同生活了五十八年：他试图纠正自己犯下的错误，因为他低估了两人关系之珍贵。他在给伴侣写信的同时，对自己发问："在我的生命中，没有什么比我们的结合更重要的了。可为什么你在我写下的文字中却那么不起眼？"在重读自己过往的著作时，他意识到他在书中谈及她时，就像她"是一个弱点"，他"以抱歉的口吻谈论她"，仿佛他"必须为生活而道歉似的"。[2]他的"男子气概"社会化——在他身上尤为突出的是左派知识分子的雄性气质——把他对生活的理解围上了一道栅栏，在栅栏里，爱情是不可能占据中心地位的。直到两人双双自杀的前一年，他才能够纠正这一偏见，充分地接受

1 《爱情不是给男孩子的》（L'amour c'est pas pour les garçons），*Les couilles sur la table*，Bingo Audio，2017 年 12 月 1 日。

2 安德烈·高兹，《致 D》，同前文所引。

和承认他的过往和当下。我在本书开头提到了另一对情侣，与他们相比，两者的对照是彻彻底底的：塞尔日·雷兹瓦尼从来不觉得投身爱情、做一个情种有什么困难的。恰恰相反，他让自己全身心投入爱情，和卢纳隐身于山林，并很快把这种生活化为自己作品的中心主题。

为什么女性会如此看重爱情？这正是我们试图理解的，但在各种可能的原因中，我首先要给出一个：因为我们没错。我们过于看重爱情，但是我也认为男性过于看轻爱情。"我认为男性被约束得太厉害了，"雪儿·海蒂采访过的一位女性注意到，"大多数男性学到的，是他们不能被恋爱影响。很多男性认为自己的职业更重要。他们更感兴趣的是安稳——娶一个妻子，家里有个靠得住的人——而不是真正地体验一段恋爱关系。"[1]我在这里聊的可能是我自己的约束——又或许不是。当我针对典型女性关切的事物，即美貌、时尚、外貌焦虑而写作时[2]，我想强调的是这些事情如何通过带来心理损耗、不安感和依赖而削弱女性。但是我不想重复对"女性轻浮"的性别歧视批评。我也想把对美的渴望当作一种合理的价值来捍卫，只要我们摆脱其过度和破坏性的一面；我想把对美的渴望当作一种文化果实，代代相传。在我看来，这值得挑战占据统治地位的价值观。无论如何，我感觉我被这种文化熏陶得太

---

1 雪儿·海蒂，《海蒂性学报告》，同前文所引。
2 莫娜·肖莱，《致命的美丽》，同前文所引。

深，无法全部否认这种文化。对于爱情，我可以说一样的话，承认同样的矛盾心理。爱情在本质上也是女性的事情，在我看来，它也兼具异化和睿智。

许多女性还表现出一种更强的内省与自我反思的倾向，尤其是异性恋女性，她们反思自己和男性的恋情。她们中很多人在个人发展类书籍中寻找自己在爱情、亲情和友情中遇到的问题的答案，这种对答案的寻找让她们受到鄙夷。近几年，多部作品[1]先后出版，彻底谴责了个人发展，认为它充斥着"个人主义"和"自由主义"，并把哲学放在了它的对立面，而哲学是如此崇高，它理应给予人类目不转睛凝视自己可怖命运的勇气与智慧，而不是把人类束缚在对幸福的过分追求中。诚然，在标有"个人发展"的各种读本中，什么样的书都有，就好比在五花八门的治疗手段里，什么样的都有。江湖骗子比比皆是，许多畅销书作家也的确发表了灾难性的言论，此类言论将女性封闭在顺从与屈服之中，或者将社会或政治性问题归咎于个人（我在一本女性杂志中读到了一篇名为《我在办公室哭了，这严重吗？》的"心理"文章，该文对工作中痛苦的去政治化令人叹为观止）。

---

1 尤其是埃德加·卡巴纳斯（Edgar Cabanas）、伊娃·易洛思，《幸福学是如何掌控我们的？》（*Happycratie. Comment l'industrie du bonheur a pris le contrôle de nos vies*），Premier Parallèle，巴黎，2018 年；朱莉娅·德菲内斯（Julia de Funès），《（非）个人发展：一个骗局的成功》（*Développement (im) personnel. Le succès d'une imposture*），Éditions de l'Observatoire，巴黎，2019 年。

部分女性主义者，虽然她们对自己正在阅读的文学作品中的意识形态内容保持警惕，却不会轻视个人发展类书籍。贝尔·胡克斯说她买了"成吨的此类读物，尽管只有少数几本真正改变了她的生活"。[1] 记者维克图瓦·蒂阿永也认为个人发展"并不肮脏"。[2] 就我而言，几年前多亏了梅洛迪·贝蒂的畅销书《放手》[3]，我经历了一次启蒙。我之所以买这本书，是因为一位女性朋友向我推荐了它。但在读了最初的几页之后，我便放弃了。随后有一天，可能时候对了，我突然觉得自己需要读这本书，立即，马上，现在。当时我不在家，于是我在电子阅读器上购买了这本书的英文版，接着几乎一口气读完了它——我还记得那天的火车行程，过得快如闪电。这本书改变了我，无论我怎么挑刺儿，都看不出这本书在政治上有何不良之处。梅洛迪·贝蒂通过观察酗酒的人或瘾君子的亲友遭遇的问题并将反思拓宽到我们所有关系的整体，她提出了问题并给出了关键答案，这是我在别处从未见过的。

反自由主义教条大肆抨击"个人主义"，该教条的立场有时显得过于武断，并忽略了一件事：我们许多人所继承的事物是复杂的。我们不是反自由主义者幻想的那种

1　贝尔·胡克斯，《关于爱的一切》，同前文所引。

2　《阅读是性感的》（*Reading is sexy*），Konbini，2020 年 5 月 26 日。

3　梅洛迪·贝蒂（Melody Beattie），《放手》（*Vaincre la codépendance*），法文版由埃莱娜·科隆（Hélène Collon）翻译，Pocket，2011 年（英文原书名为 *Codependent No More: How to Stop Controlling Others and Start Caring for Yourself*。——译者注）。

一尘不染的存在，我们不是被宠坏的自私消费者，吃饱喝足，心平气和——或者说我们不仅仅是如此。我们或多或少都在和阻碍我们的严重问题斗争，我们受苦于这些问题，它们妨碍我们跟随自己的意愿去爱人，并且它们不能全归咎于资本主义。暴力（殴打、乱伦、心理虐待）受害者所继承的事物更是不在话下，瑞士精神分析学家艾丽斯·米勒（Alice Miller）很好地研究了平庸教育的缺陷——她称之为"黑色教育法"——这些缺陷在我们的家庭背景中非常普遍。有时，死亡的悲剧会使族谱有所改动。贝尔·胡克斯与亲朋好友谈论"自爱"时惊讶地发现，这个概念让他们不安，"就好像它涉及了过多的自恋，过于以自我为中心"[1]——这话也许有道理，如果自我厌恶这一现象不是那么普遍的话。如果一个人看不到自己身上的自我厌恶，那是因为他 / 她还处于禁欲主义和对自我的恶意的钳制之下，这是长期压抑的教育传统的遗毒。再者，身为女性，尤其是女性，不得不考虑自己每天吸收的自我厌恶是如此之多，正如记者、作家朱迪特·杜波尔泰伊无比正确地坚持说到的："爱自己是一件朋克的事情，一件革命性的事情，一件激进的事情。"[2]

我们所处的情景让我们不得不面对我们需要理解并

---

1 贝尔·胡克斯，《关于爱的一切》，同前文所引。

2 萨米亚·米斯基纳（Samia Miskina），《"有性无爱"文化》（La culture du sexe sans engagement），"性爱俱乐部"播客（Sexe Club），Spotify，2020 年 3 月 25 日。

破解的个人配置。为此，我们需要寻求帮助，而寻求帮助——不论是友人的帮助，还是心理医生或其他治疗师的帮助，甚至是某本书的帮助——永远有受人摆布的风险，因为这一举动意味着信任他人，也就是有让自己受伤害的可能。我们一定要展现出自己的批评精神，避免蛊惑人心者或骗子，但是有必要完全不听取他人之言吗？梅·华（Mai Hua）在2020年拍摄了电影《河流》（Les Rivières），回溯了自己的经历。她的方法在我看来是勇气和生命力的榜样，许多女性都是靠着这样的勇气和生命力直面自己的故事。梅·华离婚时，舅舅告诉她，她是"被诅咒的女人"中的一员，注定在爱情中不会幸福。她决定看看事态到底会如何，于是拍摄了这场调查、旅程和寻根的过程，这改变了她和她身边的每一个人。[1] 跟她一样，我身边的许多女性都开始了个人探索或自我革命，这与那些自怨自艾、到头来只让江湖郎中赚得盆满钵满的迷失少女的刻板印象相去甚远。在由此引发的辛辣谴责中，很可能存在一种道德恐慌。

"走出阴影，走出无名"

不，女人恋爱没有错，像她们一样恋爱，没有错，像她们一样大胆勇敢地恋爱，更没有错。然而当代男女爱情

1　http://lesrivieres.maihua.fr/。

观的不对称带来了诸多问题。社会学家玛丽-卡门·加西亚针对地下异性恋情侣的调查很好地证明了这一点：当男女双方均已婚时，往往是女方希望将新关系正式化，而她们的男伴不愿意。女性比男性更难将自己的生活分割开来："男性在性方面的社会化至少提供了两种女性形象（'母亲'与'娼妓'），跟他们不同，女性的社会化使她们在寻找一个能同时提供性和情感功能的单身男子。"她们希望自己"言行一致，也就是和自己在性别社会化过程中吸收的规范一致"。玛丽-卡门·加西亚指出，男性则相反，他们表现出对自己一家之主这一地位的无比坚持，并以承担责任为荣——至少在表面上承担责任。在婚外恋中，"男性家长准则"与"女性爱情准则"发生了冲突，而后者很少占上风。

例如安妮（Anne），她在维持了四年地下恋情后离婚了，"因为她再也受不了每天晚上亲吻自己的女儿，就像什么事都没发生一样"。她希望情人洛朗（Laurent）跟随她的脚步，但他什么也没做。他完全没有表现出和她相当的勇气，他的被动惹怒了她："有一次，他去算命，看我们会不会在一起！就好像这事儿不是由他来决定似的!"另一位名叫克里斯托夫（Christophe）的男性向玛丽-卡门·加西亚解释道："我又不是二十出头的小伙子，想干什么就干什么。我被教会的是，作为一个男人，说到做到很重要。我不能抛弃一个我曾许下诺言的女人。我的下半身做了什么是我的事，我的心也一样。但我信守我的承诺。"再者，恋爱中的单身女性可以为了一个已婚男性等一辈子，等他离开他的配偶，然而男性表现出的牺牲精神却没有这么决绝。让－雅克（Jean-Jacques）和斯蒂芬妮（Stéphanie）保持了整整三十四年（！）的秘密恋情。恋情开始时，女方已经结婚，并且不打算离开自己的丈夫。在他们婚外情的最初几年，有一天，让－雅克对斯蒂芬妮说，他遇到了另外一个女人，并要和她结婚：他没有和斯蒂芬妮分手，但是他觉得自己凭什么不能也拥有一个家庭、为人父。斯蒂芬妮感觉"五雷轰顶"。"之后，她会再度震惊，因为让－雅克的第一个孩子出生后，她是他第一个打电话告诉的人。"[1]

是什么功能把女性束缚在爱情里？我再次重申，尽管我认为异性恋不能被简单概括为父权制的陷阱，但在我眼里不可否认的一点，是我们一边给年轻女孩和成年女性投喂大量的言情小说，一边向她们鼓吹在生命中拥有一个男人有多么美妙和重要，此举最终鼓励她们接受抚育者这一传统角色，把她们放在了感情生活中的弱势地位：如果恋情的存在和可行性对她们来说比伴侣更重要，在两人针对任何情况出现分歧的情况下，往往是女性会退让、妥协、做出牺牲。女性被教育成"给"的机器，而男性被教育成"拿"的机器。大众文化一边将女性限制在二人生活的精神世界中，一边教唆男性幻想二人世界的反面，用简·沃

---

1 玛丽－卡门·加西亚，《地下恋情》，同前文所引。

202

德的话来说就是：在闲暇时偷偷逃离婚姻的框架。这种文化勾起男性对单身生活的怀念、对男人之间娱乐消遣之事的怀念、对与年轻女子进行不以生育为目的的性行为的怀念——这一幻想世界在《花花公子》（*Playboy*）创始人休·赫夫纳（Hugh Hefner）位于加州的豪宅中得到完美体现，这是享乐主义和奢侈糜烂的领域，栖息着裸露的诱人尤物。[1]

女性被怂恿赋予爱情过高的价值，这使得她们做出某种形式上的"爱情倾销[2]"，即将自己的爱情赠予一男子，并针对其他竞争者降低自己在恋情中的要求——在关注、善意、个人投入等上的要求——同时自行承担此举带来的后果。这种机制给她们带来暂时的个人优势，但在长期对她们不利，并且最终会在整体上削弱异性恋女性。由于这种机制，男性可以永远不必承受无视或虐待行为的后果，不必重新审视被教会的有关自己位置和权利的前提。他们可以把自己对恋情的要求强加于女性，如果女方分手，他们确信自己能够找到下一个会接受他们条件的女性。当这种心理优势与经济优势重叠时，他们会更确定——这很常见，因为男性通常比女性收入更高，比女性拥有更多遗

---

1 简·沃德，《异性恋的悲剧》，同前文所引。
2 "倾销"（dumping）在经济学上指通过降价，最小化在工资、社会保护和环境保护上的限制来吸引投资者。

产。[1] 让我们试着想象，如果女性尊重自己的需求，毫不妥协，并且有经济能力这么做，爱情会有怎样的新面貌？这是我能想到的最令人满意的幻想。

还有一种说法常常被用来解释女性在恋爱中的全情投入：她们渴望成为母亲。因此，伊娃·易洛思把异性恋女性的"急于求成"和"排他性性策略"归咎于她们"过于受到生育前景的激励"。[2] 然而我们在上文中已经看到，玛丽－卡门·加西亚采访过的女性通常比男性更愿意离婚，即离开孩子他爸，以便和自己的情人光明正大地生活：她们恋爱中的女人的身份凌驾于母亲的身份之上。同样，我在上一章提到的迷恋杀人凶手的女性，当需要做出选择时，她们放弃了自己的家庭，以便奔赴与杀人凶手的恋情。再者，光是我的个人情况就能说明这种"渴望母性"的说法尽管蕴含部分真相，却远远不够有说服力：我虽曾是个完完全全的怀春少女，却一直坚定地不想要孩子。

"女性渴望婚姻或者稳定的情侣生活只是为了生孩子，如此声称是合理的吗？这完全不可信。"索尼娅·达扬－赫茨布伦早在 1982 年就这么说过。她提出了有趣的反面解释："如果说母性在很长一段时间里是女性认识自

---

1 参考塞利娜·贝西埃（Céline Bessière）、西比勒·戈拉克（Sibylle Gollac），《性别资本：家庭如何复制不平等》（*Le Genre du capital. Comment la famille reproduit les inégalités*），La Découverte，L'envers des faits 丛书，巴黎，2020 年，以及蒂蒂乌·勒科克有关情侣之间钱的问题的播客，《还钱》（*Rends l'argent*），www.slate.fr。

2 伊娃·易洛思，《爱，为什么痛？》（*Pourquoi l'amour fait mal. L'expérience amoureuse dans la modernité*），Seuil，巴黎，2012 年。

己社会存在的条件，那么爱情则赋予了女性讲故事的权利，或者进入历史的权利。圣女和女王的时代已经过去，女性是在作为被爱之人和恋爱中的人的过程中让自己被讨论，成为故事的主角的。这跟小说的出现是同时的。小说让女性成为创作者和主人公，就算此举常常给她们带来生命危险，因为小说女主人公虽说不像歌剧女主角一般与死亡捆绑在一起，却往往以悲剧收场。而且，尽管有的小说讲的是男性，尽管也有男性阅读小说，但小说被认为是一种女性文学体裁。因此，小说风气自资产阶级而起，这并不令人惊讶，'因爱而婚'的规范也在同期被建立起来。去爱，即使受苦，这意味着走出阴影，走出无名，这意味着她们可以与故事的女主角感同身受。摄影小说（roman-photo）从贵族小说手中接过接力棒，把影响力扩散到了整个社会。"[1]在本书前言中提到了恋爱驱动与叙述驱动之间联系的我，认为索尼娅·达扬－赫茨布伦的论点颇有说服力。再者，有关"糖水"文学的民族志研究表明，女性读者之所以重视此类文学，是因为它为她们提供了某种幻想，即"成为某人，与她们充斥着自我否定和全身心照顾他人的日常生活形成鲜明对比的某人"。[2]

我们将搬出最后一个解释，这有可能是最重要、最关键的解释：女性投入爱情的程度更深，是她们长期以来完全依附于人的痕迹。在长达几个世纪的时间里，女性只能

1　索尼娅·达扬－赫茨布伦，《恋爱感的产生和女性工作》，同前文所引。
2　温迪·兰福德，《心的演变》，同前文所引。

从婚姻以及与男性的联系中获得社会、身份与经济地位。这是塑造她们命运的主要力量，即便她们已经从中解放出来，这种思想习惯也不会那么容易消失。伊娃·易洛思认为，男性之所以可以不全情投入性之中，是因为他们从来不需要把性作为获取物质资源、社会资源或其他资源的筹码："女性对待性的方式更情绪化，因为它更有经济意味。"[1] 这种依赖性在今天依旧成立。我们在这里有必要回顾兼职工作的数据：在法国，这个数字在三十年内增长了两倍。2018 年，百分之三十的女性拥有兼职工作，而男性拥有兼职工作的比例是百分之八。[2] 此外，2011 年，有二百一十万二十至五十九岁的非学生女性与伴侣生活在一起，却没有任何工作。[3]

"依赖的种子"

尽管在理论上，女性似乎享有和男性完全同等的保障自己经济独立的机会，从而可以在平等的基础上与男性建立恋爱关系，但是某些潜在的机制会阻碍她们。多萝西·C. 霍兰和玛格丽特·A. 艾森哈特在 20 世纪 80 年代

---

1 伊娃·易洛思，《为什么不爱了》，同前文所引。
2 《法国社会四十年演变》（Quarante ans d'évolution de la société française），法国国家统计与经济研究所，2019 年 11 月 19 日。
3 佐霍尔·捷得（Zohor Djider），《八成家庭主妇曾有工作》（Huit femmes au foyer sur dix ont eu un emploi par le passé），《法国国家统计与经济研究所头条》（Insee Première），第 1463 号，2013 年 8 月。

初进行的一项调查生动地证明了这一点。这两位社会学家在好几年的时间里跟踪调查了美国南部两所大学的中产阶级女学生，这两所大学的学生，一所主要是黑人，另一所主要是白人。[1]一开始，她们的任务是理解为何很少有女性成为科学家或数学家，两位学者惊讶地发现，对恋爱的执着消耗了女大学生们相当多的时间与精力，她们都陷入了"同伴文化"之中。这是一种与正常课业平行的地下"学业"，并且说到底，是唯一算数的"学业"。在这种文化中——我们假设你绝对是异性恋——女大学生的价值仅由身材和性吸引力来定义，而男性的价值则取决于体格以及其他领域（智力、体育等）的成就。根据上述标准评估自己与同龄人，占据了这些年轻女性谈话的关键部分。为了增加自己的诱惑资本，她们节食、锻炼、互换衣服。她们所有出行——去游泳池、参加派对或去酒吧——背后的动机都是渴望一次浪漫邂逅。当被问及所学科目时，其中一人直言："男人。"这可不是玩笑话。有时，她们还给男同学做饭、打扫房间。那些谈恋爱的女生开始根据男朋友来安排自己的日程。她们放弃自己的活动，在男朋友的联谊会中充当"小妹妹"，因为这"对他们来说很重要"；又或者，她们把所有的课都集中在一周的前四天，好让自

1 多萝西·C. 霍兰（Dorothy C. Holland）、玛格丽特·A. 艾森哈特（Margaret A. Eisenhart），《在浪漫中被教育：女性、成就与大学文化》（*Educated in Romance. Women, Achievement, and College Culture*），University of Chicago Press，芝加哥，1992 年。以下引文同出自本书。

己和男朋友一起过一个长周末。她们甚至让男朋友替自己的未来做重要决定。她们其中一人甚至放弃了和男朋友进修同一专业，因为他劝她不要这么做："他告诉我我不是这块料，时间久了，我可能会不喜欢这个专业。"

面对这种情况，大学"任其为之"，两位社会学家说。一位女大学生讲述道，她的一位教授每次看到自己使用的教科书中有谬误时，都会说："这是因为这是女人写的。"另一位女生回忆道，有一天在教室里，她站在同学们面前，老师竟用色眯眯的目光盯着她。还有一位教师，他约了一位女学生见面，说是要讨论课程里的一本书。女学生起初受宠若惊，但马上意识到其实他想让她当他的情人（面对她的拒绝，他指责她性压抑；他还争辩说，如果她是一个不折不扣的知识分子，就应当保持思想开放，而不应该在乎他是否已婚）。从上述例子中女大学生们得出了结论，那就是作为女人，她们要么被视作无能之人，要么被视作性对象——并且她们怀疑将来在工作场合中是否也是如此。然而这对她们的影响并不大，多萝西·C. 霍兰和玛格丽特·A. 艾森哈特总结道，因为无论如何，她们都沉浸于"同伴文化"中，无暇分心关注自己的教授。

因此，女大学生们将情侣或夫妻生活视作救命稻草和最优选。一位已经订婚的年轻女子如此辩解："我的职业目标更多的是关于他的事业。"然而，女大学生们以一种相当务实且清醒的态度谈着恋爱，不抱有过分的热情，某些人甚至尽可能地推迟订婚日期。当两位社会学家再次见到她们时，许多人已经离婚了。面对虐待，她们也很快选择忍受。当其中一人被问到为什么尽管男友态度恶劣，她还是跟他在一起时，她答道："应该是爱吧。"多萝西·C. 霍兰和玛格丽特·A. 艾森哈特观察到的白人与黑人女大学生之间唯一的显著区别，是后者如果嫁给相同肤色的男人，则不太有希望实现自己被丈夫供养的梦想，因为当时黑人男性开始经历大规模失业和监禁。

不，摆脱经济依赖不容易——摆脱经济依赖带来的其他依赖也不容易，有的依赖甚至比经济依赖更严重。1981 年，美国女性主义随笔作家科莉特·道林第一个发现了这种希望得到全方位供养、借由外部介入从而不用对自己负责的期待。她称之为"灰姑娘情结"。[1] 而且事实上，如果女性从小听到大的白马王子的故事没有留下任何印记，那才叫人吃惊。科莉特·道林声称，我们很早就通过教育在女性心中种下了一颗"依赖的种子"。因此，如果我们想要争取自由，就必须在争取平等的具体斗争中加上"解放内心"的工作。为此，如果一名女性在自己身上感受到了依赖的倾向，首先要坦然地承认它。必须"敢于展现自己的脆弱"。科莉特·道林写道："女性需要确认的第一件事情，就是恐惧在多大程度上支配

---

1 科莉特·道林（Colette Dowling），《灰姑娘情结：女性暗自害怕独立》（ *Le Complexe de Cendrillon. Les femmes ont secrètement peur de leur indépendance* ），法文版由玛丽-弗朗斯·德帕洛梅拉（Marie-France de Paloméra）翻译，Grasset，巴黎，1982 年。以下引文同出自该书。

了自己的生活。"她引用了纽约艺术家米里亚姆·夏皮罗（Miriam Schapiro）的话，后者曾说"一直感觉自己的身体里居住着一个无助的孩童"，只有绘画能让她肯定自我，更具活力。

提出这一问题是有一定风险的。部分人会匆忙得出以下结论，即如果女性没能在职场、政坛或者文艺界中占据一席之地，是由于她们的心理阻断，是由于她们始终坚持谨言慎行，而不是因为她们遭受性别歧视、伴侣拒绝承担家务和教育任务。然而我相信这些作用于我们身上的古老力量是真实存在的，并且我们不能不考虑它们。科莉特·道林的亲身经历让她产生了这些反思。作为独立作家，她离婚后不得不独自抚养三个孩子，同时照顾因精神病经常住院的前夫。她说虽然自己摆脱了困境，但是心里有一部分在"偷偷地、无意识地期待着别人拯救她"。四年后，她遇到了另一个男人，他也是作家。1975年，他们离开了纽约，在乡间一所大别墅里生活。

自此，她的生活发生了变化。头几个月，她让自己专注在家务上：打理屋子和花园、生火、准备丰盛的饭菜。偶尔坐到书房里时，她也只是"翻阅文件"。她找到了一个接近自己童年时代的世界，"一个充满苹果派、厚被子和刚熨过的夏日连衣裙的世界"。到了晚上，她用打字机为丈夫打手稿。"我在开倒车——更准确地说，像是温水煮青蛙——因为这样更简单。因为侍弄花草、写购物清单和成为一个'好伴侣'——被供养——带来的焦虑比独自在成年人的世界里打拼少得多。"

她释然地进入了这个传统的角色。后来她意识到，她害怕自己一旦回到职场，便会"失去她的女性气质"。然而她最终开始责怪她的伴侣，讨厌他比自己社交自如、更有自信。他最后一拳拍在桌子上，对她说一开始不是这么定的。他从来没说过要一个人承担所有开销。他拒绝养她，这让她陷入狂怒之中。她怪他忘恩负义，忘了她所承担的家务（很可惜，她没有说当她极力恢复家庭收支平衡时，他有没有出力）。然后她开始反思。慢慢，她意识到了自己的反应、暗地里的希望和恐惧。她由此写了一篇题为《解放之外，一个寄人篱下的女人的自白》的文章。这篇文章发表在一家杂志的头条，并引起了巨大的反响："每天邮差都会带来一捆新的信，我把信带到家后面的一家小酒馆，边读边哭。"

贫困女性，令人无法抵挡的角色

科莉特·道林出生于1938年。"依赖"是否只是20世纪70年代女权运动领导者的问题？我不确定。依赖依旧萦绕着我们的想象。大约十二年前，我写了一本小说，没打算出版，全当自娱自乐。小说讲的是一位三十岁左右的女作家，为了写作住在一位四十多岁的富有的资助者家中。两人两情相悦，但什么事情都没发生。随后，在写作即将结束时，他向她提议，只要她接受一个稍微特殊的条件，她就可以住在他名下的公寓里，每个月还能领到零花钱。这本书完成后不久，我开始听说一本获得巨大成功的书，该书展示的是"妈咪黄片"（mommy porn）潮流。读完简介——一位年轻有魅力的百万富翁向一位女大学生提出一项性条约——我想，巧了……在不知情的情况下，我早已写出了知识分子版本的《格雷的五十道阴影》[1]。(是的，没错，我带着西蒙娜·德·波伏瓦的梦睡去，醒来却成了 E. L. 詹姆斯的替身，冷静。) 在 21 世纪初，一个能够永久免去你的奔波，同时在性方面给你打开新世界的大门（玛丽-卡门·加西亚说的"合所有为一"的男人[2]），简单来说就是同时给你带来兴奋感与安全感的男人，这一幻想强烈到让世界上两名女性同时写作——其中一名，如果我们细问，会把自己定义为女权主义者——并从中诞生了《格雷的五十道阴影》这样全球大热的作品。在 1990 年加里·马歇尔（Garry Marshall）著名的电影《风月俏佳人》（Pretty Woman）中，朱莉娅·罗伯茨（Julia Roberts）扮演的妓女遇到了迷人多金的企业家〔理查·基尔（Richard Gere）饰〕，后者不仅带她体验奢华富足的世界，还成就了一段美满姻缘。这部电影之所以成功，是因为它遵循了类似的叙事结构。

1　E. L. 詹姆斯（E. L. James），《格雷的五十道阴影》（*Cinquante Nuances de Grey*），JC Lattès，巴黎，2012 年。(该书英文原名为 *Fifty Shades of Grey*，由该书改编的同名电影中文译名为《五十度灰》。——译者注)

2　玛丽-卡门·加西亚，《地下恋情》，同前文所引。

如果我回顾我的夫妻生活，我首先会认为，依赖在我的幻想中依旧存在，但不存在于我具体的生活中。我们都是记者，我自食其力，我写书……然而后来，我记得在相当长的一段时间里，我是自由撰稿人，我丈夫一个人付房租。如果有必要的话，我很乐意之后偿还他，但是这个机会从未出现，并且我不认为这是个巧合。最重要的是，我后来才意识到我的情感依赖。我当时十分焦虑，对自己毫无信心，但是我遇到了世界上最慷慨的男人，他不断地安慰我、鼓励我。他以欣赏的目光看待我，给我明智的建议，给我灌输信心，我从中获得了宝贵、毋庸置疑的益处。然而我也养成了不断向他求助的习惯，一有困惑便与他分享，好让他安慰我。我们逐渐习惯了各自的角色，长远来看，这种角色无论对个人还是对作为夫妻的我们来说，都没有好处。分手后，我和另一个男人恋爱了，出于种种原因，这个男人几乎没有时间陪我。我从一个极端走到了另一个极端，由此产生的震惊是巨大的。除却这段新恋情，独居也逼迫我面对并修正自己的依赖，学会独立自主。并且说实话，是时候了。（当我专心写《"女巫"》一书时，我向一位女性朋友坦白，我怕没了前夫在身边，写不完这本书，因为在我写前五本随笔时，他总是支持着我。当《"女巫"》突破十万销售大关时，女友带着一丝戏谑问我："你现在确定你可以一个人写书了吧？"）

很可能，我在不知不觉中掉入了身无分文、一贫如洗的女性角色，这来得如此容易，因为这种态度，用佩内洛普·鲁西亚诺夫的话来说，就是"一直到今天都还被认为是一种可爱，甚至诱人的女性属性"。我在保罗·马祖尔斯基（Paul Mazursky）1978 年的电影《不结婚的女人》（*An Unmarried Woman*）中认识了佩内洛普·鲁西亚诺夫这位美国心理治疗师。我在《"女巫"》中提到过这部电影。影片女主人公在离婚后去向佩内洛普·鲁西亚诺夫咨询，后者的风度和不同寻常的美丽让我震惊，我当时并不知道她是一位真正的治疗师，也不知道她在参演这部电影几年后，专门写了一本书探讨女性的情感依赖，因为她在治疗过程中经常碰到这个问题。她在书中描绘了她童年发生的一幕，那时她和父母、妹妹住在同一所房子里。一天，一只蝙蝠进了家门，父亲不在家，母亲打电话向他求助。"他赶走了那受惊的生物，而一样受惊的我们，哆嗦着，颤抖着。我们的大英雄打败了蝙蝠，母亲对他感激不已。妹妹和我照着母亲的样子拥抱了父亲，满怀钦佩，赞不绝口。"然而她知道，如果那天父亲不在场，母亲完全可以一个人赶跑蝙蝠。"但是母亲从小就学会了一件事情，就像我从她那儿学会的一样，就像我的女患者们——即便是最年轻的患者——从身边女性身上学到的，那就是有男人在场时，要跟自己一个人或者跟其他女性在一起时不一样，要采取完全不同的举止。"[1] 我很有可能也接受了这样

1　佩内洛普·鲁西亚诺夫（Penelope Russianoff），《为什么我觉得自己离开了男人什么都不是？》（*Why Do I Think I Am Nothing without a Man？*），Bantam Books，纽约，1982 年。本段引文均出自该书。

的想法，即模仿软弱和无助是向一位男性表达爱意并从他那里获得爱意的恰当方式，但是这也带来让自己真的变软弱和无助的风险。

在埃莉萨·罗哈斯的小说《T先生和我》中，女主人公爱上了一位男子，为了让她吸引到他，她的一位女友给出了如下建议：

"很多男人想要的，其实是你……当一只小猫。"

"当什么？"

"小猫！"

"什么意思？是要学猫叫吗？"

"意思就是当一个无助但有点调皮，需要他们的女孩。"

她很困惑：

"那是要撒谎咯？可是我不会撒谎呀！我没办法撒谎，我也不想撒谎。这跟虚假广告有什么区别？我不是一个需要人帮忙的'脆弱的小东西'。T知道的。再说了，靠这种手段能搞到什么样的男人？喜欢虐猫的男人吗？"[1]

我承认，跟埃莉萨·罗哈斯不一样，我一度很喜欢当小猫。

需要澄清的是，佩内洛普·鲁西亚诺夫也说过：在某种程度上，我们都依赖着别人。我们在这里说的不是要假装我们的最终目标是不需要任何人。当所爱之人从我们生

---

1 埃莉萨·罗哈斯（Elisa Rojas），《T先生和我》（*Mister T. et moi*），Marabout，La Belle Étoile 丛书，巴黎，2020年。

活中消失，无论是出于分手[1]还是死亡，给我们带来的痛苦，是跟他们曾为我们带来的幸福成正比的。两个能够紧密交织在一起的生命，爱情、友情和亲情所代表的丰富，都是值得珍惜的奇迹。2019 年，在布鲁塞尔的一次公开见面会上，一位年轻女性向我吐露了她对我在《"女巫"》中提到过的"女性独立"这一概念的困惑，她告诉我，她不想一个人。可是在"独自隐居荒岛"和认为自己"没了男人什么都不是"之间，还有一个世界。尽管如此，佩内洛普·鲁西亚诺夫还是在她大多数患者身上看到了这样的信念，尽管她们矢口否认。其中一位患者感叹道，如果她能遇到理想中的男人，她就不用接受治疗了。另外一些已婚患者，她们全盘接受了丈夫的兴趣爱好和娱乐消遣，没有丈夫的陪伴就不出门。独立并不意味着斩断所有关系（除非我们故意想要那样），而是找到搭建关系的平衡点。

自我重整

在寻找自己的平衡点的时候，我意识到自己把一切都搞混了。我过分焦虑时会自问，如果突遭飞来横祸（疾病、葬礼），我会变成什么样子。然而在问自己这个问题的当下，我过得很好，所有我爱的人也过得很好。2020

1　参考克莱尔·马兰（Claire Marin），《分离》〔Rupture（s）〕，Éditions de l'Observatoire，巴黎，2019 年。

年夏，我遭遇了一次"后隔离"恐慌。通过这次事件，我明白了就算我身处困境，我仍有可以求助的人，第一个就是我的前伴侣。与此同时，在大部分时间里，我能照顾好我自己。我不是一个无助的小东西。我可以独自克服日常生活中的种种烦恼。我们可以在实践或心理上努力扩大生活中独立自主的部分，同时不让这种独立自主冲击掉浪漫邂逅带来的怦然心动；恰恰相反，后者越强才越好。我想起了加拿大女诗人鲁皮·考尔的几句诗："我不要你 / 填补我的空虚 / 我想一个人变得充实 / 能够照亮整个城市 / 然后我想要你在我的身体里 / 因为我们俩人一起 / 可以点燃火焰。"[1]

卡尔·荣格（Carl Jung）的弟子、美国心理分析师罗伯特·A. 约翰逊在他 1985 年的著作《我们：爱情心理学》中针对激情提出了和德尼·德·鲁热蒙一样的观点。对罗伯特·A. 约翰逊而言，激情是我们生活中唯一仍旧让宗教或精神冲动表达自己的机会："浪漫的爱情，这圣洁与病态的奇妙混合物，已经毫无选择余地地变成了一种容器，我们努力在其中储存不属于'自我'帝国的一切，一切来自我们潜意识的东西——一切神圣、深不可测、妙不可言的东西，一切能激发我们崇敬之心的东西。"[2] 考虑

1　鲁皮·考尔（Rupi Kaur），《奶与蜜》（*Lait et Miel*），法文版由萨比娜·罗兰（Sabine Rolland）翻译，Pocket，巴黎，2019 年。

2　罗伯特·A. 约翰逊（Robert A. Johnson），《我们：爱情心理学》（*We. Understanding the Psychology of Romantic Love*），Harper，圣弗朗西斯科，2009 年。

到那些爱上杀人凶手或暴力男性的女性共有的宗教背景，这个论点相当有说服力。有的小说女主人公也是如此，例如爱玛·包法利，或是《魂断日内瓦》中的阿里亚纳，后者在念圣诗时，用情人索拉尔的名字代替主的名字。然而把宗教热忱转移到自己的情感生活中不仅意味着把自己封闭在一种盲目、听天由命的态度之中，还意味着向自己声称的所爱之人提出无法满足的要求。罗伯特·A.约翰逊认为，我们应该将这种热诚归还给它唯一能够好好表达自我的地方：我们内心。我们应当专注于滋养我们的内心生活，开展创造性或者修心活动，以一种完全不同的方式思考恋爱关系。

罗伯特·A.约翰逊在书中描述了一位三十岁左右男性患者的梦境，这个梦的意义在他看来已经超出了个例范畴，他借此展示了我们应当做出什么样的改变："有一个曾属于圣母玛利亚的钟，我带着它来到一座大教堂。教堂是好几个世纪以前修建的，就是为了有人找到钟后把它放在教堂里。钟的形状是众所周知的，在祭坛上方有一个造好的、大小正合适的壁龛。有一位神父日夜守候，等人来交还此钟。我走进教堂，穿过中殿，把钟交给还在等待的神父。我们一起把钟立起来，挂在壁龛的钩子上。钟分毫不差地归了位。"罗伯特·A.约翰逊认为，我们可以在这个梦境中看到对"归位"的象征性描述，通过这样一个"归位"的动作，他和德尼·德·鲁热蒙描述的那种源于不合时宜的冲动的西方式激情终于有可能停止对我们的生活加以蹂躏。我们尤其可以从中看到，促使众多女性等待一个奇迹般的男性拯救的依赖的消解。

因此，独立自主意味着重整自我，而不是放弃全部的恋爱或性爱生活，远非如此。也许在一种情况下除外，那就是当我们跟男性维持长期或偶尔的关系，不是出于真实的渴望，而是出于对男性目光的沉迷，出于因循守旧，因为这种事情"可以做"，或者因为害怕孤独。有的女性认为首先必须学会完全放弃亲密关系，在建立起自立的基础之后再回到亲密关系。在《内在革命》中，格洛丽亚·斯泰纳姆提到了她认识的一位名为蒂娜（Tina）的音乐家。曾经的蒂娜，一旦有男人对她表示出兴趣，她便会习惯性地放下手头正在做的一切。最终，她采取了一项彻底的措施："五年来，她作曲、旅行、独自生活、见朋友，但是拒绝所有男性的追求。她修葺自己的屋子，前往不知名的地方度假，教授歌曲创作。她过着充实的生活，但这生活中既不包括性，也不包括爱。"一开始，这很难，"当她不再透过男性的目光看待自己时，她甚至不确定自己是否还存在。但是，她逐渐开始享受一个人醒来，跟她的猫说话，在聚会时想离开就离开。她第一次感到自己的'重心'从男人转移到了她内心深处的某个新地方。"五年后，她遇到了一个男人，他跟她之前通常吸引或被吸引的男人都不一样，她嫁给了他。[1]

1　格洛丽亚·斯泰纳姆，《内在革命》，同前文所引。

有的女性则更退一步，远离了她们被灌输的思维习惯。伊夫琳·勒嘉烈克于 20 世纪 70 年代采访的诸多女性中，有一位名为弗洛拉（Flora），她三十八岁，是一名记者。她说："我发现了一件事：不碰男人一点都不难。也许是因为我老了……再说了，我一直都没怎么碰男人，但是我受到的教育是：要做爱，得做爱……"[1]索菲·丰塔内尔的小说《渴望》描述了一段刻意的禁欲时期，女主人公在电台上听到一位医生声称"一个人爱做得越多，在各个方面就越出色"："我捧腹大笑。"[2]禁止性活动对男女都适用，不过对女性而言，这种禁令更为迫切，因为频繁跟男性身体接触被神圣化了，它被认为是社会地位和生理平衡的保证。但它并不总是快乐的代名词。马里耶勒（Marielle）二十七岁，是鲁贝[3]一家纺织厂的女工。在离婚过程中，她遇到了一位已婚男子，并成了他的情人。她点明，如果有一天他提出要离开妻子，她会出于对他妻子的同情而反对他。她补充道："再说了，我又不爱他，跟他在一起我并不快乐。如果有一天我不能跟他在一起了，我会很开心。"[4]无独有偶，佩内洛普·鲁西亚诺夫一位名为简（Jane）的女患者，把一夜情经历和看牙医相提并论："我不是很喜欢这事儿，但是又必须得做，您知道

1　伊夫琳·勒嘉烈克，《自己的床》，同前文所引。

2　索菲·丰塔内尔，《渴望》（L'Envie），J'ai lu，巴黎，2013 年。

3　Roubaix，法国北部城市，系里尔（Lille）的卫星城。——译者注

4　伊夫琳·勒嘉烈克，《自己的床》，同前文所引。

的。保持健康嘛。"

　　然而有一天，一场流感让简数日无法出门，她不由开始反思："我自问从这些约会中得到了些什么，而回答是：什么都没有。大多数时候，连短暂的满足感都没有。说实在的，看电视更能让我充实自己。"于是，她强制自己禁欲数月，"我当时真的完全单身，我发现我既没病，也没疯，阴道也没生锈。"索菲·丰塔内尔也否定了这种偏见，即没有性接触会导致无法弥补的身体萎靡。决定停止做爱后，她马上去了雪山度假。提到这段时期，她的描写如下："雪山带来的美好慢慢消失后，我不仅保养了面容，还更加容光焕发了。在当时拍的一张照片上，我发现自己光彩照人。什么样的相遇能让我如此改头换面？我哪次去约会的时候是如此眼神明亮、充满自信，连皮肤都散发着不羁的光芒？"[1]如果身体健康的秘诀并不在于做不做爱，而在于做适合我们的事情呢？简补充道："现在我出门，是因为我想出门，而不是因为我觉得我需要出门。如果我跟一个男人上床，我会从中获益更多，因为我这么做是因为我真的想要，而不是因为我觉得这对我的健康必不可少，或者为了缓解我的孤独感，又或者为了感到自己被认可。"[2]

　　"被认可"，这或许是关键词。萨米亚·米斯基纳在自

<hr>

1　索菲·丰塔内尔，《渴望》，同前文所引。
2　佩内洛普·鲁西亚诺夫，《为什么我觉得自己离开了男人什么都不是？》，同前文所引。

己的播客《性爱俱乐部》的某一集中谈到了"有性无爱"文化，并回顾了自己频繁约会的一段时期："我对自己说，我喜欢不停地约会，我感觉自己是自由的。这不完全是错的，因为我在大部分关系中真的感受到了愉悦。然而再度回首，我意识到在每一次相遇中，我都在寻求认可。我说的当然是男人对我的认可，认可我漂亮、诱人、可'干'。每次有人陪我回家，都是一次小小的胜利。"朱迪特·杜波尔泰伊则将 Tinder 比作"认可感狩猎"（shoot de validation）。她想知道如何做才能让他人成为"路途伴侣或人生伴侣，同时又不由他们来认可你存在的权利"。[1]

如果说男人也承受着"要做爱"的压力，他们是希望从中获得数量累计上的声望。但我并不认为男性所有的身份认同都是由女性凝视塑造的，而女性全部的身份认同却往往由男性凝视塑造。佩内洛普·鲁西亚诺夫经常惊讶地得知，在她的患者眼中，唯一作数的性爱只有跟男性发生的性爱。当她跟患者们聊到自慰时，她们十分尴尬：她们不允许自己自慰，因为她们认为这是一种失败。于我而言，我完全认同索菲·丰塔内尔描述的"自我享乐"（automonie voluptueuse）："我还有比禁欲期间更幸福的时候吗？那段时间，我泡薰衣草牛奶浴，日本人卖一种香粉，能让水变成乳白色。我把一小包粉末撒在

---

1 萨米亚·米斯基纳，《"有性无爱"文化》，"性爱俱乐部"播客，Spotify，2020 年 3 月 25 日。

浴缸里，陶醉在这绵密中，然后一头扎进去，感到有不知名的神明在为我欢欣鼓舞。"[1]有一个事实是无法被改变的：在没有伴侣的情况下，我们无法获得令人目眩神迷的"性福"，但这并不意味着我们应该给自己快乐的能力上锁，让其受制于男性的存在。许多其他活动也可以成为强烈快感的来源，比如我的就是写作、阅读、沉浸于虚构作品之中、走路、吃饭、睡觉、游泳、跳舞、幻想、涂抹面霜和精油……对我那些经历丰富的女友们来说，我是自相矛盾的。一方面，我羡慕她们的大胆，但另一方面，我感到困惑，尤其当我看到她们挥霍自己的精力，遭受极大的不快，甚至在感情中受很大伤害，而对方竟是一个她们不怎么喜欢的男人时。我愿意承受伤心的风险，但这必须是为了一个值得的人。有时候我琢磨，在她们高强度的性生活中，哪一部分是真实的欲望，哪一部分是对认同感的需要。如此一来的结果就是我比她们更能保持心平气和。有一天，一位女友给我读一个男人发给她的分手短信，并问我对此有何意见。她让自己另一位女友也读了短信。我天真地说我觉得这条短信很感人，但是另一位女友却说："真是个混蛋！"我的女友从中受到启发并得出如下结论："你不像我们一样愤怒。"

1　索菲·丰塔内尔，《渴望》，同前文所引。

别的女人，是下策还是对手？

对男性长达几个世纪的依赖在女性的心理中留下了印记，这印记中也包括跟其他女性的某种联系。20世纪80年代，多萝西·C. 霍兰和玛格丽特·A. 艾森哈特在两所美国大学进行调研时发现，对女大学生们来说，她们的女同学只是一种"外围"的存在。女性友人的唯一功能是充当"支持小组"。她们一起出去玩时，总是希望遇到一个"有趣的人"——听好了，这里说的是男人。唯有男人在场的魔力能够将她们从自己苦苦挣扎、平庸痛苦的一天或晚会中解救出来。有一天，她们组织了一场聚会，其中一位女生感慨，男生们没有来。当终于有男生到来时，她惊呼："总算有动静了！"她们中很少有人认为跟另一位女性之间的关系能有真正的价值：除了在恋爱中能够提供的帮助之外，女友的存在不过是一个下策。[1]佩内洛普·鲁西亚诺夫一位年轻单身女患者竟然完全避免和一位或多位女友同时外出——说到底，她从来没结交过女性朋友。该患者害怕的可能是这么做会阻止男性跟她搭讪，甚至妨碍男性注意到她，因为她怕被"淹没"在其他人中。她也担心别人觉得自己可悲："人们经常觉得两个、三个或四个总是一起出门的女性是一群老处女。就算你是你们姐妹团

---

1 多萝西·C. 霍兰、玛格丽特·A. 艾森哈特，《在浪漫中被教育》，同前文所引。

里最受欢迎的那一个，就算你知道这一点，你还是没办法不让自己觉得别人在可怜你。再说了，如果你的梦中情人恰好是那些带着怜悯目光看待你的人之一，怎么办？而且如果他注意到了你，但是他觉得你有问题，就因为你和这些女的在一起，怎么办？"[1]

其他女性不是被当作无足轻重的存在、毫无价值的陪伴（这其中蕴含着无尽的自我憎恶），就是被视为一种威胁。充满厌女情结的各种表述把雌性竞争归咎于女性天生的性格小气，但这种竞争直接来源于女性的历史，来自一直在限制女性的从属关系。雌性竞争产生于这样一个时代——这个时代或许并未远去——在那个时代，女性所有的命运都取决于如何挤掉所有其他女性从而被选中，而选择者的权力是绝对且任性的（尤其是女演员，她们仍生活在这样的体系中）。往大了说，在西方文化中，对雌性竞争和雌性竞争赋予男性的权力的展现十分常见。在 1972 年 BBC 摄制的纪录片《观看之道》中，作家、艺术评论家约翰·伯格展示了在欧洲绘画中常常出现的"帕里斯的评判"（Jugement de Pâris）（鲁本斯[2]和老卢卡斯·克拉纳赫[3]都画过这一题材，给出

1　佩内洛普·鲁西亚诺夫，《为什么我觉得自己离开了男人什么都不是？》，同前文所引。

2　Peter Paul Rubens，弗兰德（比利时北部荷兰语地区）画家，巴洛克画派早期代表人物。——译者注

3　Lucas Cranach der Ältere，德国重要的文艺复兴时期画家，儿子小卢卡斯·克拉纳赫（Lucas Cranach der Jüngere）同为杰出的画家。——译者注

了不同版本）这一主题是如何延续男性对女性的凝视并根据自己的品位对她们进行评判的。特洛伊王子被爱神阿芙洛狄忒、智慧女神雅典娜和天后赫拉邀请评判她们三个中谁最美丽，并把"不和的金苹果"给她。帕里斯选择了阿芙洛狄忒，因为她承诺他将得到世间最美女子的爱情。这位女子就是海伦——斯巴达国王墨涅拉俄斯的妻子。帕里斯劫走了她，从而引发了特洛伊战争。约翰·伯格观察到："在这样的语境中，美貌注定要充满竞争力。从'帕里斯的评判'中产生了选美大赛。"[1]〔四五个世纪后，电视真人秀《单身汉》（*The Bachelor*）重现了这一幕，一位单身男子被邀请通过逐步淘汰的方式，在数十位女嘉宾中选择一位伴侣。〕自此，戏中戏出现了，在《观看之道》第二集结尾，约翰·伯格和一群女性〔其中就有他当时的伴侣阿尼亚·博斯托克·伯格（Anya Bostock Berger）〕一起讨论，伯格让这些女性就刚刚谈论过的女性裸体传统发表看法。我不禁想，这些女性，通过魅力也好，言语也罢，为了获得这个英俊迷人的男人的注意，她们是否感觉到了彼此之间的竞争……

我们被维持在对自我、自我价值和自身吸引力的焦虑之中，这种焦虑和上文提到的竞争传统可能带来伤人的行为。有时，我遇到的某些女性似乎在以一种"有我没她"

1　约翰·伯格（John Berger），《观看之道》（*Ways of Seeing*），第 2 集，BBC，1972 年。图书版本：约翰·伯格，《观看之道》，法文版由莫妮克·特里永福（Monique Triomphe）翻译，B42，巴黎，2014 年。

的模式跟其他女性相处，就好像没有足够的空间能容纳我们所有女人似的。尤其是在第一次遇到这样的女性时，我感觉自己被消灭了，化作一堆微不足道的灰烬，因为我不明白在我身上发生了什么。首先，我假定自己的痛苦仅仅来源于我客观上的无能被暴露出来了，后来我才意识到，还有别的女性，她们一样美丽且才华横溢，但是她们远远不会给我带来这种空虚和被碾压的感觉。从那以后，每当遇到这种绵里藏针，有时甚至口蜜腹剑的女性，我身上的各种警报信号便滴滴作响。对于散发这种气息的女性，我敬而远之。但我明白，这种行为来自深深的不安全感；我明白，我们之所以伤人，是因为我们认为这样是在保护自己，免受生存威胁。我之所以明白这些，是因为我也感受到了这种不安全感。大部分时候，我乐意见证其他女性的才华与成功，这让我高兴，给我以启发和鼓励。但有时，某些情绪也死灰复燃，比如担心被别人抢风头、害怕别人的优点抵消掉自己的优点。

美国作家张廷慧在一篇专栏文章中回忆，自己在十一二岁时第一次因为朋友针对自己身体的恶意评论而怀疑自己，类似的经历在后来好几年的时间里反复出现。直到她进入职场，在一个男性主导的领域工作，她才找到了互相团结的女性。她说，她在那里第一次体验到了其他女性的关怀与陪伴带给她的"温暖和光芒"。"从那以后，我经常有这样的体验。比如特朗普当选的那一天，我在药店跟另一位年轻女顾客交换了一个苦涩的微笑。比如我的女上司面对男同事，替我辩护。或者仅仅是一位陌生女性在街头称赞我的衣服、发型或耳环。这些时刻不是肤浅的。对我来说，这是相互理解和传递力量的关键时刻。一次简单的称赞背后传递的信息是：'就这么继续下去。'"[1] 姐妹情谊是真实存在的，它是一个美好的现实。但有时这种情谊会受到某些事物的阻碍而变得更加困难，比如总是害怕被无视、被取代、被贬低；比如害怕发现自己的平庸，发现自己毫无过人之处——就像简·伯金写到的"太容易被遗忘"；比如"有我没她"逻辑。

身为女人，我们被驱使着用一种苛刻无情——说白了就是憎恨——的目光看待自己和他人，仿佛我们永远在衡量竞争强度，永远在获取男性注意（或者任何人的注意）这场竞争中，带着焦虑和攻击性不断重新评定自己的位置。这种限制有可能破坏我们团结的美好冲动。在美剧《疯狂前女友》中有一首歌舞插曲，身材曼妙、为人傲慢的瑜伽老师巴伦西亚·佩雷斯（Valencia Perez）抄起一把吉他，在街头唱起了歌。她歌颂的，是对她来说几乎不可能实现的姐妹情谊：歌名为《女人要团结在一起》（*Women Gotta Stick Together*）。女性路人陆续加入。每当有人兴起跟唱时，巴伦西亚的态度便冷淡下来，并针对此人发表恶意言论。"女人拥有改变的力量 / 比如她该修修

---

1 张廷慧（Jenny Tinghui Zhang），《另一位女性夸你时的那种感觉》（That feeling when another woman hypes you up），The Cut，2020 年 2 月 4 日。

眉毛，她该换条牛仔裤（你真的得要大一码的）/ 她有一股香肠味儿，但这没什么坏处 / 女人该团结在一起，除了德尼斯·马蒂内（Denise Martinez），我受不了这货（哦嗨，德尼斯）/ 变化来得快，比阿什利（Ashley）跪下还快 / 一起，我们可以克服种种阻碍 / 除了马里萨（Marisa），因为她只有一米二 / 我们可以翻越所有山脉 / 只要登山绳受得了黑利（Haley）的重量……"[1]

为了给自己一次机会来克服我们学会的对其他女性的不信任，我们或许应该诚实地面对它，同时明白这并不是（或不只是）因为我们不够大度和优雅。这个问题出现在我们生活的方方面面：爱情、职业、政治活动……无论做什么，我们都把自己看作"帕里斯的评判"中的三位女神，或者被老鸨一字排开推到客人面前任人挑选的青楼女子。雄性竞争也是存在的，但在我看来，它似乎诞生于一种自身的合理感，诞生于确保自己通过索取某种关注或者优势充分享有权利的想法。雄性竞争的基础不是深深的不安全感。尤其重要的，是外部世界不以同样的方式滋养雄性竞争。无论男性还是女性，让女性彼此作对（有时甚至是在不自知的情况下），是一种条件反射，一种难以抗拒的诱惑。2020 年，格洛丽亚·斯泰纳姆与另一位和她同时代的美国女权主义活动家埃莉诺·斯米尔（Eleanor

---

1 《我跟乔什和他的朋友去海滩！》（I'm going to the beach with Josh and his friends！），《疯狂前女友》，第 1 季，第 9 集，The CW，2016 年 1 月 25 日。

Smeal）共同发声，公开反对迷你剧集《美国夫人》（*Mrs. America*），因为该剧的历史观在她们看来跟事实有出入。该剧集意在重现美国 20 世纪 70 年代围绕平等权利修正案[1]展开的斗争。该修正案旨在将性别平等原则写入美国宪法。剧中，格洛丽亚·斯泰纳姆〔罗丝·伯恩（Rose Byrne）饰〕、埃莉诺·斯米尔和其他女性主义者在争取该修正案投票通过，而保守派活动人士菲利斯·施拉夫利〔Phyllis Schlafly，凯特·布兰切特（Cate Blanchett）饰〕则动员共和党家庭主妇反对该修正案。格洛丽亚·斯泰纳姆和埃莉诺·斯米尔在一次联合论坛中谴责该剧集这样展示两个阵营，把这场斗争简化为了"泼妇打架"，而根据民意调查，当时大多数美国女性始终支持该修正案。她们指责该剧集有意不提及当年反对修正案的众多游说团体激烈和决定性的行动，尤其是保险公司的游说团体，如果当年该修正案真的投票通过，该团体将不得不"停止让女性为更差的护理支付更高的费用"。她们说，菲利斯·施拉夫利和她的支持者不过是充当了各大经济部门为己谋利的"遮羞布"。随后两人追问："我们会把民权运动的失败归咎于马丁·路德·金（Martin Luther King Jr.）

1　*Equal Rights Amendment*，简称 ERA。

和马尔科姆·X[1]追随者之间的竞争吗？"[2]

2021 年冬，鲁皮·考尔在自己的 Instagram 账号上点评了其诗集《身体之家》[3]中讨论雌性竞争的一首诗。她解释道，该诗的灵感来源于"稀缺心态"（mentalité de la pénurie），该心态说的是有些人把生活看作一块蛋糕，他们认为如果有人拿了一块大的，那么其他人拿到的就会变少。这完全是"胡说八道"。在她巡回宣传自己的诗集时，许多年轻女性向她透露，她们从小就是被这么教育的。她们想摆脱这种"桌上只有一个女人的位置"的想法，她们拒绝"相互竞争，拒绝认为另一个人的成功会从自己身上剥夺某些东西"。鲁皮·考尔回忆，有好几次，有女性观众站起来喊："只要我们其中有一个站起来，我们就都站起来！"随后，"全场掌声雷动"。[4]

在爱情中，这种"稀缺心态"可能更难克服，因为通常情况下，我们在恋爱中的确需要占据独一无二的位置。然而当心上人选择另外一人时，我们或许可以尝试在体验这种失控的悲伤，任其向我们袭来的同时，不去质疑我们整个的存在。我还记得我在阅读陀思妥耶夫斯基

1　Malcolm X，原名马尔科姆·利特尔（Malcolm Little），非裔美国籍民权运动家，1965 年在一场演讲中遭枪杀。——译者注

2　《斯泰纳姆和埃莉诺·斯米尔：为什么〈美国夫人〉对美国女性无益？》（Steinem and Smeal：why "Mrs. America" is bad for American women），《洛杉矶时报》（Los Angeles Times），2020 年 7 月 30 日。

3　鲁皮·考尔，《身体之家》（Home body），Andrews McMeel Publishing，堪萨斯城，2020 年。

4　@rupikaur_，Instagram，2021 年 2 月 26 日。

（Dostoïevski）的《白痴》（*L'Idiot*）时感到的困惑：两个男人同时爱上了一个女人，他们像兄弟一样相亲相爱，但同时又出于竞争随时准备互相残杀……而谁曾想过用两个女人在她们的终生情谊和对同一个男人的爱之间挣扎的故事来感动观众呢？要使这种情况成为可能，一个人必须对自己的身份和自我价值有非常强烈和牢固的意识，必须确信自己在任何方面都拥有主权。而这些事物，女性很少有机会获得，但我们可以努力培养并获得它们。

那男性依赖呢？

"在社会层面、性爱层面，甚至在某些程度的经济层面上，女性都取得了长足的进步，"佩内洛普·鲁西亚诺夫如此写道，"但在情感层面上，她们还有很长的路要走。"在她看来，让女性痛苦的情感依赖充满入侵性，因为它延伸到了生活的所有方面。男性则在就业市场上感觉自己名正言顺，那些出身上层阶级的男性更是有能力成就大业。然而佩内洛普·鲁西亚诺夫强调，如果我们就此推论男性没有情感依赖，那就大错特错："我的男性患者通常因为恋情不顺或没有恋情而伤心。我接诊的单身男性多到让我明白，无忧无虑的花花公子形象在很大程度上是一个神话。这样的男人，有，没错，但他们也躲不掉生活的荼毒，就像诸多女性一样。这些男性被认为是所有人觊觎的对象，一下班就能打电话安排一个约会，总之怎样都不会让自己独自度过夜晚。在我治疗过的鳏夫中，不止一位急着再婚，想以此避免面对生命的空虚。"[1]

男性的情感依赖被忽视了，因为它是被否定的，承认这种依赖会冒犯到男性的自我。在《致D》中，安德烈·高兹表达了自己的悔恨，因为他在自己的某本书里创造了一个受妻子多莉娜启发的角色并写道，如果男主人公（即他本人）离开她，她便会"自我摧毁"。然而，他才是更需要她的那个人："为什么我那么确信她会比我更受不了分手？为什么不承认事实恰恰相反呢？"[2]丽芙·斯托姆基斯特在自己书中花了很多篇幅描绘这种盲目与愚蠢的混合体，令人捧腹。她尤其展示了某些过时的美国喜剧演员如何吹嘘，重复女人是多么麻烦黏人，宣称自己对亲密关系过敏、蔑视情感等等。她还展示了这类人和他们的吹嘘反应和表达的文化态度如何掩饰了对女性的存在、女性带来的情感安全的深刻需求。为了总结这种自欺欺人，她构想了一个这类男性的典型，并在书中想象他会如何跟他共同生活的女性对话：

"情人节你想怎么过？"她问他。

"我不想过情人节！"他答道，"我讨厌情人节，讨厌爱情，讨厌感情，讨厌女人，讨厌所有女人感兴趣的事情。但行行好，留在我身边！不然我会像纸牌屋一样轰然

1　佩内洛普·鲁西亚诺夫，《为什么我觉得自己离开了男人什么都不是？》，同前文所引。

2　安德烈·高兹，《致D》，同前文所引。

倒塌！"[1]

另一位漫画家埃玛（Emma）描绘的男性，安坐在小两口家中的客厅里高呼："我最受不了她跟我要鲜花，或者她想要我们在餐桌上吃饭'聊天'，而不是一起看电视剧……"她用箭头标出了背景中的多个元素，以证明这个男人在自己完全没有意识到的情况下，从女性对他的关爱中获得了各种好处。他的衣服："打折买的 T 恤，因为其他的都破洞了。"他手里的杯子："他最爱的啤酒，提前放在冰箱冰过的。"茶几上的香薰器："里面有防春季过敏的精油。"[2]

如果说女性常常被认为是任性专横、情感要求过高的生物，男性被认为是坚定自主、头脑冷静的存在，这是因为男性的情感需求在无形中得到了极大的照顾和满足，这与女性的情况恰恰相反。当我们说一位女性过于挑剔时，她所求的不过是跟她所付出的对等的关注而已。在上一章中，我们看到了男性的情感在多大程度上成为所有女性、男性自己，乃至整个社会的大事。男性情感作为一件有时男性自己都在否认，或者假装自己可以完全控制的事物，的确占据了过多空间。2016 年，作家埃琳·罗杰斯挪用了"捞金人"（gold digger）[3]这一通常指代寻找有钱男性的

1　丽芙·斯托姆基斯特，《查尔斯王子的情感》，同前文所引。
2　埃玛·克利特（Emma Clit），《情感负荷与其他看不见的事物》（*La Charge émotionnelle et autres trucs invisibles*），J'ai lu，巴黎，2018 年。
3　相当于国内"捞女"的说法。——译者注

女性的词语，建议将此词也用在"寻找能为自己做海量情感工作的女性"的男性身上。[1] 记者梅拉尼·阿姆莱观察到，"女性阅读数不胜数的自我发展类书籍、听播客、咨询职业规划师、寻求朋友帮助、花大量钱财做治疗来治愈旧的伤痕，或者解决新的问题。而她们生命中的男人则完全依赖于她们"。[2] 女性似乎由于自己的情感能力同时受到追捧与鄙视。通常，女性也是讨论的发起人、夫妻咨询的建议者、约医生的负责人，等等。1990 年，一位名为露思（Ruth）的英国女性接受了采访，当时她三十六岁。她说："一直是我在经营这段关系。我把它看成一个小花园，您懂吗？我侍弄花草，男人过来坐坐（笑）。他们来了，坐了，我呢，除杂草，打理玫瑰丛……"[3]

女性最基本的情感需求被污名化，被形容成离谱和不合理的。很多女性在约会网站上使用"attachiante"[4] 一词描述自己，这表明她们已经把这种偏见内化了。[5] 朱迪特·杜波尔泰伊重读了自己在 Tinder 上的对话（她于

---

1 埃琳·罗杰斯（Erin Rodgers），《我希望"捞金者"这个词能囊括那些想找一个能给他们做海量情感工作的女人的男人》（I want the term "gold digger" to include dudes who look for a woman who will do tons of emotional labour for them），Twitter，2016 年 6 月 2 日。

2 梅拉尼·阿姆莱（Melanie Hamlett），《男人没朋友，女人来受罪》（Men have no friends and women bear the burden），《时尚芭莎》（Harper's Bazaar），2019 年 5 月 2 日。简·沃德在《异性恋的悲剧》中曾引用此文。

3 温迪·兰福德，《心的演变》，同前文所引。

4 由"attachante"（黏人）和"chiante"（烦人）二词合并而成。——译者注

5 根据斯特凡纳·罗斯（Stéphane Rose）的观察，《跟情侣说再见》（En finir avec le couple），La Musardine，L'Attrape-Corps 丛书，巴黎，2020 年。

2017 年向该公司索要了聊天记录），意识到自己在通过软件遇到的男性面前"不敢表现出自己的脆弱，不敢谈论自己的情感，不敢说出自己的需要"。"我很怕被人当成奇怪的女孩，我想被人当成酷女孩，这成了某种执念……但我认为酷女孩是一个直接从父权制继承过来的概念，它使我们扼杀了自己的需求和要求，而这些需求和要求是完全合理的，不是歇斯底里的。酷女孩长得好看，有性吸引力，听什么都笑，哪怕是最难听的羞辱。酷女孩是一种图腾，他人逼着我们达到这个目标，但这牺牲的是我们的自由。这对我们自己是极大的不尊重。"[1]

美国女权主义作家萨穆希塔·穆克霍帕德亚伊在其著作《过时》中，大力声讨"绝望女子"这一污名。她感慨，大多数女权主义者已经内化了这种刻板印象，以至于"为了不成为那种女孩，她们愿意做任何事情，甚至背叛自己的感受和本能"。她揭露道："'要求太高''绝望'和'黏人'，都是用来反对那些敢于在一段恋情中有所需求或要求的女性的标签。它们基于一种充满性别歧视的过时观念，即女性天生更加情绪化，因此应该由男性来管教她们。"[2] 她进而说道，这些令人生怯的说法最终产生的效果，是男性被鼓励忽视女性伴侣的欲望，而女性则被劝阻

1　萨米亚·米斯基纳，《"有性无爱"文化》，"性爱俱乐部"播客，Spotify，2020 年 3 月 25 日。

2　萨穆希塔·穆克霍帕德亚伊（Samhita Mukhopadhyay），《过时：为什么约会正在毁掉你的爱情生活》（*Outdated. Why Dating Is Ruining Your Love Life*），Seal Press，伯克利，2011 年。

表达自己的欲望。《别做那种女孩》，这是一位美国"恋爱专家"写的畅销书的书名，这位"专家"还曾上过综艺节目《单身汉》。该书的副标题为"如何在自己身上找到自信和理性"（我在此要强调"理性"），这充分说明了此书对个人情感的敌意。作者在书中枚举了想要获得成功的感情生活就"不该成为"的女性类型：首当其冲的自然是"绝望女人"，其次有"结婚狂""好好女士""戏精""悲情女""不自信女""女强人"……[1] 我们可以从中得出结论，唯一获得救赎的办法可能是不要做女人。

上述所有因素最后导致了一种令人纠结的情况：当一位女性试图摆脱自己情感依赖的倾向时，她没法知道自己是在表现得像一个自主的成年人，还是只是在任人宰割。萨穆希塔·穆克霍帕德亚伊质问道："你是否曾因为自己想做一个自在洒脱、坚强独立、要求不多的女孩，所以当你的约会对象做了伤害你感情的事时，也没有指责他？"她继续说道，"我记得我对我最好的朋友说过无数次，尽管她的男友有种种疏忽大意的行为，她仍然可以继续爱他，跟他在一起。我试图将这合理化，对自己说，毕竟我这个女友不想要一段传统意义上的关系，所以这种'今天还在，明天就不在了'的关系似乎挺适合她。但事实是，

1　特拉维斯·L. 斯托克（Travis L. Stork）、利娅·富尔曼（Leah Furman），《别做那种女孩：如何在自己身上找到自信和理性》（*Don't Be That Girl. A Guide to Finding the Confident, Rational Girl within*），Gallery Books，纽约，2008 年。

这类关系完全行不通。在自己感到不满意、不幸福、不稳定和被忽视的情况下，没有什么是行得通的。"

伊娃·易洛思曾提到过"男性对待性的态度"。在今天，主流女性主义的姿态是将这种历来的"男性态度"为女性所用，即要求获得将性和爱分开的能力，同时反抗荡妇的污名。但同样，这种姿态有可能被人用来为各种虐待行为狡辩。有时我们很难说清楚感情上的疏离到底是女性主义的战果，还是满足男性期待的方式。对某些男性来说，性爱分离似乎成了某种幌子——我们在前几章中已经讨论过这一点——他们渴望一个乖乖"办事"、不废话的女人。伊娃·易洛思采访过一位四十九岁的巴黎金融学教授安布鲁瓦兹（Ambroise），他如此描述"理想女性"："当你跟一个女人上床时，不要想着她半夜离开，想都别想。要是那样就好了。现实永远不会如此，她会一直待到第二天早上，她会想和你抱抱，和你一起吃早饭。我的天。我理想中的女性会在半夜离开，在桌上留下一张告别纸条，说昨晚很棒，并且不留自己的电话号码。"[1]

根据这条"美妙"且众所周知的规则，女性不仅因为依赖被污名化，也因为把性爱分开被污名化。更糟糕的是，根据同一规则，当女性动用最少的情感参与，自由地享受自己的性生活时，她们随时会被鄙视；而当她们情

1　伊娃·易洛思，《为什么不爱了》，同前文所引。

感"过于"丰富时，同样会受到鄙视。一旦女性越雷池一步，充分体验自己的情感，对女性的种种看法都会接踵而至，如黏人精、"恋爱脑"。女性比男性更强烈的情感投入被视作一种造作可耻的多愁善感。也许，我们既要有将性爱分开的权利，又要有不阉割自己情感的权利？萨穆希塔·穆克霍帕德亚伊同样质疑所谓"男性化"性行为（在此重申，这里指的不是所有男性的确切行为）的模范作用："说到底，'像男人一样做爱'是把你变成了一个男人，还是把你变成了一个跟自己情绪严重脱节，从而无法享受生命中最大的身体乐趣之一的人呢？"如果某些过时的个人发展书籍作家把男人描述为"简单"的人（而女人呢，当然是"复杂"的），会不会是因为他们悄悄意识到了"父权制对他们有利"呢？[1]

2017 年末，在 Tinder 上注册了两年的萨拉-维多利亚·萨达威写了一篇文章，说她感觉自己"莫名被虐待"了。她讲述了自己遇到的男人，尽管她不愿意，尽管她想慢慢来，但有时他们还是坚持马上和她上床，还有男人只是利用她来满足自己的性幻想，丝毫不在乎她的欲望。作家莉萨·韦德（Lisa Wade）也注意到："男性在一夜情文化（hookup culture）中拥有的性高潮比女性多，因为这种文化不鼓励性互惠，它是专门为男性性高潮设计

1　萨穆希塔·穆克霍帕德亚伊，《过时》，同前文所引。

的。"[1]正因为她的快感如此之少，萨拉－维多利亚·萨达威后悔没有让他们付钱，反正一不做，二不休："我跟自己说，一番温存之后，我真应该让那些混球付五百块。"而当她表现出一丝依恋时，他们总是直截了当地冷落她："就是比谁更冷酷，因为这年头，假装自己没感觉才是正常的。我们必须掩饰自己的喜欢，要处于一种冷酷的快感中，把伴侣视作一件用来满足自己的物品，仅此而已……这才是正确的姿态。陷入爱河、受尽折磨、忠贞不渝，这些多傻、多老套、多女性化呀！"她不仅受到情感上的全面审查，有的男性还表现出一种令人生气的倾向，那就是把"不走心"和"色狼"混为一谈。有一个男人模仿她的呻吟来嘲笑她，还觉得这很好玩。另一个男人在脱下她的裙子之后，一边说她胯太宽，屁股太丰满，不合他的胃口，一边把她半裸着摊在床上，抓起她的双腿，放到自己的脖子上。[2]我圈子里的一位年轻女性告诉我，她的某个情人在没对她"走心"的情况下，关心她的快感，尊重她，第二天请她吃早饭，还享受和她的谈话。所以说这样的男人是存在的，但我不能确定这样的男人是否是多数。

---

1 由伊娃·易洛思引用，《为什么不爱了》，同前文所引。

2 萨拉－维多利亚·萨达威（Sara-Vittoria El Saadawi），《比婊子还婊：我是如何进入无偿卖淫的》（Plus pute que toutes les putes : comment je suis entrée dans la prostitution gratuite），Diacritik，2017 年 11 月 28 日，https://diacritik.com。

堡垒男人和赝品女人

在此有必要聊一聊男女对待情感与亲密关系的不同方式——大量心理学和社会学研究已经证实了这一点[1]——以及这不同之处代表的奥秘。在 20 世纪 90 年代于英国进行的一项调查研究中，温迪·兰福德与大约十五名（来自工人阶级或中产阶级的）异性恋女性深入探讨了她们的爱情生活，发现她们中大多数人的恋情都遵循了相同的模式。邂逅、坠入爱河，这对男女双方来说都是一场"革命"。[2] 在一见钟情的作用下，两人似乎都摆脱了性别限制的约束：女性变得大胆、独立、自信，呼风唤雨，而男性不害怕敞开心扉，坦诚相见，谈论自己的感受——所以他们的女伴才会惊叹："他跟其他男人不一样。"尽管如此，就算恋人们在此期间体会到了强烈的幸福和惊人的个人变化，白头偕老的誓言却往往不会实现。奇迹原来脆弱得吓人。女方觉得自己的羽翼逐渐丰满，可以一个人做所有事情，不再需要任何人，但矛盾的是，这种感觉恰恰归功于男方给予她的赞赏的目光。男方钦佩女方的英勇性情，但也很快意识到她对他有情感上的需求。出于恐惧，他将自己完全封闭起来。两人在热恋期间抛诸脑后的性别约束又卷土重来，沉重地落在了他们的肩膀上。爱之"革命"带

1　温迪·兰福德，《心的演变》，同前文所引。
2　同上。

来的是巨大的"被压抑的能量的解放"，而紧随其后的，是一场"反革命"。

如果两人都不爆发，那么他们会进入一种缺乏分享和交流的日常中，不再改变。女方不想放弃曾经历过的那种幸福，于是反复要求男方给予她恋情初始的亲密感。凯特（Kate）就是一个例子，她绝望地说道："我知道在他身体里住着一个更深刻、更深情的男人。"然而，女方越是坚持，男方越是惊慌失措，把自己关在自己的堡垒里。这种缄默的男性不是我们上一章见过的那类暴躁男性（尽管他们在某些情况下也会展示出暴力的一面），但是他们仍然造成了巨大的痛苦。他们通过自己的退缩和沉默，行使着一项令人生畏的权力。女方失去心理平衡，开始质疑自己，试图纠正自己的性格，好让自己再次获得认可，那份曾经让自己如此幸福的认可。温迪·兰福德写道，女方"自我客观化"，即她试图从外部、从男方的角度来看待自己，想搞明白自己到底做错了什么。她之前因为浪漫邂逅而被打消的不安全感，如今被重新激发，甚至愈演愈烈。自相矛盾的是，女方为了重新获得男方曾给予她的对她个体性的宝贵认可，反而开始伪造、否认自己的个体性。她害怕有的感受或欲望会让伴侣不悦，于是她对此加以抑制。她"把自己变得愈发沉默"。她竭尽全力解读男方的态度，解读他给她最微妙的信号，试图了解他的性情；她有时会和周围人（通常是女性）就此讨论好几个小时。她迷失在猜想中，直到忘记了自己。

女方为了消除上述情况给自己带来的深深的悲伤和沮丧——有的女性甚至因此抑郁——在母性中找到了避难所：她负责家庭后勤，有孩子的话就照顾孩子，负责家庭预算，组织休闲活动和假期……部分女性在温迪·兰福德面前聊到自己的能干和成熟时，表现出了一种报复的快感，同时带着一丝苦涩："就好像我有三个孩子一样，只不过一个上班，另外两个不上班。"迪亚娜抛出了这样的话。有的女性甚至由此总结道，她们才是在婚姻中掌握权力的人——这话听起来很可疑，因为她们的伴侣在情感上虐待她们，却同时享受着她们为他们提供的诸多服务。跟其中一位受访女性形容的"自己的个性被完全粉碎"之感比较起来，这种权力感不过是微不足道的安慰。就连性爱最后在她们眼里也变成了一种"母性义务"，不过又多了一项家务罢了。温迪·兰福德总结道："从前，爱情是共享的设想，有着共同的目标，而现在，女主人公发现自己在决定该往男主角的三明治里放什么食材，而男主人公则对自己的电脑更感兴趣。"[1]两口子只是搭伙过日子，对彼此充满怨恨，被关在各自性别角色的监狱里……这种夫妻生活貌似非常普遍。

为什么会产生这种"反革命"？温迪·兰福德借用了精神分析的理论来解释。她说，恋爱时，双方都将对方视作理想的父亲或母亲，他 / 她修复了自己童年时期出现的

1　温迪·兰福德，《心的演变》，同前文所引。

所有问题,提供了一次"自恋的修复"。女方遇到了一个完美的父亲,他满足了她的愿望,把她视为与自己平等的人;男方也遇到了一个完美的母亲,她明显的独立和自给自足让他心安。在男方看来,女方会给他想要的一切,而不是用各种要求轰炸他,更何况有的要求他可能满足不了,或者会让他觉得自己没出息。他不必保护自己,不让自己被"充满侵略性、贪得无厌"的女性气质包围。他对爱人的认可"自相矛盾地取决于她在多大程度上对应着自己的潜意识理想,而且,一旦女方被证明是'错误类型的母亲',他便将心目中的母亲形象从女友身上撤走"。他开始"以不情愿和沉默"作为回应,退回到"令人沮丧、僵化的男子气概"中。[1]

令我惊讶的是,温迪·兰福德在 1999 年描述的与美国心理学家、哲学家卡罗尔·吉利根二十年后在《为什么是父权制?》中所做的观察完全重合,后者在书中感兴趣的是父权制如何塑造了我们的亲密关系。卡罗尔·吉利根说,父权制被歧视与暴力伴随,它不仅具有政治意味,也有心理学意义。就算我们是女权主义者,或者是完全支持平等、坚定拥护女权主义的男性,我们仍被困在某些"无意识的思维模式"中。尤其突出的是,我们看不到女孩和男孩在成长过程中如何自我阉割,如何忍受那标志着自己对父权制效忠的成人礼:"女孩们让自己沉默,男孩们强

1　温迪·兰福德,《心的演变》,同前文所引。

迫自己与人疏远。"[1] 男性应当表现得"仿佛自己没有，甚至根本不需要与人交往一样"，而女性则应当否认对自我身份的需要。男性的疏离和女性的自我审查——在这里我们仿佛又看到了温迪·兰福德观察到的在"爱情反革命"中苦苦挣扎的一对对夫妇。双方各自的性别限制被加倍奉还，而一见钟情早已烟消云散。

卡罗尔·吉利根写道，这种自我阉割造成了巨大的痛苦，因为男性跟女性一样，也需要与他人建立深厚且令人满足的关系，而女性同男性一样，也需要真实地做自己，不带自我审查地表达自己。那么我们为什么不反抗呢？为什么父权制能继续将它的法则强加给我们所有人呢？她继续写道，通过"以等级的名义牺牲爱"，父权制"让自己成为抵御爱情可能带来的脆弱的壁垒"。它既是"失去联结的根源"，又是"防止进一步破裂的壁垒"。我们对父权制的忠诚破坏了我们的爱情，我们因此受苦，但我们也害怕毫无节制地沉溺于爱情会让我们更加受折磨。

男孩们学会定义自己，是通过反对所有女性化的事物来完成的。他们懂得了男人应当隐藏自己的情绪，做出

---

1 卡罗尔·吉利根（Carol Gilligan）、娜奥米·斯耐德（Naomi Snider），《为什么是父权制？》（*Pourquoi le patriarcat ?*），法文版由塞西尔·罗什（Cécile Roche）、瓦妮莎·纽罗克（Vanessa Nurock）翻译，Climats，巴黎，2019 年（以下引用均出自此书）。亦可收听卡罗尔·吉利根和维克图瓦·蒂阿永的访谈（访谈以英文进行）：《父权制对爱情做了什么》（Ce que le patriarcat fait à l'amour），*Les couilles sur la table*，Bingo Audio，2019 年 11 月 28 日。

独立、冷漠和疏远的样子。女孩们则进退维谷：要么表达自己的想法，从此变得"不受待见"，要么伪装自己的个性，好让自己被社会接纳，融入其中。社会强迫她们在"发声与恋爱"之间做出选择。最终，"我们将女性气质与伪人际关系（让自己变得沉默）联系起来，把男性气质与伪独立（提防对恋爱的渴望和敏感）联系起来"，这让我们顺便理解了为什么在当代恋爱与性爱关系中，疏离是一种如此受追捧的态度。"疏离被认为是成熟的标志，因为它折射着男性伪独立的理想。根据父权制的准则，它等同于人类存在的全部。"卡罗尔·吉利根的合著者娜奥米·斯耐德如此总结她的观察。父权制的法则向男孩强制要求的自我阉割已成为一种最高价值，女性跟男性一样，都应力求实现这种自我阉割。

洛朗·夏马在其剧作《好男》中提到了男孩在成长过程中必须经历的成年礼，它巩固了他们对父权制的忠诚。"关于你们女孩子从小被教育的方式，可能有一千件事情要重申，但我可以谈一谈我在我的位置上观察到的情况：如果你是男孩子，性格敏感，可以，但是不要太多……要保持冷静！最后你自问：冷静能干什么？我们知道答案：变成傻大个儿。我们就是这么个东西，傻大个儿，木头一块，人形石柱。我们完全接受了对自己情绪的自我审查，禁止自己有感觉，抑制自己的情感，期盼着法国赢世界杯，这样我们就终于可以大喊："是的！我有感情，而且能看出来。我有感受，并且我承认它！现在不原地乱蹦的人都没有被感动！"过了一会儿，他继续说，"没有人教我们如何跟自己的情绪发生联系。还有更糟的，我们被教着不去和自己的情绪发生联系。"重点在于把自己定义为女孩的反面，"女孩嘛，她们互相倾听，女孩只跟女孩聊天，男孩不能这样。女孩嘛，她们试图通过理解自己来理解别人，男孩不能这样。女孩嘛，她们写日记，审视自己的情感，男孩不能这样。我记得小时候，我的姐妹[1]都有日记本，我没有……但我很想有！当然想了！要是有这么一个小本子，能让你用粉红色的笔在白纸上顺着时间的轨迹记录你的存在，我太想要了！我看着我的姐妹们趴在小书桌上写着，'亲爱的日记，我今天经历了这件事'，当时就觉得'这看起来多棒呀'……但是没有，在男孩的世界里，日记是不存在的。就连日记本这个东西都是不存在的，不是吗？我不知道，我们生活中都去过文具店，但我从来都没碰到过带着一把精致的小锁、一把小钥匙，钥匙上还带着小链子，封面上还印着内马尔的日记本！好家伙，你搞什么呢，兄弟？没有的，没有这样的东西！印刷厂从来不印这种东西。我甚至都不知道清泉[2]有没有考虑过出这样的日记本。"他总结道，"你看到了一种文化的力量，就像社会给我们施加了一股压力，我们便乖乖就范了。"

1　其中一位就是后来的导演瑟琳·夏马（Céline Sciamma）。
2　Clairefontaine，法国著名文具品牌。——译者注

在提到温迪·兰福德笔下的同一现象时，卡罗尔·吉利根借用了性别塑造而不是精神分析的理论来解释。她邀请我们积极对抗父权制在我们内心深处的影响，而不是依靠浪漫邂逅来治愈自己，让自己以短暂且虚幻的方式摆脱这种影响。她邀请我们把爱情变成一场永久的革命。她高呼，父权制秩序强加给我们的牺牲并非无法避免。每当一位男性敢于"袒露自己的感受"，或者一位女性敢于"看见并说出她发自内心的想法"，这个秩序就被颠覆了。一位父亲为自己十一岁女儿的坦率和直爽而惊叹，他向卡罗尔·吉利根坦言："我不想有一天她失去这些。"卡罗尔回答道："您正在为社会改变做贡献。"她和娜奥米·斯耐德共同写道："我们要知道，虽然父权制在我们身上已经根深蒂固，但是'政治变革取决于心态转变，反之亦然'。"[1]

"因为你活着"

在英剧《性爱自修室》(Sex Education) 中，我们便可以看到这种心态转变。剧中莫代尔中学的学生们一个比一个可爱，他们发现自我，将自己交付于爱情的惊喜，克服恐惧、羞耻和禁忌，颠覆了校长迈克尔·格罗夫（Michael Groff）这个坚强而孤僻的男人所代表的父权权威。校长的儿子亚当·格罗夫（Adam Groff）也在该校

1　卡罗尔·吉利根、娜奥米·斯耐德，《为什么是父权制？》，同前文所引。

念书，他受到自己父亲权威的双重压迫。在剧集开头，亚当（这个角色的名字如此具有象征意味，这绝不是巧合）的出场代表了典型的粗犷男子气概：面无表情的傻大个儿、智商和情商几乎为零、众所周知拥有巨大的阳具、把时间花在恐吓和勒索其他学生上。他惧怕他的父亲，而后者逼他听话，不停威胁他，说要送他去军校。当亚当发现自己是双性恋时，他惊呆了；他跟同学埃里克（Eric）相互吸引，但是他无法公开此事。最后是他的母亲莫琳（Maureen）向他展示了自由的道路。被丈夫的冷酷伤透了的她，提出了离婚。

"当你爱一个人时，你内心总有一小部分害怕有一天你会失去这个人。"她向儿子如此解释道，"而且我认为你父亲非常害怕这种感觉，怕到他禁止自己有任何感觉。但是你必须让别人知道你爱他们，就算这一定会给你带来巨大的痛苦。"

"为什么呢？"亚当反问道，他对此感到非常困惑，"这听起来糟透了！"

"因为你活着。"她简单地回答他。

这番话让儿子醍醐灌顶。他赶紧将母亲的建议付诸实践，从而经历了一次惊人的生理转变：他之前宛如一张阴沉而冰冷的面具的脸第一次生动了起来，散发着光彩，展示着喜悦。他的母亲劝他拥抱"爱情可能带来的脆弱"——这里我借用了卡罗尔·吉利根的说法——她仿佛让他从父权制的诅咒中解脱了出来。当亚当再次碰见自己的父亲时，大方地向他抛出了一句："你好吗，爸？"而在此之前，他刚刚当着全校人的面宣布了自己对埃里克的爱意。恐惧与顺从消失了，仇恨也随之化解。

与此同时，很多男人还是石头一块。而最可悲的也许是我们竟把男性的冷酷和沉默情色化了，竟在其中看到了神秘与深度，看到了一种阳刚、迷人的气质。我和我的一位女性朋友将此命名为"唐·德雷珀效应"（effet Don Draper），因为有一次聊天时，我和她试图解读是什么让《广告狂人》（*Mad Men*）的男主角如此迷人。我们得出了如下结论：这些男人的态度是如此扫兴，以至于他们稍微敞开心扉，稍稍袒露心声，不论这举动有多胆怯、多短暂，都会被视作动人的顿悟。那男的对你说了几句稍显私密的话，你就情绪激动到倒地抽搐，被这至高无上的心灵相通的一刻击中。事实上，《广告狂人》几处最经典的场景都发生在困在秘密中的男主人公隐约透露出他的情感、脆弱和灵魂的时刻。他很少向两任继任妻子贝蒂（Betty）和梅甘（Megan）袒露自己，她们都是美貌动人的战利品，他和她们保持着合约（与压迫）关系，他更愿意向其他女性袒露自己：他的同事佩姬·奥尔森（Peggy Olson）[1]或安娜·唐·德雷珀（Anna Don Draper），安娜是被他篡夺了身份的那个男人的遗孀。然而，虽然这种机制能诞生辉煌的电视剧时刻，但在生活中它大大鼓励了女性倒退陷

1　尤其在高能的第 4 季第 7 集《行李箱》（The Suitcase）中。

入十年半载的心理虐待中，让她们希望——通常是徒劳地希望——有一天奇迹会再次发生，并且希望这一奇迹会随着时间的推移安定下来，变为常态。如果我们将这情感的匮乏转移到我们的其他需求上，我们就能更好地看出这种情形是多么站不住脚：当然，挨饿时，一小块陈面包都能不可思议地呈现出盛宴的样子；渴到不行时，一口腐水都仿佛凉爽无比。然而我们是否能将自己局限于如此糟糕、可悲的饮食？我们是否能将此作为生活的原则，不让自己去品尝这地球上成千上万的珍馐玉液？

此外，大多数情况下，拥有一个情感封闭的伴侣的女性会表现出深深的绝望。当雪儿·海蒂在 20 世纪 70 年代针对四千五百名女性进行调查时，百分之九十八跟男性谈恋爱的女性希望与男方进行"更加亲密的对话"，她们希望对方能告诉自己更多"他的想法和感受，计划和担忧，并询问她们对他们的看法"。部分女性说，她们从未像结婚后那样孤独；还有女性晚上在熟睡的丈夫身旁哭泣。[1]我们不能确定五十年来情况是否发生了根本变化（也不能确定在大西洋的这一岸，情况是否大不相同）。2021 年 2月，在美国网站 The Cut 的情感专栏《有事问波莉》(*Ask Polly*)上，一位三十多岁的英国女性分享了她分手后的感受。她说她身边所有人都认为她和她前男友是一对理想伴侣，尽管如此，她对亲密的渴望却总是遇挫。"我认为

1　雪儿·海蒂，《海蒂性学报告》，同前文所引。

与另一人建立深厚且亲密的关系是生活能给你带来的最大乐趣之一。"她还认为做自己的"影子工作"，试图了解自己，是活着这一事实中"最迷人和要紧的"方面之一。但她的前男友却不明白她想从他那里得到什么，并且认为她把事情无用地复杂化了。她在自己周围看到了许多类似的情侣，在这些情侣中，女方希望伴侣能像自己一样进行反思和情感投资——然而只是徒劳。她声称她永远不会想和一个"不愿接受心理治疗"的男性谈恋爱。

"波莉"在回信中首先指出，在我们"个人主义和工作至上的文化"中，人类幸福的基础是个人和财务上的成功，其余一切都被视作对时间的浪费。她指出，就连心理治疗也往往被视作一种提高自己效率的方法，而不是"探索自己的伤痕、了解自己的影子、培养内心生活、摆脱羞耻、不断发现新谜团和新层次"的工作。她建议来信人去找一个"好奇、开放、渴望学习新事物——关于她、关于自己、关于双方各自的过去、关于世界的新事物"的男人，而不是一个有可能接受心理治疗的男人——"接受治疗"是个略显狭窄的标准，更何况不是所有人都负担得起。她说，当一个人拥有这种好奇心时，我们能看出来：这种人不以礼貌的评论结束讨论，而是"提出开放式的问题，并倾听回答。他们被你的思维方式吸引，为你提出的宏大想法而兴奋，对发现这一过程本身感到兴奋"。

但是"波莉"也劝告这位年轻女性不要过于仓促武断地下判断，不要把男性分成两个截然不同的类别：一种是那些"没空、抱有回避态度"的人，另一种是"完全有空、开放、敏感、拥抱自己感受"的人。她说于她而言，她很喜欢"模棱两可但是好奇，优先考虑他们的理性，但也试图在情感上进步"的人。她总结道："您应当寻求的，是勇气，是一个好奇而投入、对思想感兴趣而不惧怕未知的人。这样的男人满大街都是吗？当然不了，但是他们存在。是不是因为这种人难得，所以您就应该灰心丧气？我不这么认为。"[1]

在这里，我们还必须引用贝尔·胡克斯的这句话：在感情方面，女性往往很傲慢，因为她们"陷入了对充满性别歧视的教育的神化中，这让她们相信自己知道如何去爱"。女性更应该培养自己爱的能力，可是她们做出的努力已经比男性多很多了，这让我很恼火。但我们必须承认，贝尔·胡克斯的论点非常棒，首屈一指的就是，如果我们讨厌自己的身体，我们便很难去爱——很多女性因为自己的教育背景，都处于这种情况之中……[2]

然而应当指出的是，尽管以上段落有可能给人造成异性恋伴侣之间的亲密与分享是遥不可及的乌托邦的印象，但事实并非如此。在回答了雪儿·海蒂提出的问题的女性中，部分人对以下观点十分满意："我们经历了探讨私密

1 希瑟·哈维利勒斯基（Heather Havrilesky），《"我只想和咨询过医生的男人约会！"》（"I only want to date men who've been through therapy !"），The Cut，2021 年 2 月 3 日，www.thecut.com。
2 贝尔·胡克斯，《交心》，同前文所引。

话题的各个阶段。这非常激烈。我认为我们任何人都不能全天候忍受这种强度，所以我们不会一直做这件事。我们一起经受了漫长的心理治疗，袒露了自己的灵魂。整个经历热情、欢乐、充满爱意，让我们解放自我——总之就是事情该有的样子。"其中一名女性如此说道。另一位女性和她的伴侣每天都会分享"横卧时刻"：他们面对面躺下拥抱，互相凝视，倾诉心声。第三位女性说道："他问我过得怎么样，想知道我一天生活中的点点滴滴；他告诉我他工作上发生的事情，我们彼此交换有趣的故事。我尤其喜欢他在我泡一个长长的澡时，坐在我身边跟我说话。这时我可以放松，大声说出我的想法，想到什么就说什么。我们就这样保持亲密。"[1]2019年底，作家萨曼莎·巴伊和伴侣安托万·费松结伴游玩加拿大、美国和日本，二人的游记提供了一个令人印象深刻的例子，展示了一对保持着强烈亲密关系的情侣。他们利用在路上开车的时间和在餐馆吃晚饭的时间进行重要的长对话。他们手牵手漫步在旧金山的街头，玩两人最喜欢的游戏"猜我最喜欢哪个"：双方都必须猜出对方最想住在这条街的哪栋房子里。这个习惯证明了两人对彼此的关注，证明了他们相互了解的渴望。[2]

1　雪儿·海蒂，《海蒂性学报告》，同前文所引。

2　萨曼莎·巴伊（Samantha Bailly）、安托万·费松（Antoine Fesson），《括弧：从蒙特利尔到冲绳的旅行手记》（*Parenthèse. Carnet de voyage de Montréal à Okinawa*），Les Impressions nouvelles，布鲁塞尔，2021年。

学会放弃

关于跟温迪·兰福德会过面的女性，我们还有一个问题要问。我们可以看到，尽管她们中的一些人既没有像家庭暴力受害者那样生活在某种暴政之下，也没有在经济上依赖自己的伴侣，但她们在关系中仍然非常不快乐：她们为什么不离开呢？温迪·兰福德引用了二十八岁的莎拉（Sarah）和她二十六岁的男友韦恩（Wayne）的案例。莎拉知道韦恩跟其他女人有染。她疯狂打扮自己，包揽所有家务，虽然恨死了足球但仍然和男友一起看比赛，就是希望他有朝一日会"许下承诺"。爱上他后，她曾觉得自己无坚不摧；而现在，她却在不断瓦解。莎拉成了温迪·兰福德所说的"安全感悖论"的受害者：一旦我们因为某个人获得了存在上的安全感，并开始觉得我们因独特而强大，就很有可能导致我们继续在这段关系中寻求满足感，就算这段关系同时"削弱了我们的自信心，加剧了我们生活中各种各样令人痛苦的矛盾"。女性的自尊心越是受亲密关系的破坏，她们就越依赖于伴侣的注视与认可——这种现象在家庭暴力受害者身上体现得淋漓尽致。温迪·兰福德观察到，由于对自己的潜在价值毫无信心，女性受害者们认为，以放弃"自主权和主观性"为代价换取某种情绪上的安全感是合情合理的。这种逻辑最终让她们画地为牢。然而迟早有一天，她们都不得不面对一个痛苦的现实：如果她们只在坠入爱河时才有找回自己的感觉，那么从此以后，为了忠于这个新的自己，她们必须与当时解放她们那个男人分开。对爱情之梦保持忠诚最好的方式就是放弃它。这便是莎拉在谈到韦恩时最终承认的："我感觉唯一能从他那儿获得一点尊重的方式就是甩了他。"[1]

我们从小就被教着去关注爱情的魅力，如果我们让自己的价值很大一部分取决于一个男人在我们生活中的存在，就会增加抽身或分手的难度。这种教育不仅在一段恋情的过程之中削弱我们，还会在恋情结束后继续削弱我们。在鲁皮·考尔的某些诗中，我们可以看到对恋情的依恋与自我价值，或想要赋予自我的价值之间痛苦的张力。比如她写道："当你只是站在那儿就已经吸引了我 / 我要如何转身选择我自己？"或者："你离开 / 我仍想要你 / 但我值得一个 / 想要留下来的人。"抑或："如果他真的是爱情 / 他会在那儿的，不是吗？"[2]

2019 年秋天，我爱的男人第二次结束了我们之间的关系。他在他的生活中找不到爱情的位置，但他似乎并不希望我们因此停止见面或停止保持亲密关系。起初我接受了，就像我在第一次分手后接受的那样。接受，意味着绝口不谈我被伤得有多深，封起我的失望与悲伤。这让我没办法翻篇，让我始终希望这段故事还能再继续。在当时的我看来，让他离开我的生活是无法想象的，如果我不再见

1　温迪·兰福德，《心的演变》，同前文所引。
2　鲁皮·考尔，《太阳与它的花》(*Le Soleil et ses fleurs*)，法文版由萨比娜·罗兰翻译，NiL，巴黎，2019 年。

他，我会掉入某个黑洞之中。然而几周后，我意识到这种可能性不再让我像之前一样恐慌。我保持了距离，尽管困难重重，但我自我感觉非常好。我与自己和谐相处；我自我欣赏。尽管之后我又有过悲伤和想念的时刻，但我不后悔我的决定。我把"我值得更好的"这一事实转化成了行动；这总比一个悲情故事好（在经历了心花怒放的几个月后，我们也经历了我们的"反革命"）。我值得一个真正想要我的人，一个准备好在自己的生活中为我留出位置的人。这一点我在这段关系更早的时候就已经明白了，但它当时只是一种纯理论知识，不坚实且毫无分量，然而这一次，我实践了它。保持距离的好处第一次变得实实在在起来，而以前的我总是牺牲这份好处，因为当时的我认为它与复合（就算只是柏拉图式的复合）的快乐比起来微不足道。从那一刻开始，我明白我必须为自己考虑。那时的我就像一艘失事船只的遇难者，在暗夜里漂流，突然惊喜地发现自己抵达了一片从未期许过的海岸。

这期间，我做了一个梦。我梦到自己从莫伯尔广场[1]出了地铁，不知道从哪里回来，正要步行回家时，遇到了一位失散已久的老朋友。我很惊讶自己梦到了他，因为我已经很久没有想起过他了。他说要送我回家，这让我不悦。对我来说，这个男人过于喜欢我了。我知道他有多黏人、不稳定和不可预测。我甚至怕他会攻击我，强求进我

1　Place Maubert，巴黎地铁 4 号线站名，位于五区。——译者注

家门，我想着那时我要如何设法求助，因为他是朋友，没有人会把我的求救当回事。我告诉他我要往反方向走，试图以此脱身，但令我沮丧的是，他跟着我一起改了方向。我心里想，这样偶然碰到他，我是真的很倒霉。梦到此结束，但它很清晰地留在了我的记忆中，于是我把它讲给一个认识的女巫听，同时心想："希望你好好解读出我这个梦，老太太。"她首先向我指出，梦里我正从地铁站出来：我又一次上路了，处于移动中。（事实上，那段时期我的梦里总有某种交通工具：电动滑板车、小摩托、公交车……）接着她提醒我，所有出现在我们梦中的角色都是我们自己的一部分，体现着我们心理层面正在变化的力量。她问我如果我现在和梦到的男人面对面，我会对他说些什么。我想了想说："我会说我害怕他，我不确定我能否信任他。"突然间，我恍然大悟：透过我的梦境，这位旧友代表了我自己的一部分，正是这部分自我让我与所爱之人斩断了联系，并让我在这么做的同时感觉良好；也是这一部分自我让我陶醉在自我欣赏的念头里——总而言之，就是我发现了自己的一项新能力，它让我无论如何都不想再维持那段关系。我对自己的新能力感到惊讶，我不明白它从何而来，我自问我是否可以信任它，它会不会像那个在梦中出现在地铁口的人一样，把我引向毁灭与不幸。

丽芙·斯托姆基斯特在她的漫画《最红的玫瑰开放了》中声讨了污名化女性，认为她们"太爱"，认为她们的爱不妥、太具侵略性的言论。她捍卫的观点是我们应当放手去爱，不用担心感情是否对等，原因很简单，因为爱"很酷"，爱是幸福的秘密和生活的意义。她批评了将爱情视作一种需要期待回报的投资的观点。她打破了"一种目前的理想，即爱情之路要自我保护、小心翼翼，要防范付出的爱多于得到的爱，以确保关系中的'平等'"。她给出了两位女性的例子，尽管在爱情中遇到种种困难，她们仍旧忠贞不渝：19世纪初的卡罗琳·兰姆夫人（Lady Caroline Lamb），在与拜伦勋爵（Lord Byron）分手后，她仍热情似火地追求他；印度神话中的帕尔瓦蒂公主（la princesse Parvati），面对湿婆的冷漠，流亡森林数年，直到心爱的人前来考验她，她的忠贞才终于得到了回报。丽芙·斯托姆基斯特写道，第二个故事给我们的经验是"爱的道路是毫不妥协的完全献身"。[1]

　　这番话在我的内心激起了冲突，冲突的双方是我的女权主义信念与我神秘主义、绝对主义的爱情观。但在综合考虑后，我强烈反对丽芙·斯托姆基斯特书中提出的观点。首先，她叙述的两个故事是有区别的：帕尔瓦蒂公主隐身沙漠之中，而卡罗琳·兰姆夫人在拜伦勋爵身边制造了一系列丑闻。与卡罗琳·兰姆夫人彻底死心，"自尊自爱"相比，她这样的行为"更让拜仁勋爵痛苦"，丽芙·斯托姆基斯特对此十分满意。她说，所有"自私的混

---

[1] 丽芙·斯托姆基斯特，《最红的玫瑰开放了》，同前文所引。

蛋的梦想"就是遇到一个认命的女人，他们可以抛弃她，并且不用承受任何后果。然而，卡罗琳·兰姆夫人的行为从任何角度看来都符合性骚扰的定义，这还是构成了一定的问题。再者，一个提出分手的男人可能是一个"自私的混蛋"，也可能不是。而且就算他是，作为成年人，如果对方不希望将关系继续下去，我们应该接受这一自主的决定。一边要求男性停止破坏前任的生活，一边自己又在做同样的事（尽管女性很少威胁到前任的人身安全和生命），这在我看来难以理解。

有这样一种联系，曾让我和前任陶醉在美好的感受中，让我们感到自己是如此强烈地活着，然而这纽带断裂了。起初我奋起反抗，我不后悔我曾反抗，但我也不后悔放手。一个人是跳不成探戈的，爱情的美丽就在于这里。这并不意味着丽芙·斯托姆基斯特说的"一瞬间扼杀自己爱的感觉"。事实上，鉴于男女两性教育的差异，许多异性恋女性会发现自己手头还有多余的爱，这几乎不可避免。我们至少可以考虑一下用这些多余的爱来做什么，把它们给一个不再对此作出回应的人不一定是最优解。我们不能替对方去爱，不能把自己想要恋情继续的渴望注入对方身上。一条老实的狗会不知疲倦地把扔出去的球捡还给自己的主人，我们不能像狗一样永远在挽救一段对方已经抛弃的关系。我们必须给对方留出必要的空间，让其表达自己的意愿，同时接受这有可能意味着恋情的结束——也就是让那被扔出去的球永远留在某片丛林中。

在我看来，我们很难撇开自尊问题不谈。在这里，如果我们想（顺着伊娃·易洛思的步伐，丽芙·斯托姆基斯特也援引了她的话）批判在爱情关系中被应用的资本主义式理性，我们最终将合理化并增强女性被灌输的自虐倾向，而这是危险的。嘲弄对"自我保护"的关注，告诉女性读者"爱的道路是毫不妥协的完全献身"——这正是我们的文化从女性儿时就告诉她们的——的风险是将女性手脚捆绑着交送给有虐待倾向的伴侣，在我看来这几乎是犯罪行为。没错，这是真的：这个社会教会了我们对爱成瘾，然后让我们因此变得滑稽可笑。（丽芙·斯托姆基斯特重现了这一性别歧视，她画了一位目光狂热的年轻女性的面孔，旁边写着："我有你的号码。我想给你生孩子。"）在这里，跟之前一样，父权制对女性的态度可以概括为："正面朝上我赢，反面朝上你输。"但我们不能通过增加对爱情的上瘾来自救，爱情成瘾依旧是一个实打实的问题。

2018 年 8 月 12 日，索菲·丰塔内尔在 Instagram 上发布了一张自己度假屋的照片，并附上了这样的文字："今天，当我在你们看到的这两扇门前睡去，我梦到了它，在我并不习惯的完全休息中。我想到了我的那些爱情故事，尤其是最近的一段。我突然明白了一些事情。直到不久前，我都更愿意对着那些封闭或者半开放的心较劲，我总是习惯把希望和自己最好的一部分撞向南墙，我厌倦了。我觉得自己不对劲，因为我觉得我终于失去了锁匠的灵魂。这可能就是我打开自己的钥匙，而今后，男人要找到这把钥匙才行。所有一切都在这里成熟，我看到了我之前反反复复的斗争有多么荒谬。我们投身征服，是因为说到底我们怀疑自己。我们说服自己如果我们不努力就什么也得不到。懒惰给我上了宝贵的一课。活到老，学到老。这简直是奇迹。"

很有可能不久后的某天，我会改变主意，放弃我美好的决心，选择追随一段恋情，无论哪一段，并且不管它是否能给我带来满足感（我在两种态度之间还没办法做出痛快的抉择）。如果这件事情真的发生，我至少不会回到我以前的位置上——那些梦里走过的路不能白走。至少，我会触及这种情感，抵达此岸。我将进一步理解这一点：爱上爱情，真正爱上爱情，也意味着学会不固执，学会重新上路，就算脚步踉跄。

4
—

大剥夺

成为情欲的主角

日本艺术家朝仓庆隆（Keiryû Asakura）在两年时间里致力于创造出终极的性玩偶，它能在触摸时给人活生生女性身体的幻觉。"这个玩偶栩栩如生地重现了一具年轻女性的身体，皮肤被剖开，宛如被解剖的尸体。"博主阿涅斯·贾尔如此总结这一现代皮格马利翁项目[1]，"她的眼球似乎要从眼窝里蹦出来，大腿上的肉像是被刀削去了，双手的肉则暴露在外，露出了骨头。"这个玩偶拥有"可拆卸的外阴，就跟在性用品商店可以买到的玩具一样，只需将其插入玩偶两腿之间的空腔"。艺术家解释说，他"需要在不伤害任何人且无须投入一段感情的情况下为自己的性欲找到一个宣泄口"。早在2004年，阿涅斯·贾尔就专门为日本性玩偶公司撰写了一篇文章，他们制造的硅胶玩偶"love dolls"既能充当妻子，也能充当性伴侣。其中一家公司的创始人解释说："玩偶不能微笑。她们的表情应该是空白的，这样她们的主人才能将自己的幻想投射到她们身上。她们必须毫无抵抗力，轻松适应各种角色和性格。玩偶必须折射出我们的梦。"她们还必须拥有孩子般的面孔，因为购买者"想要看起来青涩、毫无经验

1　在希腊神话中，雕塑家皮格马利翁（Pygmalion）爱上了自己的雕像伽拉忒亚（Galatée），她被女神阿芙洛狄忒赋予了生命。

的女性"。[1]

阿涅斯·贾尔坦言朝仓庆隆的创作"看起来可能很吓人",但她话锋一转:"这不是什么恋尸癖。恰恰相反,这是创造生命。"[2]我有点难以分享她的热忱。事实上,她的文章让我不寒而栗。也许是因为在读该文章之前的好几个月的时间里,也就是为写本书做案头工作期间,我不断遇到某些顽固不化男性,他们拒绝接受女性也拥有自己的人格。也许有一件小事让我很不舒服:总是男人在试图"创造生命"。奇怪的是,我们从未听说过有什么日本女艺术家因为受不了真实的男性且不想"投入一段关系中",所以决定在地下室创造终极的男性性玩偶。女性通常接受了男性的主体性;她们甚至对此充满好奇,对此加以要求。这种"开放心态"有很充分的理由,不论男女,处于被支配者的地位会强制我们去关心支配者的心理,因此很多公司员工会花大量时间观察他们的老板,揣摩他的性情和感受,猜测他性格的奥秘之处,但老板不会对员工如此。我们也看到整个社会如何采取了男性的视角,自发地设身处地为他们着想,首先关心男性的欲望和情绪,这让女性永远不把重心放在自己身上。这也意味着在一段异性恋关系中,重点被放在了男性的欲望、幻想和视角

1　阿涅斯·贾尔（Agnès Giard），《你爱我吗，我的娃娃？》（Tu m'aimes, poupée ?），《魅力》（Glamour），2004 年 12 月。

2　阿涅斯·贾尔，《解剖学的性爱傀儡？》（Une marionnette sexuelle anatomique ?），Les 400 Culs，2020 年 11 月 23 日，http://sexes.blogs.liberation.fr。

上，而女性则必须回应这种投射，满足男性的期待。这样的角色分配是根深蒂固的。1972年，离女权主义影评人劳拉·马尔维提出"男性凝视"（male gaze）[1]理论还有三年，约翰·伯格在《观看之道》中展示了绘画中的女性裸体如何折射了这种关系。一幅画的主角并不是画中人，而是观者，且这个观者必定被视作一位男性。"一切都为他而造。一切都必须作为他存在的结果而出现。画中人为他而裸。"约翰·伯格把安格尔的《大宫女》（La Grande Odalisque Ingres）和一本男性杂志上的模特做比较，强调了两者态度的相似性。画中宫女的目光越过自己裸露的肩膀直达画外人，杂志模特则凝视镜头："这是一个想象自己被男人看着的女人的目光，虽然她并不认识这个男人，但是她以精心考量过的魅力回应他的目光。"〔几年后的1989年，美国女性主义视觉艺术家团体"游击队女孩"（Guerrilla Girls）创作了一张海报，海报上《大宫女》的人头被换成了一只咆哮的大猩猩头，旁边附问："女性是不是只有赤裸着才配进入纽约大都会博物馆？只有百分之五的现代艺术家是女性，但百分之八十五的裸体都是女性裸体。"〕绘画中男性的存在通常是一个胖乎乎的丘比特，这对观者来说构不成严肃的竞争者。但是约翰·伯

1　劳拉·马尔维（Laura Mulvey），《视觉快感与电影叙事》（Visual pleasure and narrative cinema），《银幕》（Screen），第16卷，第3期，1975年秋。法文版为《视觉快感之上：女性主义、谜团、迷影》（Au-delà du plaisir visuel. Féminisme, énigmes, cinéphiles），Mimésis，塞斯托－圣乔瓦尼，2017年。

格指出，就算画中的女性有情人陪伴，如汉斯·冯·亚琛[1]的《巴克斯、刻瑞斯与丘比特》(*Bacchus, Cérès et Cupidon*)[2]，刻瑞斯的注意力也不在情人身上，而是在站在这幅画前面的男人身上，他才是她"真正的情人"。在布龙奇诺[3]的《维纳斯胜利的寓意》(*Allégorie du triomphe de Vénus*)中，维纳斯亲吻着丘比特，但是"她摆放身体的方式跟亲吻毫无关系"：她的身体是扭曲的，以便满足看不见的观者的窥淫欲。观者的目光宛如磁力，把女神的身体吸引向了画外。约翰·伯格评论道："这幅画只是为了激起观者的性欲，跟女性的性毫无关系。"

这种至高无上的主体性与男性凝视的结果就是女性学会了将自己视作提供给男性和全世界欣赏的一种景观。"一个女性必须时刻注意自己，"约翰·伯格说，"她对外展示的自我形象几乎时刻伴随着她。当她穿过一间房间或者为父亲过世而哭泣时，她无法不看见自己在行走或哭泣。"他由此得出了这个此后被无数女权主义作品引用的著名结论："男人看女人；女人在被看的同时自我观察。"他补充道，"这不仅决定了男性与女性之间的关系，也决定了女性与自我之间的关系。"[4]1980年，女权主

1　Hans von Aachen，16世纪德国画家。——译者注

2　巴克斯是罗马神话中的酒神，刻瑞斯是罗马神话中的谷物女神，丘比特则是罗马神话中的小爱神。——译者注

3　Bronzino，16世纪意大利画家。——译者注

4　约翰·伯格，《观看之道》，同前文所引。

义评论家安妮－玛丽·达迪尼亚[1]发表了针对多部法国色情文学作品的研究《爱神的城堡》。她注意到，这些作品中的女主人公看待自己身体的唯一方式是"将自己认定为客体／物品"[2]；当她们"思考自己的身体、衣服和妆容时，依据的是男人会看到什么——她们看到自己被男性的目光注视着"。因此，当安德烈－皮耶尔·德·芒迪亚格的小说《黑色摩托》（*La Motocyclette*，André-Pieyre de Mandiargues）中的女主人公丽贝卡（Rebecca）一个人面对镜子缓缓脱下骑行服，而底下什么也没穿时，作者写道："她想象着他透过他沼泽色的眼睛所看到的，她想象着他看到这番情景会有怎样的快感。"[3]

女性的所有存在都被这种关系，这种永远知道自己被注视的意识塑造，这会阻止女性接近自己的渴望、感觉和感情。玛农·加西亚重拾了波伏瓦当年对女性身体提出的开创性分析并指出："从青春期开始，女性的身体在没来得及成为自己的身体之前就已经被物化了。"当街被骚扰、还在发育的身体被针对进行充满性意味的评头论足，都让女性在完全感受这具新身体之前就意识到自己是一个物品。这就解释了众多女孩在青春期时的不适与反

1　我有幸为该作者的一项女性报刊研究作序：安妮－玛丽·吕冈·达迪尼亚，《铜版纸上的女性："女性"报刊，意识形态功能》（*Femmes-femmes sur papiers glacé. La presse « féminine », fonction idéologique*），La Découverte，Cahiers libres 丛书，巴黎，2019 年。
2　法语中的"客体"与"物品"为同一词，即"objet"。——译者注
3　安妮－玛丽·达迪尼亚，《爱神的城堡》，同前文所引。

感，她们拒绝这具给自己带来费解的注意力的新身体。"[1]芭芭拉·L.弗雷德里克森和托米－安·罗伯茨肯定了这一观察："也许，少女第一次明白了她将被他人视作一具身体，而不是她自己。"在1997年的一篇文章中，上述两位美国学者详细讨论了物化及其对女性心理健康的影响。[2]她们的结论中有这样一条：虽然男性也在艺术和媒体中被呈现，但重点通常放在他们的面部线条上，而女性，"重点被放在了身体上"——黑人女性尤甚。"杂志甚至频繁地展示被肢解的女性，在照片上截除她们的头部，只关注她们的身体部分。"法国内衣品牌Audabe的广告被寓意深长地命名为"诱惑课程"，是上述操作的典型例子。

芭芭拉·L.弗雷德里克森和托米－安·罗伯茨写道，物化创造了一种文化环境，在这种环境中，女孩与女人"将自己视为待观看和评估的对象"——这不是没有原因的，因为自己的身材是否受欣赏，对她们职业和爱情生活的影响远比男性大。[3]例如，我在《致命的美丽》中提到

1　玛农·加西亚，《我们不是生来屈服，而是被造就的》，同前文所引。
2　芭芭拉·L.弗雷德里克森（Barbara L. Fredrickson）、托米－安·罗伯茨（Tomi-Ann Roberts），《物化论：理解女性的亲身经历与心理健康风险》（Objectification theory. Toward understanding women's lived experiences and mental health risks），《女性心理季刊》（*Psychology of Women Quarterly*），第21卷，第2期，1997年6月。
3　同上。

过，隆胸有时会让乳房失去对爱抚的感受。[1] 该手术意味着优先考虑他人眼中的视觉效果，甘冒牺牲自己感觉与快感的风险。如今这种倾向大大增强了，因为人们可以在交友软件、Instagram 或其他平台上展示自己，同时希望能勾起欲望，将发布内容变现。一位年轻的英国记者调查了"巴西提臀术"，即"BBL"（Brazilian Butt Lift），这是世界上需求增长最快、致死率最高的整容手术。一位做手术的客户向记者解释说，因为在交友软件上修图，闺蜜们再也不敢约会了，因为照片与现实的差距太大："做 BBL 就是直接修改自己的身体，这样就不用再修图了。"在二维世界考量自己，把自己想象成一堆像素的集合体，这迫使人否认自己是一个有血有肉的存在，有愉悦与痛苦的能力（这位客户说，术后几周，当别人轻轻碰到她身上被抽取了用来填充臀部的脂肪的区域时，她"疼得失声尖叫"）[2]。一张照片本应什么都无法证明，因为它既没有感情，也没有目光，更没有思想与欲望。

1　莫娜·肖莱，《致命的美丽》，《支配者独白：女性气质即服从》（Le soliloque du dominant : la féminité comme subordination）一章，《女性是物品吗？》（Les femmes sont-elles des objets ?）一节，同前文所引。

2　由索菲·埃尔姆赫斯特（Sophie Elmhirst）引用，《巴西提臀术：揭秘世界上最危险的整容手术》（Brazilian butt lift : behind the world's most dangerous cosmetic surgery），《卫报》，2021 年 2 月 9 日。

拧松目光的老虎钳

最近，有两个截然不同的事件帮助女性放轻了自我苛责。首先，从 2017 年秋天开始，#MeToo 运动通过大规模谴责性暴力创造了一种文化背景，在该背景下，像之前一样物化女性变得略为困难了些。这一运动的后果是无法估量的，但我在此想就一小事宕开一笔：早在 2018 年 1 月，《嘉人》就注意到，两个别出心裁的内衣品牌在广告中启用了穿戴整齐的女性。[1] 其中一家品牌拍摄了作家玛丽 - 夏娃·拉卡斯（Marie-Ève Lacasse）、击剑手伊萨奥拉·提布斯（Ysaora Thibus）和艺术家阿尼娜·卢赛森（Annina Roescheisen）：这些女性因为自己的人格、激情和才能被选择出镜，而不是根据"完美"、毫无个性化和可替换的外形被选择并被当作物品对待。《嘉人》记者分析道，这则广告"展示的是有令人敬佩的历程的个体，而不是衰弱无力的肉体"。另一则广告由摄影师马里奥·特斯蒂诺（Mario Testino）掌镜，他说他想"捕捉这些女性在外衣之下穿着内衣的感受"——总之，重点在于她们的感受，而不是或者不仅仅是她们所提供的景观。符号学家马里耶特·达里格朗（Mariette Darrigrand）评论道："他们卖给我们的是女性的创造力和行动力，一个展示自己内

1　埃马努埃莱·迪库尔诺（Emmanuelle Ducournau），《当内衣穿上衣服》（Quand la lingerie se rhabille），《嘉人》，2018 年 1 月 4 日。

心而不是身体的女性主体。衣架子、无光的眼神是过去的规范。"当然，这则广告并没有什么革命性：它还是在卖内衣，并为此根据相当传统的标准生产了性感女性的图像（马里奥·特斯蒂诺曾被好几位男模指控性骚扰和性侵犯[1]），但跟诸如 Aubade 一类广告中对女性的物化相比，我们在这则广告中能看到有趣的不同之处。

对部分女性来说，第二个事件是 2020 年春季新冠疫情导致的居家隔离，这让她们慢慢从这种严峻且通常被自己内化了的他人的目光中解放出来。突然，她们从以往总是充斥着凝视和评价的环境中脱离出来，开始重新关注自己的感受。部分女性不再化妆，不再染发，她们利用这段时间驯服了一个更自然的自我形象。[2]记者阿尼亚·达斯写道："那些嘴上说着不化妆就没法出门的人，发现自己真的出不了门了，她们不仅在化妆品和护发产品上节省了不少开支，并且每天有了更多空余时间。"[3]很多女性也开始选择舒适的衣服，它们比普通衣服更透气，特别值得强

1　喜剧演员蒂娜·费（Tina Fey）也在 2011 年讲述，他曾在给她拍照时对她说："下巴抬起来，亲爱的，你不是十八岁了。"她补充道，"我敢肯定他对那些十九岁的模特也说了一样的话。"〔《〈服饰与美容〉的霸道女士》（Miss Bossypants in Vogue），《服饰与美容》（Vogue），2011 年 4 月 22 日〕

2　多笋泰·迪舍曼（Dorothée Duchemin），《体重、白发、不施粉黛：居家隔离帮助女性更好地接受自己》（Poids, cheveux blancs, visage au naturel : le confinement a aidé des femmes à mieux s'accepter），Slate.fr，2020 年 9 月 30 日。

3　阿尼亚·达斯（Aniya Das），《没有美容日常后，我开始留着唇毛》（Now that beauty routines are over, I'm letting my 'tache grow out），Gal-Dem，2020 年 4 月 10 日，https://gal-dem.com。

调的一点，是她们抛弃了文胸，穿起了慢跑裤。记者米里亚姆·勒万观察道："很显然，大多数女性摆脱的第一件物品就是她们的超紧身牛仔裤和永远在往上缩的裙子。"[1]

　　这一运动引发了大量的梗图（meme）和推特发文，它们说女性在隔离中会变成浑身是毛、令人反胃、难以辨认的怪物〔我们尤其看到了很多次丘巴卡（Chewbacca），《星球大战》（*Star Wars*）中毛茸茸的伍基人〕。卡米耶·弗鲁瓦德沃－麦特里（Camille Froidevaux-Metterie）观察到，发这些帖子的男性是在表达自己被剥夺了"可用的"女性之后的气恼："对骚扰者、揩油者和强奸犯这样最为暴力的人来说，猎物消失了。对其他人来说，消失的是可以被观看和觊觎的肉体。侮辱和嘲弄是他们仅有的可以用来继续将女性身体维持在物化位置的手段。一旦这个物品自我降级，它就会变得令人厌恶。但事实是，这个物品从他们身边逃开了！"[2]那些负责从时尚和美妆行业手中接过接力棒的媒体陷入一片恐慌。Madmoizelle 网站竟对自己的女性读者们出言不逊：《在家也不要看起来一团糟》（2020 年 3 月 17 日）。类似的各类"警告"成倍增加，引得 Action

---

1　米里亚姆·勒万（Myriam Levain），《隔离日记：慢跑裤的复仇》（ Journal du confinement : la revanche du jogging ），Cheek Magazine，2020 年 3 月 29 日，https://cheekmagazine.fr。

2　由奥德蕾·雷诺（Audrey Renault）引用，《居家隔离是一次对针对女性气质的禁令说去你的机会吗？》（ Le confinement est-il l'occasion de dire fuck aux injonctions à la féminité ?），Cheek Magazine，2020 年 4 月 9 日，https://cheekmagazine.fr。

Critique Médias 协会[1]大呼"社论骚扰"。[2]媒体为了将外部目光重新引入女性的生活,将目标对准了她们与外界的终极联系:社交媒体和视频会议。《费加罗夫人》(*Madame Figaro*)建议"在 Instagram 上发布你的每日穿搭,让你继续在他人眼中存在"(2020 年 4 月 2 日)。《世界时装之苑》提出"五个让你在 Zoom、Teams、Skype 上光彩照人的建议"(2020 年 3 月 27 日),《当代女性》(*Femme actuelle*)则提醒"三个在视频聊天中让你变丑的错误"(2020 年 3 月 4 日)。绝望是如此彻底,以至于疲惫、被剥削的外卖小哥都被用来重建男性凝视:"要前卫到让送比萨的小哥都惊讶!"(又是 Madmoizelle 网站)。"保持身材"的恫吓命令遍地开花。居家隔离的女性读者被认为是清闲的(我们至少可以说,这句话不一定对),她们被鼓励用各种美容操作来填满自己的空余时间。

虚伪至极的 Madmoizelle 网站解释道,一个人在家是"尝试大胆的新行为"、"了解什么适合自己,找到自

---

1 简称 Acrimed,是成立于 1996 年的媒体观察网站,根据其官网的描述,该协会的四大目标为"告知、争论、提议、动员","汇集专业知识、理论知识和斗争知识,为独立、激进与不妥协的批评服务"。——译者注

2 阿兰·热内斯特(Alain Geneste)、德尼·培拉(Denis Perais)、埃尔萨·特雷梅尔(Elsa Tremel)、卡伊娜·萨吉尔(Kahina Seghir)、奥利维耶·莫罗(Olivier Moreau)、波莉娜·佩勒诺(Pauline Perrenot),《"美!保持身材!上班!教子!"——女性杂志震耳欲聋的命令》("Sois belle ! Garde la ligne ! Travaille ! Éduque !" - Les injonctions assourdissantes des magazines féminins),Action Critique Médias,2020 年 5 月 4 日,www. acrimed.org。

己风格"的好时机;"总之,就是更好地了解自己,从而避免在公共场合或与身边人相处时遭受意见与批评"。因此,要继续优先通过外部的眼光看待自己,在镜子前面不断试衣服,以此代替那不在场的他者打量自己的目光。芭芭拉·L. 弗雷德里克森和托米-安·罗伯茨在她们1997年的文章中指出,物化女性带来的影响是让女性失去了体验"精神或身体为了完成一项艰难而重要的任务而完全集中"、全心投入一项体力或智力活动的机会。[1]这里说的是那些罕见的、"我们感到自己充满活力,逃离了他人的控制,充满创造力与幸福感"的时刻。[2]这样的时刻越多,我们的生活质量就越高。然而,要达到这种境界,必须丢掉自我意识,这在我们不断被提醒要注意外貌的情况下是不可能的。

在居家隔离的女性中,部分人意识到了自我的矛盾性,或者大声喊出了自己对某些衣物、首饰或美容手段(被迫忍受或大方承认)的依赖。女性气质的属性与姿态在其含义、危害程度和能够带来的愉悦方面是如此多样化,我们不能一概而论。最重要的是,这种自由的余地,这种逃脱外部束缚的通道已经被摆到了很多女性面前,无论她们决定如何利用。米里亚姆·勒万注意到:"当然,

---

[1] 这种状态由米哈里·契克森米哈赖(Mihaly Csikszentmihalyi)进行了描述和理论化,《心流:最优体验心理学》(*Flow. The Psychology of Optimal Experience*),Harper & Row,纽约,1990年。

[2] 芭芭拉·L. 弗雷德里克森、托米-安·罗伯茨,《物化论》,同前文所引。

和其他乐趣一样，戴口罩和在家自制美甲也是一种小乐趣，是目前受欢迎的活动和休息方式。但在被关了十五天后，我们开始知道我们究竟是为了自己还是为了别人才做这些事情。"[1]卡米耶·弗鲁瓦德沃－麦特里总结道："无论如何，重要的是我们现在摆脱了外部的督促，可以自由地按照自我意愿向自己展示自己（既然不再向别人）。我们的身体有可能在一段时间内真正地属于自己。"[2]

审美还是舒适，大多数时候，这就是争论的焦点。呈现在女性面前的选择，要么是提供文化向她们要求的外表（而且一旦这么做，就需要在必要情况下忍受最大的痛苦），要么不在乎外界的目光，优先考虑自己的良好感觉。事实上，重要的是要让女性的价值——社会价值、职业价值和爱情价值——与她们的外貌脱钩，让她们就算不需要漂亮的外表也能生活。剧集《后翼弃兵》（*The Queen's Gambit*）讲述了一位年轻的美国国际象棋冠军贝丝·哈蒙（Beth Harmon）与酒精和毒品斗争的故事，2020 年秋，一位观众在推特上指出该剧编剧对"陷入谷底"的女性似乎有误解：就算喝得酩酊大醉，展示在我们眼前的贝丝·哈蒙依旧穿着性感的睡衣，化着妆，腿脱过毛，有

1　米里亚姆·勒万，《隔离日记》，同前文所引。
2　卡米耶·弗鲁瓦德沃－麦特里，《女性主义与居家隔离，否极泰来？》（*Féminisme et confinement, du pire vers le meilleur ?*），《解放报》，2020 年 3 月 24 号。

一头完美的卷发。[1] 然而我琢磨，除却摆脱美的暴政之外，我们是否有理由质疑我们对美的概念，质疑那些决定什么是美的前提。我们也应当培养我们自己作为主体的美，引起人们对自己的美的注意，要求我们的美得到认可。

2021 年年初，在写作这一章时，我碰巧买了双新靴子，它平跟、保暖、防水，轻得令人难以置信又无比舒适（还是非动物皮革）。靴子很跟脚，我的脚趾在里面拥有所有它们梦寐以求的位置，它们因此欢欣鼓舞。每走一步，我都完美地贴合着地面，然后轻松自如地脱离地面。这双靴子让我每天的行走——随着隔离和在家上班，走路变得愈发重要起来——变成了愉悦的时刻，让我觉得自己在飞翔，在云端进化。[2] 我还觉得这双靴子很美：我出门前在镜子前"厚颜无耻"地自我欣赏。但我很清楚这不是一个会被所有人认同的选择。觉得这双靴子很美的，是我身体里的那个瑞士乡间女孩，而不是我二十年后该变成的巴黎女人。（在巴黎做女人意味着一种不可忽视的压力，用洛朗·夏马的话来说，就像"在那不勒斯做比萨"。）这不是那种给那些仿佛永远不出汗、不留勒痕、不红肿的

1　《男性作者试图展示陷入谷底的女性》（Male authors trying to show a woman at rock bottom），@thatconnieshin，推特，2020 年 11 月 28 日。

2　随后我读到了贝尔·胡克斯的这番话："我们的脚让我们扎根在地球上，想要爱自己，脚的安好就是我们依靠的基石。很早以前，女权运动就把注意力放到了女性的脚上，设计师们设计的款式，他们自己穿上后都没法走上哪怕一米，更别说一千米。女性应当牢记关注自己足部健康的重要性。"（贝尔·胡克斯，《交心》，同前文所引。）

脚设计的精致高跟鞋。尽管如此,如果我们重提引言中引用过的简·沃德理论中的"深度异性恋",我非常希望男性也能觉得这双靴子很美。我希望他们在看到这双靴子时,不会因为发现我拒绝扮演传统女性形象做出不满的鬼脸,而是能够想象我穿着这双靴子走路有多么舒服——又或者他们能通过我轻快的步伐意识到这一点——我希望,他们觉得这双靴子很美是因为他们分享我的愉悦,赞同这双靴子给我增添的活力,为我的脚趾高兴。我们甚至可以发明一种基于自我认同而不是基于物化的美学,一种庆祝女性的身心感觉良好而不是束缚和标准化女性身体的美学(这很大胆,我知道)。

一个被消声的故事

被物化不仅意味着被矮化为一个形象,还意味着被迫沉默,完全无法控制针对自己(或其他任何话题)的言论,同时在叙事和艺术创造中失去话语权。2018年初,我完成了《"女巫"》的写作,在书中提起了三个月方兴未艾的 #MeToo 运动,该运动在男性对叙事的控制中攻下了一个突破口。从那之后,这类抗议有增无减,它在法国最重要的表现可能是瓦内莎·斯普林格拉《同意》一书的出版。作者在书中讲述了她少女时期在加布里埃尔·马茨涅夫（Gabriel Matzneff）控制下度过的岁月。[1] 她被这位恋童癖"作家"变成了一个匿名、诱人、可被替换的形象，完全为他和他读者的幻想服务，而现在，轮到她成为话语的权威，带着她的姓名、她的声音、她的言辞、她的经历与观点出现。她道出自己的创伤，毫不留情地摧毁了加布里埃尔·马茨涅夫在一本接一本的作品中为自己塑造的有利形象：无与伦比的情人、离经叛道的冒险者。这一形象得益于巴黎文学圈的阿谀奉承，因此，电视节目主持人贝尔纳·皮沃（Bernard Pivot）在1990年语气轻松地说，他的受邀嘉宾加布里埃尔·马茨涅夫有"一整队的年轻恋人"，称他为"少女收集者"。瓦内莎·斯普林格拉则提醒我们，这些"年轻恋人"和"少女"都是人。

她的书展示了她遭受的"剥夺"也是一种有预谋的言论剥夺。一天，加布里埃尔·马茨涅夫坚持替她写交给法语老师的一篇论文，他就这样偷走了她的声音。她明确表示，他对她的日记从不感兴趣，从不鼓励她写作：他保护着自己的垄断，也就是他的权利。他只鼓励她给他写信，就像他鼓励其他情人一样，他还把信的节选内容放在自己的书里发表。所有这些信"相似得奇怪"："G给我们吹枕边风，甚至把这些话注入我们的语言中。"[2] 她自己都觉得，自己在写信时仿佛"本能地遵从"了一种"不言明的

1　瓦内莎·斯普林格拉（Vanessa Springora），《同意》（*Le Consentement*），Grasset，巴黎，2020年。
2　G是加布里埃尔名字的首字母。——译者注

280

'指控书'的格式"。与此同时，一位编辑则定期出版着加布里埃尔·马茨涅夫的日记，这些日记成了教导她收声的工具："只要我一责备他，他就拿起他的笔，说：'你等着瞧吧，我的小美人儿，看！我的黑色记事本里有了你的一副肖像！'"一点一点地，他将她关进了"文字的牢笼"。后来，她终于设法逃离他，却读到了他的一卷日记，他在其中描述了两人的分手，这引发了她的焦虑症，症状剧烈到她只能靠注射安定剂来度过这一劫。此后，加布里埃尔·马茨涅夫每次出新书都会引起她的注意，在她"伤口上撒盐"。一天，走在街上，她开始怀疑自己的存在：她的身体仿佛"是纸做的"，血管里仿佛"流的是墨水"。她在医院被告知自己刚刚经历了一场"伴随着人格解体的精神病发作"。她对此回答道："那么，这些都真的咯？我不是……虚构的？"早在她公开讲述自己版本的故事之前，一位精神分析师的"谈话疗法"就已经拯救了她，仿佛每个发自肺腑的字眼用她作为主体的现实逐渐将她填满了。

在书的结尾，瓦内莎·斯普林格拉发现加布里埃尔·马茨涅夫把她的手稿和书信捐给了法国当代出版资料研究所[1]，她对此十分震惊。从那之后，如果她想重读自己

1　Institut Mémoires de l'édition contemporaine，简称"IMEC"，系 1988 年成立的旨在汇集 20 世纪各大出版社、报社等写作参与者档案的组织，位于诺曼底大区（Normandie）圣日尔曼－拉布朗什艾尔布市（Saint-Germrain-la-Blanche-Herbe）。——译者注

的信件，就必须编造一个莫须有的借口，并借此提出正式申请……这种文字掠夺跟叶米利·瑞特考斯基遭受的图像掠夺完全一致，同样在 2020 年，这位美国模特在一篇令人不寒而栗的文章中枚举了自己熟悉或陌生的男性偷走她图像的经历。她在文章中尤其提到了艺术家理查德·普林斯（Richard Prince）创作的"画"，他的"画"不过是她在 Instagram 上发布的照片的放大打印版，其中两幅直接盗用了她发布在社交网络上的两张杂志封面照。她身边所有人，甚至她男朋友，都觉得他给了她莫大的荣幸。如果想买回她发布在自己 Instagram 账号上的照片，她要付八万美元……此外，在打印她的照片之前，理查德·普林斯早在她的帖子下面发表过评论，他在叶米利·瑞特考斯基发布的两张裸照中的一张下面质问道："你是几个青少年在实验室里捣鼓出来的吗？"[1]总之，他让她质疑自己是否只是一个纯粹的幻想，一个纯粹的男性产物，就像加布里埃尔·马茨涅夫成功让瓦内莎·斯普林格拉相信她不过是"虚构"的，除了他赐予她的存在之外，她别无他物。

这种男性话语对女性的禁锢、对女性话语的剥夺，尽管在瓦内莎·斯普林格拉的例子中由于男女主人公在年龄和权力上的犯罪性失衡显得尤为突出，但在某种程度上，是放之四海皆准的。我们爱情和性爱世界的主导法则似乎

1　叶米利·瑞特考斯基（Emily Ratajkowski），《赎身：什么时候模特的图像才是自己的？》（Buying myself back : when does a model own her own image ?），The Cut，2020 年 9 月 15 日，www.thecut.com。

跟波莉娜·雷阿日的情色小说《O 的故事》中女主人公O 被带去的罗瓦西城堡（Roissy）的规则如出一辙。住在城堡里的女人"在男人面前一律保持沉默，无论他是主人还是男仆"。O 唯一一次被允许说话，是为了说出他人对她的期待：她复述主人对她说的话，只不过"把句子转化成第一人称，就像在做语法练习"。[1] 波莉娜·雷阿日为了讨出版商情人让·波扬（Jean Paulhan）的欢心创作出 O 这个角色，让·波扬亲自为该书作序。安妮-玛丽·达迪尼亚在其色情文学研究中观察到，O "填补了男性幻想的空白"。[2] 同理，她注意到皮埃尔·科罗索斯基（Pierre Klossowski）系列小说的女主人公罗贝特（Roberte）的欲望"不过是回应了男性对她的欲望"。她在其中看到了一种强加在所有女性身上的缄默。

在为一个以重要的激进女权主义活动为标志的年代——20 世纪 70 年代——著书立传时，安妮-玛丽·达迪尼亚回忆起十年前甚至十五年前，当女性开始表达自己的欲望、性幻想和性爱观时，诸多男性表现出了恐惧：他们"在一片令人石化（字面意义上的石化）的沉默中呆若木鸡"。她评论道："无声的谴责背后的恐怖主义，让女性全身心地感受到她们的话语是被禁止的。"[3] 如果有女性

1　波莉娜·雷阿日（Pauline Réage），《O 的故事，重回罗瓦西》（*Histoire d'O, suivi de Retour à Rossy*），Le Livre de Poche，巴黎，1999 年。

2　安妮-玛丽·达迪尼亚，《爱神的城堡》，同前文所引。

3　同上。

敢于批评主流情色观，将自己作为爱情故事或性爱故事的主角，她将被视作一种威胁。人们会嘲笑她，使她成为奇怪的生物，因此驱逐她。1992 年，安妮·埃尔诺出版了《简单的激情》，在其中讲述了她五十岁时与一个比自己小十岁的男人之间炙热的婚外情[1]，她回忆道："来自男性的批评尤其惊人，他们甚至叫我'卵巢夫人'[2]。一位男作家是绝对不会收到这种批评的！男人有权描写激情，没人烦他们，女人就不行，女人就该原地待命，被爱（或者不被爱）！"[3]

近十五年后，双卷漫画《草莓与巧克力》出版，我们再次见证了上述分析之精准。奥雷利娅·奥莉塔在漫画中满怀激情地讲述了她与当时的伴侣、作家和出版人弗雷德里克·布瓦莱（Frédéric Boilet）的性生活。[4]ActuaBD 网站论坛上仍充斥着自 2014 年来该漫画的无删减版出版后收到的下意识谴责。"自慰型自恋的杰作。"一网友如此断言。另一位网友傲慢地回答复："再说了，画面里的裸体不够

1　在达妮埃尔·阿尔比德（Danielle Arbid）2020 年改编的电影版中，这一年龄差得到了保留，但男女主角都年轻了十岁：女演员四十岁，男演员三十一岁……

2　原文为"Madame Ovary"，此处用了包法利夫人（Madame Bovary）的典故，"卵巢"（Ovary）与"包法利"（Bovary）仅有一个字母之差。——译者注

3　《瑟琳·夏马和安妮·埃尔诺，战斗姐妹》（Céline Sciamma et Annie Ernaux, sœurs de combat），交叉访谈，*La Déferlante*，第 1 期，2021 年 3 月。

4　奥雷利娅·奥莉塔，《草莓与巧克力》第一部、第二部（*Fraise et Chocolat 1 et 2*），Les Impressions nouvelles，布鲁塞尔，分别出版于 2006 年、2007 年。

多，没法真正达到此目的。"我们可以感受到大众对一位闯入一个完全男性化、大男子主义领域的女性的恼怒："这真的能被称为漫画吗？"上文说的第一位网友继续说道："奥雷利娅·奥莉塔聊起性来毫不害臊，但这一点也不叫人兴奋。"另一位网友斩钉截铁地说："不然的话，要么得闭上眼睛，要么就得非常有想象力。但这一定会吸引那些不喜欢男性笔下经典女性形象的女权主义者……"另一位网友更是变本加厉地说："同意你们说的。除了一点，女权主义者，真正的女权主义者而不是极端女权主义者，她们不会把自己的时间浪费在读这种东西上。再说了，这已经完全过时了。"[1]总结一下：该作者既虚荣又自我（反正女人都这样），不"害臊"，漫画画得不怎么样，反正就是不令人兴奋。"一个女人聊快感和性爱，总会遇到如此多的敌对反应，无论 2014 年还是 2006 年都一样。"一位女网友如是说，并总结，"我们毕竟在聊漫画，所有男漫画家都有一个画满了裸女的小本本，他们出的书经常带有性内容。这真令人绝望……老是读到这么多虚伪和恶意。"[2]与此同时，《解放报》在介绍弗雷德里克·布瓦莱时说他是"奥雷利娅·奥莉塔在《草莓与巧克力》中性爱贪婪症的对象"：这个说法令人讶异，它将漫画作者病态化，使她成为一个隐约带威胁的生物，仿佛在这两卷漫画中，

---

1 参考反性别歧视漫画创作者联盟网站上收集的证词：https://bdegalite.org。

2 *Fraise et Chocolat – L'Intégrale – Aurélia Aurita – Les Impressions nouvelles*，ActuaBD，2014 年 8 月 20 日，www.actuabd.com。

主动和性欲不是双方都有的一样。[1]

性幻想的女人是"怪物"

　　1973 年，南希·弗雷迪在美国出版了《我的秘密花园》，一些匿名美国女性在书中描述了自己的性幻想以及自己在性生活中扮演的角色。在书的序言中，作者讲述了自己在生活中鼓起勇气把自己的性幻想讲给男性听时获得的截然不同的对待。首先是跟情人的这一幕，两人的相处是如此融洽，她跟他在一起时感到如此自由，以至于有一天晚上两人躺在床上时，他问她："你在想什么？"她不假思索地回答了。他的反应让她震惊："他下床穿上裤子回家了。"[2] 事后一想，她才意识到其实一直以来她做的，不过是迎合他的性幻想。被这次经历刺痛的她，对之后的情人一律保持沉默，直到她遇到了后来成为她丈夫的那个男人，她才冒险重谈她脑海中编织的剧情。"他充满爱慕和被逗乐的眼神让我觉得自己得到了救赎。我意识到了他是多么爱我，而且正因为他爱我，所以他也爱所有可以给我更丰富的生活的一切事物。"重拾自信后，她在自己正

1　康坦·吉拉尔（Quentin Girard），《爱情只持续"286 天"》（L'amour dure "286 jours"），《解放报》，2014 年 2 月 21 日。

2　南希·弗雷迪（Nancy Friday），《我的秘密花园》（My Secret Garden），Pocket Books，纽约，2008 年。以下引文均出自该书。该书在某些方面很有问题（比如针对黑人男性的性幻想一章），但探讨了一个少有人涉及的主题，不失为一处重要参考。

在创作的小说中加入了一个专门描写女主人公性幻想的章节。但她的编辑对此十分反感，他对她说，这让女主人公看起来像个"怪物"。他反驳道："如果她为了和她在一起的男人如此疯狂，如果他爱也做得好，她为什么要想这些疯狂的事情呢？为什么她不想想他呢？"

此后，她经常遇到在发现自己伴侣有性幻想时感到恐慌和被背叛的男性。其中一位甚至在回应她的案例征集启事时说自己是在代妻子写信，且他妻子对他说她没有任何性幻想；该男子甚至在信的结尾署上了妻子的名字……这深深激怒了南希·弗雷迪："一个男人可以在妻子想着购物清单的时候就达到性高潮，这样是不是更好？"不过，那些思想更开放的人却在自己的性生活中获得了天赐般的改善。一位女性如此说道："我丈夫知道我的性幻想，而且完全赞同。我有时候甚至觉得他很依赖这个，尤其是他累坏了的时候。就好像他在说：'来，亲爱的，回想下刚刚是怎样的，带我们回到那里。'"另一位女性观察到，她的性幻想为她和伴侣带来了"更情欲的体验"，而这反过来又为新的幻想提供了素材："就跟把钱存进银行一样。"[1]

面对她的编辑，南希·弗雷迪知道自己有很多话可以回答。她很想问他为什么男性的欲望与性幻想无处不在，但没人觉得它们不正常或者令人不安。"为什么亨

---

1 一位女读者在阅读此书手稿后的反应："我的银行可能跟她的不一样。"

利·米勒（Henry Miller）、诺曼·梅勒（Norman Mailer）或 D. H. 劳伦斯（D. H. Lawrence）的欲望和性幻想可以凭借其本质得到认可：那是艺术。"但她什么也没说，"他的含沙射影，就像我前任的拒绝一样，触动了我最敏感的地方，也就是女人，对自己真正的性'自我'所知甚少的女人，最容易受伤的地方。"通过对周围人的采访和在报纸上发布启事后收到的回信，她收集了女性的性幻想，此举旨在终结男女对彼此的无知，让女性不再自责和纠结。《我的秘密花园》可以证实的是，当女性以完全匿名的方式倾诉最能让她们达到性高潮的场景（无论是独自一人还是跟男伴或女伴一起）时，我们离浪漫和感性的性爱差了十万八千里：这里有双重、三重插入，有狗、有驴……这可以得出一种假设，在非匿名的时候，女性性幻想不仅是男性审查的受害者，也是女性自我审查的受害者，而这种自我审查实则出于自我保护的目的：如果我们一生都面临着性暴力的风险，我们完全不想给类似"她们就喜欢这些"的言论一点儿把柄——仿佛性幻想层面可以和现实层面混淆，或者廉价的性幻想意味着只要哪个混蛋来，我们就任其支配似的。

在 20 世纪的法国情色文学中，女性基本被剥夺了爱情与性爱的发言权。《爱神的城堡》中对这类文学〔皮埃尔·科罗索斯基、阿兰·罗伯－格里耶（Alain Robbe-Grillet）、乔治·巴塔耶（Georges Bataille）等〕的深层推动力的分析，带来了与《同意》一书相同的解脱感和粗暴

288

却有益的去神话化。如同瓦内莎·斯普林格拉对加布里埃尔·马茨涅夫做的那样，安妮－玛丽·达迪尼亚用毫不留情的言语击碎了那些自以为令人生畏、无懈可击的作品。她揭示了这些作品中透露出的深深的保守主义，尽管有意惊世骇俗，它们仍束缚于天主教道德与对罪的痴迷；它们对爱与死亡絮絮叨叨，循规蹈矩，虚伪造作；它们面对女性的身体和性充满不安，将其视作无法控制、泛滥成灾的事物，因此需要男性开化者加以制止；它们充斥着"对女性无法改变的厌弃"，把女性贬低为男性之间的流通货币；它们深深基于一个充满特权和倒退的上流社会……在美国，凯特·米利特于20世纪60年代末开展了同样的工作，以无情的敏锐分析了选自亨利·米勒与诺曼·梅勒小说中的一些场景。[1]

　　这项工作值得继续。它表明了我们在何种程度上学会了把异性恋"性爱"视为"和男人或为男人做爱"，而我们的眼睛却没有被训练过如何区分出差别。这种混淆因女性在文化和经济上的从属地位而加剧，最终融入了背景，成了自然而然的事情。例如，有时看到加拿大作家内莉·阿尔坎（Nelly Arcan）的作品被归类为情色文学，我感到很惊讶，她的书涉及的是她卖淫的经历，且更广泛地说，涉及的是她作为女人生活的全部经历，这生活充满了

1　凯特·米利特（Kate Millett），《雄性政治》（*La Politique du mâle*），Stock，巴黎，1971年。

绝望，最终导致了她的自杀。在所谓的"性积极"女权主义、"废除主义"女权主义或"激进"女权主义之间往往划定了一些荒谬的界限。与其说要性还是不要性，还不如这样提问：是为了谁而性？在任何涉及男女两性的性爱情境中，我们应该思考这些情境的存在是为了服务男性的欲望、性幻想与快感，还是它们也同样服务于女性的欲望、性幻想与快感——这里的快感，如果可能的话，不能只是要求女性忘掉自我的"取悦他人的快感"。[1] 结果可能有些令人沮丧。

哈里森与我

可是情欲自由是什么样子的呢？当我们一生都沉浸在一个由男性统治的世界里时，我们是否可能知道我们拥有的欲望是我们自己的呢？我小时候完全不知道大人之间可以做什么事情，我就是一个小小的幻想工厂，而这些隐隐带有受虐意味的幻想已经暗示了男孩身上十分明显的优越感。每当我回想此事，都很迷惑：这些幻想都是从哪里来的？当时的我对生活一无所知，我才刚刚来到这个星球，

1　我对自己几年前支持嫖客定罪的立场深感遗憾，因为我相信了当时做出的保证卖淫者人身和物质安全的承诺。但我也发现，放弃对卖淫、对它反映的经济权力关系、对（代表绝大多数嫖客的）男性的"性权利"的意义、对完全致力于满足男性欲望的性的任何批判性分析都是令人震惊的。团结和批评应该可以被结合起来，就像我们既可以维护员工的权利，又可以批评工资制度一样。

但我显然已经理解了所处环境的某些重要法则。异曲同工的是，大约六七岁时，在老家那间被用作游戏室的阁楼里，我和我的同学 J 喜欢一遍又一遍地表演同一个场景：我假装自己是一个出门散步的女人，他则是蹲在一棵树后埋伏着的狼人。我刚"出门"几步，他就扑到我身上，把我撞倒在枕头堆里，吃了我。这个游戏把男性气质跟掠夺联系在一起，那时的我对此很享受。

我的这种品味在青春期得到了确认。演员哈里森·福特（Harrison Ford）在《星球大战》和《夺宝奇兵》（*Indiana Jones*）中展示的男性气质让我着迷。《帝国反击战》[1]中有一幕，莱娅公主（Leia Organa）在飞船的某个角落维修时，韩·索罗（Han Solo）出其不意地到来，让莱娅公主拐着弯承认了自己喜欢他。尽管碰了钉子，他依旧吻了她。这在当时的我看来是浪漫与情色的巅峰。我喜欢一个能看透我并主动靠近我的男人；这也许表明了我当时多么害怕表达或坦白自己的欲望，或采取任何主动行为——这又是我上一章提到的被真命天子供养的幻想。博客兼 YouTube 博主乔纳森·麦金托什在青少年时期也看了"数十遍"哈里森·福特的电影，并强烈认同他扮演的角色。在 2017 年的一个视频中，该博主展示了哈里森·福特的好几场"引诱戏"中都有雷同桥段〔不仅有前面提到过的《星球大战》，还有《银翼杀手》（*Blade Runner*），

1　英文原名为 *The Empire Strikes Back*。——译者注

他说这是他一直以来最喜欢的电影〕。[1] 女性角色佯装抗议，男主人公无视她们的抗议，一点点地限制她们，入侵她们的个人空间，直到她们走投无路，臣服于他。《帝国反击战》中的一段戏跟《夺宝奇兵2：魔域奇兵》[2] 中的一段异曲同工：当威利〔Willie，凯特·卡普肖（Kate Capshaw）饰〕说她受不了他了，要"回德里"时，印第安纳·琼斯用手里的鞭子将她拉了回来，然后吻了她。在这两场戏中，亲吻都被某个突然闯入的滑稽人物打断：在《星球大战》里是机器人 Z-6PO（或 C-3PO），在《夺宝奇兵2》中则是往两人头上喷水的大象。

这种套路显然不是哈里森·福特饰演的角色的专属，就连编剧们也滥用了这一套路：乔纳森·麦金托什展示了《007：幽灵党》（007 Spectre）中的一幕，詹姆斯·邦德〔James Bond，丹尼尔·克雷格（Daniel Craig）饰〕把一杯酒砸在地上，借此展示他不屈不挠的男子气概，然后慢慢走向露西娅·夏拉〔Lucia Sciarra，莫妮卡·贝鲁奇（Monica Bellucci）饰〕。她一步步后退，他却对她说，他杀了她的老公是多么正确；她被逼到一面镜子前，无路可退，这时，他吻了她。就这样，在诸如此类的电影中，包括我在内的数百万女性观众学会了将暴力、威胁与诱惑联

1　乔纳森·麦金托什（Jonathan McIntosh），《哈里森·福特电影中的掠夺性罗曼史》（Predatory romance in Harrison Ford movies），Pop Culture Detective，YouTube，2017 年 3 月 31 日。

2　英文原名为 Indiana Jones and the Temple of Doom。——译者注

系在一起，而包括乔纳森·麦金托什在内的数百万男性观众懂得了女性的"不"不过是不敢承认的"是"，她们的愤怒不过是假装的，她们的咒骂不过是欲擒故纵。简而言之，我的情色幻想是建立在强奸文化基础之上的——或许你们的也是。

作家兼演员温迪·德洛姆指出，我们的性幻想是通过"植入"（inception）产生的：她借用了 2010 年克里斯托弗·诺兰（Christopher Nolan）执导的电影《盗梦空间》（*Inception*），电影主人公"受命将一个想法植入到一人的潜意识中，让这个人认为是他自己产生了这个想法"。在 2013 年的一篇文章中，她追溯了十二岁左右她脑海中出现的情色画面的来源。她当时躺在床上，想象着一位主人，一个相貌模糊的男人，站在她房间门口，慢慢走近。"我想象自己被绑在床上，身上盖着一块薄布，他缓缓揭下布，任其在我身上滑落。我颤抖着，发现自己无法进一步想象，因为在那个年纪，我不知道'接下来'具体会发生什么。"直到三十岁之后，她偶然在电视上看到标志着她童年的《安热莉克：天使们的侯爵夫人》（*Angélique, marquise des anges*）在重播，她才恍然大悟，明白了自己的幻想从何而来：那个"主人"，灵感来自安热莉克的丈夫。她借此机会意识到了在影片中，女主人公"大约每二十分钟就会被不同的人侵犯一次"。再一次地，这些强奸都被表现为她内心深处欲望的实现："每当一个男人想强行占有她时，她如一只蜻蜓般挣扎，最终屈服，脸颊绯红，眼睑低垂，以一种沉溺在情欲里的姿势（无力地?）昏倒，这令人发窘。"温迪·德洛姆借此衡量了这片"文学与媒体作品海洋"的力量，她说这种力量"甚至在我们知道什么是一段双方同意、被渴望的性关系之前，就塑造了我们的情色想象"。[1]

我们的幻想很早就被文化影响塑造，但这并不意味着它们坚如磐石。初读《O 的故事》[2]时，我神魂颠倒。但当我读完安妮－玛丽·达迪尼亚《爱神的城堡》对此书的分析之后，再次拿起它时，那种魔力消失了。书中的献身性神秘主义带有强烈的天主教暗示，让我感到厌恶〔多米尼克·奥里认为她会成为一个"杰出的修女"[3]，在以波莉娜·雷阿日的笔名出版《O 的故事》的十一年前，她出版了一本《法国宗教诗选》（*Anthologie de la poésie religieuse*

---

1 温迪·德洛姆（Wendy Delorme），《美妙的安热莉克》（Merveilleuse Angélique），详见伊莎贝尔·布瓦克莱尔（Isabelle Boisclair）、卡特琳·迪索·弗勒内特（Catherine Dussault Frenette）主编的《渴望的女人：艺术、文学、展示》（*Femmes désirantes. Art, littérature, représentations*），Les Éditions du remue-ménage，蒙特利尔，2013 年。

2 在这部波莉娜·雷阿日于 1954 年出版的情色小说中，年轻女子 O 被情人勒内（René）带到一座城堡。在那里，她和其他奴隶一样被在场所有男人处置，并经常受到鞭打。当他们回到巴黎，勒内把她"送"给了他的一位朋友，一位年长的名为斯蒂芬爵士（Sir Stephen）的英国人。躲在波莉娜·雷阿日这一笔名后的，是 NRF（Gallimard）当年的秘书长多米尼克·奥里（Dominique Aury）。她为情人让·波扬（时任 NRF 主任）写下了这个故事。（NRF 即 La Nouvelle Revue française，系 1908 年创刊的法国文学批评月刊，如今为双月刊。——译者注）

3 蕾吉娜·德福尔热（Régine Deforges），《O 对我说：波莉娜·雷阿日访谈录》（*O m'a dit. Entretiens avec Pauline Réage*），Le Livre de poche，巴黎，1985 年。

---

française）］。O 身上幼稚的女性气质激怒了我，她对男性角色的敬仰让我觉得可笑。她是如此受折磨，几乎从未讨论过自己的快感，并且一想到自慰就觉得"厌恶"，这让我很不适。我一直不理解鞭子的魅力，但这次，它让我十分反感（"没有什么比经书更能让人对苦难有良好的认知了。"波莉娜·雷阿日说[1]）。O 是两个男人之间用于交换的物件，他们分享她，"就像原来年轻的时候一起分享一段旅程、一艘船或一匹马"，我不喜欢这一点。我也不喜欢"每个人在她身上寻找的，是另一人的记号，是另一人留下的痕迹"。[2]当时的我没能理解伴随着 O 肉身毁灭而达到巅峰的人格消解的极度之美，只是被笼罩全文的反动氛围和凄凉肃穆打动。当我得知波莉娜·雷阿日（或者说多米尼克·奥里）有"被抑制的军人倾向"时，我并不惊讶。同样，身体对她来说是"一件被创造出后用于被限制、控制和指挥的东西"[3]，这也不使我惊讶。总之，阅读协议[4]被打破了。

《O 的故事》也好，《魂断日内瓦》也罢，在十年、十五年或二十年后的每一次重读都被我视作衡量自己进化的标志，但此举的风险是把自己放逐到一个只存在于幻想中的无人之地：我不再是一个好观众，我不再什么都全盘

---

1 蕾吉娜·德福尔热，《O 对我说》，同前文所引。

2 波莉娜·雷阿日，《O 的故事》，同前文所引。

3 蕾吉娜·德福尔热，《O 对我说》，同前文所引。

4 阅读协议（pacte de lecture）指作者与读者之间的默定协议。根据这个协议，作者必须满足读者的某些期待。——译者注

接受，但我很难重寻其他狂喜。例如，尽管我很喜欢埃丽卡·卢斯特（Erika Lust）的女权主义色情片，但是它在我身上激起的，只是一种礼貌性的兴奋。在《欲望之路》中，作者克莱尔·里夏尔说自己迎面"撞"上了同样的观察结果："但是理论上讲，我是完全赞成的。我为了女性夺回自己的身体而斗争，我支持性，我钦佩奥维迪[1]，我是安妮·斯普林克尔[2]的粉丝，我读过温迪·德洛姆。但是女权主义色情片对我没有吸引力。我读了很多书，但没用，我被限制住了。我看主流色情片会湿。就像一个一边支持可持续农业，但又暗地里热爱汉堡王三层皇堡的人。"她的一位朋友给出了一个可能的解释："色情片是跟越界联系在一起的，这是它吸引人的原因。如果它和你的信仰一致，就一点儿也不越界了。"[3]

越界是性幻想不可或缺的一部分吗？南希·弗雷迪提出了一个更广泛的定义："我相信大部分女性的性幻想都来于一种心理需求，那就是全面探索我们作为女孩被禁止做的一切，全面探索我们能想象到的有关性的全部。"书中一位女性玛丽·简（Mary Jane）说，她自慰时常常幻想自己独自走在沙滩上，脱去了所有的衣服，马上要去

1　Ovidie，埃洛伊塞·德尔萨（Éloïse Delsart）的艺名，女，1980 年生于法国里尔，导演、记者、作家与演员。——译者注

2　Annie Sprinkle，美国 LGBT 性学家，致力于性工作去污名化与性医疗保健普及化。——译者注

3　克莱尔·里夏尔，《欲望之路》（*Les Chemins du désir*），Seuil，Fiction et Cie 丛书，巴黎，2019 年。

海里游泳，然后光着身子晒太阳，感觉微风轻拂自己的肌肤；有时她想象自己在山中的一处瀑布里。[1]仅此而已。因此在某些情况下，越界的元素有可能……非常少。可以肯定的是，幻想即放飞自己的想象力，让脑海构建出各种画面与剧情，借此来回应一种不明却深刻的需要，将所有的道德顾虑抛诸脑后。这么说来，这的确有很大的越界成分。

但越界的方式成百上千，我们可以选择最适合自己的那种。就这样，我发现了埃丽卡·卢斯特的一部片子，它让我深深着迷：《安全词》（*Safe Word*），这是一部讲虐恋的迷你剧，女主人公充分存在，她有自己的个性、目光与欲望。我们目睹她的日常生活与职业生活；她在寻求一种主动的快感，故事是以她的角度展开的，其中的色情场面以她的享受为优先。[2]换句话说，我可以在不与 O 这样一个毫无主见的初学者发生认同的情况下，充分享受越界。再者，就算我们一味追求越界，我们还是需要让自己正在阅读或者正在观看的某些事物通过某种方式——哪怕是以最扭曲的方式——在我们身上唤起快感的概念。这些倾向有可能发生变化，就像我对波莉娜·雷阿日笔下世界的感觉，我个人的进化使得它消失了。

1　南希·弗雷迪，《我的秘密花园》，同前文所引。
2　埃丽卡·卢斯特，《安全词》（*Safe Word*），2020 年。

O，或盗窃的故事

我否认的幻想不在于将自己矮化至无能的地步。就算在《O的故事》中，我仍能看出这种幻想的吸引力，但我再也受不了的是围绕这部小说的一切。今天再拿起这本书，我明白了是什么让我尤其恼火，那就是让·波扬如何盗窃了这本书，这比我之前提到的任何事情都让我恼怒。他的序言就是在标记领土，仿佛明知故犯地在自己情人的作品上撒野。他为书中一处细节打动："一天，勒内将 O 抛弃在新的折磨中，O 却神志清醒到发现她情人的拖鞋已经磨穿，该买新的了。"让·波扬惊叹道："这在我看来几乎无法想象。无论如何，一个男人永远不会发现，也不敢说这样的话。"这种男性终极幻想组合的美妙之处在于：家务奴役与性奴役交织在了一起（让·波扬的序言名为《身处奴役的幸福》）。的确，我们应当致敬女性为情色文学做出的这一重大贡献：在鞭打和锁链中也不忘记精神负担。她们真勇敢啊……当我重读让·波扬一篇散文中的著名段落时（该段落出现在我拥有的版本的封底上，喧宾夺主地盖过了女作者的声音），更是恨得牙痒痒。他欣喜若狂地说："终于有一个女人出来承认了！承认什么？女性从古至今为自己辩解的（今日尤甚），男性从古至今指责女性的：她们从来都遵从自己的天性；她们身上的一切，直到精神，皆是性。我们必须不停地喂养她们，不停地给她们梳洗打扮，不停地殴打她们。她们仅仅需要一个不断警惕自己善心的好主人。"他在后文更是说道，"女性一辈子都在效仿我们曾经当过的那个孩子"。[1] 简直令人反胃。

《O 的故事》首先是被让·波扬本人用来扬扬得意地鼓吹他一概而论的反女权主义言论，随后被整个文化媒体圈利用。1975 年，由贾斯特·杰克金〔Just Jaeckin，《艾曼纽》(*Emmanuelle*) 的导演〕执导的电影版《O 的故事》上映，《快报》把它放在了头条。封面上是女主演科琳娜·克莱里 (Corinne Cléry) 的裸照，她的双手捧在脑后，照片下方配上了让·波扬的那句话："终于有一个女人出来承认了。"并特意注明"法兰西学院院士让·波扬"。[2] 赤裸、不言、被奉献给观众欲望的女性，法兰西学院的男性——在女权主义高涨的法国（那一年恰逢国际妇女年），正可谓每个人都找到了自己的位置。杂志正文还引用了那篇害人匪浅的序言："一切就像这个世界上还存在某种奇妙的平衡，这平衡有关我们已经不再习惯，甚至不再明白其意义的暴力。是一个女性再度找回了这一切。我对此并不恼怒。"女性解放运动的斗士们袭击了《快报》的编辑室，大喊着："别拿我们的身体赚钱！""警察

---

1 让·波扬，《身处奴役的幸福》(Le bonheur dans l'esclavage)，见波莉娜·雷阿日，《O 的故事》，同前文所引。
2 《〈O 的故事〉石破天惊》(Le choc d'*Histoire d'O*)，快报 (*L'Express*)，1975 年 9 月 1 日。

包庇强奸！"[1]

　　但是不应该让波莉娜·雷阿日（多米尼克·奥里）对其作品的政治用途负责。在 1988 年的一次采访中，她还认为书的序言"跟书不完全对应"，半遮半掩地承认让·波扬写得很开心："他很喜欢他的落脚点。如果序言造成的丑闻比小说本身还多，我也认了。"[2]她写这本书甚至不是为了出版，她"一秒钟也没"想象过这种可能。她细说道："出书，是因为他（让·波扬）想出这本书，我无所谓。"她坚持说，《O 的故事》不是一本小说，而是一封只写给情人看的"信"："有点山鲁佐德[3]的意思。"[4]我们可以理解她夏夜独自在房间写作时的兴奋（让·波扬当时已婚，她则离异），然后在清晨把书一章接一章地寄给他。她写下了一段非常美的文字："白日无尽，在奇特的时刻，晨光透过满是尘埃的黑色窗帘，这是被动的防御，战争最后的遗迹。在床头点亮的小灯塔下，握着铅笔的手在纸上驰骋，忘了时间，忘了光线。女孩在写作，就像一

1　《〈O 的故事〉争议升级》（La polémique sur Histoire d'O s'amplifie），《世界报》，1975 年 9 月 15 日。女性解放运动活动家指出，影片上映恰逢法院决定以"殴打"和"猥亵"罪名起诉在马赛强奸了两名年轻比利时女同性恋的多位肇事者。吉塞勒·哈利米（Gisèle Halimi）是两位受害人的律师之一，她们最终让肇事者在法庭受审，使这场审判成了承认强奸为可判处十五年监禁罪行的决定性时刻（1980 年）。

2　多米尼克·奥里，《使命：地下》（Vocation : clandestine），Gallimard，L'Infini - NFR 丛书，1999 年。

3　《一千零一夜》中的人物，她连续讲了一千零一夜的故事，感动了国王山鲁亚尔，与之白头偕老。——译者注

4　蕾吉娜·德福尔热，《O 对我说》，同前文所引。

个人在黑暗中对爱人倾诉。爱的言语已被压抑太久，终于得以倾吐。这是她生命中第一次毫不犹豫地，像呼吸一样，像做梦一样写作。"[1]

没错，她想用这个故事回应让·波扬的期待。"一个恋爱中的女孩有一天对她爱的男人说：我也可以写出让你喜欢的故事……"[2]这一举动获得了全面成功，他对此致敬："O以她的方式表达了一种雄性的，或者至少是男性的理想。"[3]然而，如果我们认为这部小说是完全被让渡的，那我们就大错特错了。书里讲述的仍然是属于她的、古老的幻想（这些幻想可以追溯到她十四五岁的时候，她说），她把它们落到了纸上："说真的，我只是想尝试讲述这些用来哄自己入睡的故事，我在睡觉时把它们讲给自己听，让自己开心。"[4]O被带去的罗瓦西城堡，灵感来自她儿时幻想的位于祖宅地下的一块领土。没错，O是被动的、沉默的，她只会重复情人指定的话（或者对他耳语"我爱你"）。但是波莉娜·雷阿日，她在说话。她构建了这个故事，选择了每一个词语。尽管她有可以被指责的地方，但是《O的故事》表达了一个女人的生命冲动，表达了她对男人的爱与欲望。生命是短暂的，而去生活、去

---

1 波莉娜·雷阿日，《O的故事》，《恋爱中的女孩》(Une fille amoureuse)，同前文所引。

2 同上。

3 让·波扬，《身处奴役的幸福》，见波莉娜·雷阿日，《O的故事》，同前文所引。

4 蕾吉娜·德福尔热，《O对我说》，同前文所引。

爱、去享受的紧迫感让她不得不将就自己的想象力，就算这想象力充斥着某种保守教育的喧哗。

多米尼克·奥里直到八十六岁高龄才在 1994 年的《纽约客》上正式承认自己就是波莉娜·雷阿日。她从未像卡特琳·米勒（Catherine Millet）在今天做的那样，公然采取反女权主义立场。她不喜欢女性解放运动，但是她声称自己"从来都是女权主义者"。根据让·波扬（于1968 年逝世）的断定，《O 的故事》证明了女性身上的一切"皆是性"。1975 年，当多米尼克·奥里被问及此事时，她不无傲慢地回答："男人也是这样，他们身上的一切也皆是性，为什么不呢？"并补充道，"一旦谈到情色或爱情，男人就会忘记女人也是人，而不仅仅是一个情欲对象。与此同时，女人几乎从来不会把男人当作情欲对象——当她们这么做时，男人不会原谅她们，他们感到被冒犯。"[1]

多米尼克·奥里的例子表明，即便写出了一本国际畅销书，一个女人也有可能被周围人捂上嘴、打压和低估。对多米尼克·奥里的采访很少，伽利玛出版社在她过世后一年的 1999 年发表了一份 1988 年对她的采访，采访者的提问几乎只针对让·波扬——他无疑是一位优秀的出版人，但未留下任何重要作品——和她一生中来往过的其他鸿儒，因为在二十五年的时间里，她是伽利玛出版社阅读

---

[1] 蕾吉娜·德福尔热，《O 对我说》，同前文所引。

委员会中的唯一一名女性。采访者邀请她就如下话题给出专业意见："听说让·波扬总是站着讲话。"（没错，全世界都想知道。）或者提起加斯东·伽利玛[1]："加斯东究竟何许人也？"长达一百一十七页的采访，关于《O 的故事》的内容只有十三页……[2] 再者，给多米尼克·奥里的"天赋"冠以"秘密"名号轻而易举：可怜的她，可不只能暗中写作么！就好像她有的选似的！（话说回来，躲在笔名背后这件事有一定的魅力。比如，听到加缪在她面前说一个女人肯定写不出《O 的故事》[3]，这绝对很有意思……）

毒药……还是解药？

男性的幻想不一定更真实地属于自己，这也让他们感到困扰。但跟女性不同，至少男性在男性统治中的同化并不涉及受虐因素。男性不用面对那种糟糕的感受，即自己的一部分，而且是最私人、最隐秘、关系到自己追求快感与身心满足的那部分，竟然跟压迫自己的秩序同流合污。克莱尔·里夏尔脑海中出现的"奇怪的声音"很好地总结了这一烦恼："不是，你怎么能一边当女权主义者，一边对女性被当作母狗般对待的故事感到兴奋？你怎么能一边

1　Gaston Gallimard，伽利玛出版社创始人。——译者注
2　多米尼克·奥里，《使命：地下》，同前文所引。
3　同上。

读克里斯蒂娜·德尔菲[1]，一边幻想自己被当作婊子对待？不是，你哪根筋不对？赶紧给我重读莫妮卡·维蒂格[2]。"[3]面对这种令人警惕的分裂，温迪·德洛姆全然拒绝以此为耻，拒绝放任自己由于被迫接受的条件反射受到指责。她描述了她如何想象自己处在一场群交的正中心，然后总结道："我毫无罪恶感。如果没有这个幻想，我可能要多花二十分钟才高潮，或者我根本不会高潮，我哪儿知道。"她补充道，尽管她明白是什么让她达到了高潮，但"这症状表明世界已经一团糟，六十年的女权主义运动无法抹除长达几个世纪的压迫，而我无法在别人为我的身体编织的牢笼之外进行幻想"。[4]

　　然而解决了这个问题，并不代表解决了所有问题。好的，这不是我们的错，但这很严重吗？这是一件得过且过还是应该试着改变的事情？它会带来严重后果吗？它会在无意中给我们造成伤害吗？1983 年，生于澳大利亚的英国女权主义者林恩·西格尔发怒了，因为她只听见人们从身体的角度谈论性解放（尽管她承认这一点很重要）。她认为"能够通过强烈的受虐幻想达到高潮，跟解放没什么

1　法国社会学家和女性主义者，联合创办了《新女性主义问题》期刊。——译者注

2　Monique Wittig（1935—2003），法国女权主义理论家、活动家，哲学家与小说家。——译者注

3　克莱尔·里夏尔，《欲望之路》，同前文所引。

4　温迪·德洛姆，《美妙的安热莉克》，见伊莎贝尔·布瓦克莱尔、卡特琳·迪索·弗勒内特主编的《渴望的女人》，同前文所引。

关系"。她受不了别人对她说不要担心，因为无论如何，"幻想是会随着时间改变的"："受虐幻想绝对做不到的事，就是随时间改变。尽管我们在日常生活中越来越追求强大与自主，但受虐幻想通常都能存活下去。"她说她对这些幻想充满愤怒，"对它们带来的恋人间的隔阂感到愤怒，而我的恋人们是如此体贴、温柔，叫人欲罢不能，夫复何求"。她担心的，不是这类幻想会鼓励某种真实的臣服（她不相信这一点），而是它们"使伴侣成了次要的，把性变成了自慰"。[1]

其他人则认为我们可以心平气和地接受信念与想象的憧憬之间的显著矛盾。2010 年至 2012 年，美国作家谢里尔·斯特雷德（撼人大作《涉足荒野》的作者）[2]以《亲爱的甜心》（*Dear Sugar*）为标题，匿名在友人的文学网站上开设了知心专栏。在那里，她回复着同样匿名的男女读者向她提出的各种进退维谷的问题。这些来信最终汇集成书。[3]其中一封信来自一位三十四岁的异性恋女性，她

<hr>

[1]　林恩·西格尔（Lynne Segal），《感官不确定性，或为什么光有阴蒂不足够》（Sensual uncertainty, or why the clitoris is not enough），详见休·卡特利奇（Sue Cartledge）、乔安娜·瑞安（Joanna Ryan）主编的《性与爱：关于旧矛盾的新思考》（*Sex and Love. New Thoughts on Old Contradictions*），The Women's Press，伦敦，1983 年。

[2]　谢里尔·斯特雷德（Cheryl Strayed），《涉足荒野》（*Wild*），10/18，巴黎，2014 年〔该书于 2014 年被搬上银幕，由让‐马克·瓦雷（Jean-Marc Vallée）执导，瑞茜·威瑟斯彭牵头，她同时是本片的制片人和主演〕。

[3]　谢里尔·斯特雷德，《美丽小事情：亲爱的甜心给出的关于爱与生活的建议》（*Tiny Beautiful Things. Advice on Love and Life from Dear Sugar*），Vintage Books，纽约，2012 年。

把自己定义为一位"坚强独立的女权主义者"。信的标题为:《龌龊的想法让我兴奋》。来信人解释道,自己的幻想跟乱伦、受虐和臣服有关。她说她对此感到羞耻,她父亲在她八岁时死于一场车祸,生前对她有"轻度虐待"。她问"甜心"应该如何处理这些想法:"接受它们,还是与之对抗?"她进一步说道,她讨厌"床笫之外"不平衡的权力关系,她对虐恋不感兴趣,她在床上唯一想要体验的臣服形式"几乎只是谈话式的"。

在回信中,谢里尔·斯特雷德首先安慰她这是正常的,随后告诉她不要低估家族史的重要性,并建议她通过治疗来进行探索,这能让她发现自己的幻想是否与此有关。谢里尔·斯特雷德认为两者之间可能存在联系,但这完全不意味着来信人想要被来路不明的人强暴:"这更可能意味着你失去了某些东西,或者你在某个地方受了伤害,而这个地方正是你的性欲望可能想要重新征服或者修复的——只是可能!"谢里尔·斯特雷德让她不要害怕:"幻想的原则就在于它是假的。并且当幻想被搬到现实中时,它是在两个彼此同意的成年人之间发生的。在被强暴与要求某人扯掉你的衣服然后和你做爱之间,是有很大区别的。"她强调,"你不想被迫去做你不想做的事情,你想要的恰恰相反:你想要某个人做你要他对你做的事情。"为了说服来信人她没有问题,谢里尔·斯特雷德提到了一个盎格鲁－撒克逊文化中孩子们常玩的用来吓唬彼此的游戏:"血腥玛丽"(Bloody Mary,又名 Mary Worth)。

根据传说，玛丽死得非常凄惨（故事各不相同）。该游戏的仪式为站在镜子前数次呼喊玛丽的名字，接着镜子里会出现她血淋淋的面孔，她甚至会穿透镜子扑向你，攻击你，杀死你。"甜心"邀请来信人站在镜子前，然后重复："龌龊的想法让我兴奋。""镜子碎了吗？开始滴血了吗？恐怖的脸出现了吗？你尖叫着跑出房间了吗？我当然希望没有。"[1]

某些看似羞辱、损害人的情节，实则能够帮助我们，它们可能拥有某种治疗功能，能够解决问题。这个想法带来了一条有趣的线索。南希·弗雷迪认为"我们在自己所有的幻想中都是赢家"，包括强奸幻想："所谓的'强奸犯'，其实是我们请入剧情中的'解围人'，以使我们超越女性在性方面的终生禁忌。"它让我们摆脱对欲望的罪恶感，正如我在上文提到过的。再者，大多数时候，这是一种对强奸的完全不切实际的想象：我们想象着自己一开始是被迫的，之后不仅同意，事后还万分愉悦。不论这场景多么不切实际，不论它在我们被灌输的文化产品中多么无处不在且大有问题，至少它不涉及现实层面的受虐。即便在《我的秘密花园》采访的女性中，有些人的幻想充满更为糟糕的折磨，这并不意味着欲望必须转化到现实层面上。"我讨厌我幻想中的事情，但它跟我的快感密不可分，

1　谢里尔·斯特雷德，《美丽小事情》，同前文所引。

而快感是无比真实的。"其中一名女性如此说。[1]

或许，当女性发誓她们完全不想在现实层面臣服、被折磨或被强暴，发誓她们坚持自己身心的完整性，发誓她们是独立女性、女权主义者等时，我们应该……相信她们。或许，我们也可以相信我们自己。由于我们的幻想在我们试图达到最高愉悦的时候形成，我们可以认为，幻想的目的在于通过所有可能的方法抹平我们遇到的困难。那么，如果说幻想中包含的虐恋元素不是一种无意间侵入渗透的毒药，而是一种解药呢？这些虐恋元素拥有很大的可塑性，它们在弹指间出现，如果它们不让我们满意，便又以同样快的速度消失；它们是实用主义的，它们极尽所能。我们可以假设，幻想将各种异质元素混合在一起，使其相互融合：有的元素来自我们想要体验的情景，这正是南希·弗雷迪说的解放欲望的策略，还有的元素则来自祛邪和修复。的确，即便是最不女权主义的女性，每天也必须有意识或无意识地花费大量精力抵御男性统治，来接受它或与之抗衡——比如，哪怕只是夜晚独自走在街头，女性都必须万分警惕，更不必说其他各种情况。我们可以推想，这令人精疲力竭。由此产生的精神紧张有时需要一个解决方案。

有时，无论我们是坚定的女权主义者，还是排斥女权主义这个词，我们或许都需要在脑海里把自己当成一头可

1　南希·弗雷迪，《我的秘密花园》，同前文所引。

爱的小母猪，在男性统治的泥潭里快乐地打滚，因为平时总是要避免沾上泥点，这实在是太累了。幻想自己臣服于一个或者多个男人，接受甚至主动要求他人甩给自己的带有侮辱性的词汇，主动在想象中寻找不断威胁自己的暴力，如此种种，也许都旨在抵消和颠覆男性统治。我们常常以意淫这种暴力为乐（这只在幻想世界中发生），这意味从这一刻起，不会再有不好的事情发生在我们身上了。我们的精神可以利用这一技巧说服我们自己是安全的，是无法战胜的。

怀揣着这一假设，我从一个完全不同的角度重新审视了上文提到的观察结果。"读克里斯蒂娜·德尔菲"和"幻想被人当作婊子"不意味着任何矛盾，而只是代表了面对性别歧视的两种互不相同却互为补充的出路，即两种我们交替使用的心理工具。这可能也是即便我们变得更加自由和能干，受虐幻想也"不会改变"的原因，正如林恩·西格尔指出的：如果幻想没消失，是因为男性统治没有消失，而我们需要这些幻想来疏解压力。这或许也能解释为何女同性恋者有时也会有异性恋的臣服幻想——温迪·德洛姆即为一例。同理，女权主义色情片不能完全说服我们，因为它缺乏这种祛邪机制。当克莱尔·里夏尔的女友说这类色情片不够"越界"时，也许就是这个意思。

这并不意味着我们应该为了自己的心理安慰而沉溺于那些女性被真实剥削和虐待（这太可怕了）的视频。比如变态（hentai），即日本情色动画，就很有意思——克莱尔·里夏尔也提到了它[1]：在这类动画中，幻想从一个大脑直接传递到另一个大脑，不需要牺牲任何现实中的女性。它完全超脱现实，开启了无限可能，也带来了解放：享受强暴完全不可信，但被长着触手的太空怪物绑架也同样完全不可信。如果你需要确认这一切完全是虚构的，你已经得到了确认。我不是在提倡暴力色情图像的泛滥，但这些图像之所以存在，是因为男性统治还存在。而且，如果这种情况持续下去，部分女性就有可能继续把这些图像转化为防御用途。

　　我不知道关于我们某些幻想运作方式的这一假设是否正确，但其他解释在我看来与针对女性的陈旧偏见过于相似，以至于我不能不对其保持怀疑：这些解释有可能暴露我们深深的表里不一以及我们本质上的受虐倾向……关于我们有可能被围绕我们的文化产品荼毒的说法（温迪·德洛姆说的"植入"），难道我们不应该假设在那些大脑试图给我们提供最大程度快感、让我们达到最彻底放松状态的时刻，它其实能够保护我们免于这种有害渗透吗？就算大脑有时使用某些令人略为困惑的手段，我们难道不应该相信它吗？

　　《帝国反击战》中韩·索罗偷袭莱娅公主的一幕让我吃惊，这可能不是因为我的神经面对强奸文化暴露出了自己的脆弱，恰恰相反，这是因为我感到如释重负，因为我

1　克莱尔·里夏尔，《欲望之路》，同前文所引。

看到银幕上威胁的态度并非一种真正的威胁：它不过是一个行为，而男方是一个英俊、诱人、内心深处无比善良、属于"好人"的人；女方也想要事情如此发生；这一幕的结尾略带喜剧色彩，更证实了它没有恶意，充满了柔情……也许在观看这一幕时，我没有学会前文提到的将威胁与诱惑联系起来，但是看到威胁转化为诱惑并被化解，我感到如释重负。

我当时需要理解这一点。那时的我已经明白什么是真正的威胁。十三岁时，在一次课间休息期间，我被三位学长沿着中学的走廊拖了十米，他们声称要在厕所里强奸我。接下来的好几个星期里，我厌恶地盯着挂在我衣柜里的那天穿过的毛衣——一件 H&M 的松绿色针织毛衣——我肯定我再也没穿过它。尽管我从来没把这类经历跟我的幻想关联到一起，但是它们之间真的毫无联系吗？好吧，《帝国反击战》中的这一幕并不可怕。在展现异性恋关系方面，我们可以而且必须做得更好。但如果我的大脑利用了这一幕来安慰我，我并不想责怪它，相反，我更想感谢它。

此外，即使我们在各类虚构作品中看过或读过的浸淫着强奸文化的场景给我们，尤其是年轻时候的我们，留下了很深的印记，并且这些场景融入了我们的幻想之中，它们真的是我们臣服幻想的源头吗？我说过，我的幻想似乎很早就有了，从幼儿园（在瑞士叫"儿童花园"）[1] 就开始

1　"jardin d'enfants"，类似英文中的"kindergarten"，作者在此强调是因为法语中没有这一说法。——译者注

了。那时我既不识字，也还没开始看电视。是否可以由此推测我当时已经被迫受到男性统治，并且已经觉得男性统治带来的心理紧张亟待解决？如今想想，嗯，是的。我尤记得班上的一个小男生有一天说，他爸爸是警察，有枪，要来我家把我杀了。我当时信以为真，觉得没人能保护我，我吓坏了，号啕大哭，回到家后，整个晚上都胆战心惊。有没有这样一种可能，那就是我把男孩置于权力位置上的幻想跟这种恐惧有关，同学 J 扑向我把我吃了的游戏也是为了让我通过控制自己感受到的威胁来驯服它——准确来说是把它变成一个游戏——这或许可以解释该游戏给我带来的强烈满足感？

如果这一分析是准确的，那么我们就可以明白，让·波扬认为自己在《O 的故事》中看到了针对女性"奴性"做出的"忏悔"大错特错。波莉娜·雷阿日什么都没招认——除了间接承认让·波扬这样的大男子主义者让她汗颜。（她说自己后来才意识到她的小说有可能是一种"针对男性的整体报复"[1]，那是在她收到了一封愤怒的读者来信之后。这名男读者在信中指责她把男人都写成了混蛋。我们因此可以假设她当时也有一种急切的需要，即解除经历男性统治所产生的紧张。）让·波扬把自己情人私密想象的产物变成了一件公众物品，一本广泛发行的书籍，同时断章取义，将其用作反女权主义目的，为存在于日常生

1　蕾吉娜·德福尔热，《O 对我说》，同前文所引。

活中的性别歧视供能。让·波扬可能在不知不觉中既是一个操纵者，也是一个巨大误解的受害者。同理，在"强奸"剧情中，我们先是挣扎，然后享受，它在脑海深处为我们所用，让我们解除了自己对性的禁忌，当它出现在文化作品中时，其意义与功能完全改变了，它让人们相信，当女人说"不"时，其实意味着"是"。

除了那些被压制、掩埋、不予信任的声音，还有被断章取义、加以利用、高声盖过甚至背叛的声音。我认为这正是让·波扬对波莉娜·雷阿日所做的事情。是我错了吗，还是我的理解背离了波莉娜·雷阿日的意思？我不知道。因此，我要引用她的话：

> 女人，这千年来的缄默者，缄默，出于谨慎，缄默，为了体面，她们脑海中都有一个爱的世界，这个世界不一定是 O 的世界，当然不是——甚至 O 的世界让她们感到恐惧，但是她们有她们的世界。她们曾缄默着。但这结束了。她们要说，她们在说。[1]

让我们希望她们中说的人越来越多，说得越来越响亮，并且在我们所谓的对爱的定义中，她们的声音最终会占据一席之地。

---

1 蕾吉娜·德福尔热，《O 对我说》，同前文所引。

图书在版编目（CIP）数据

重塑爱情：如何摆脱父权制对两性关系的影响 /
（法）莫娜·肖莱著；吴筱航译. -- 北京：北京联合出
版公司，2023.9（2024.3 重印）

　ISBN 978-7-5596-7132-5

　Ⅰ. ①重… Ⅱ. ①莫… ②吴… Ⅲ. ①父权制—影响
—两性交往—通俗读物 Ⅳ. ①C913.14-49

　中国国家版本馆CIP数据核字（2023）第126612号

重塑爱情：如何摆脱父权制对两性关系的影响

[法] 莫娜·肖莱（Mona Chollet）　著

吴筱航　译

出　品　人：赵红仕
出版监制：刘　凯　赵鑫玮
选题策划：联合低音
策划编辑：刘苗苗
责任编辑：刘苗苗
封面设计：汐　和　at compus studio
内文排版：薛丹阳

关注联合低音

北京联合出版公司出版
（北京市西城区德外大街83号楼9层　100088）
北京联合天畅文化传播公司发行
北京美图印务有限公司印刷　新华书店经销
字数240千字　880毫米×1230毫米　1/32　10.25印张
2023年9月第1版　2024年3月第2次印刷
ISBN 978-7-5596-7132-5
定价：68.00元

Cet ouvrage a bénéficié du soutien des Programmes d'aide à la publication de l'Institut français.

本书获得法国对外文教局版税资助计划的支持。